KB070259

사회과학 조사방법

나남
nanam

나남신서 1911

사회과학 조사방법

2017년 8월 15일 발행
2017년 8월 15일 1쇄

지은이 · 김영석 · 김경모 · 백영민
발행자 · 趙相浩
발행처 · (주) 나남
주소 · 10881 경기도 파주시 회동길 193
전화 · 031) 955-4601 (代)
FAX · 031) 955-4555
등록 · 제 1-71호(1979. 5. 12)
홈페이지 · www. nanam. net
전자우편 · post@nanam. net

ISBN 978-89-300-8911-1
ISBN 978-89-300-8001-9 (세트)

나남신서 1911

사회과학 조사방법

김영석 · 김경모 · 백영민 지음

나남
nanam

Social Research Methods

by

Young-seok Kim, Kyungmo Kim, & Young Min Baek

nanam

머리말

2002년 《사회조사방법론》 제3판이 나온 이래로 상당한 시간이 흘렀다. 오랫동안 독자들로부터 과분한 사랑을 받았지만 바쁜 일정을 핑계로 새롭게 개정판을 내놓지 못했다. 오탈자와 잘못된 표현을 지적받았고, 시대 흐름에 따라 내용의 상당 부분을 고쳐야 할 필요성은 벌써부터 제기되었다. 더 이상 개정작업을 늦출 수 없어 이번에 미흡한 상태로나마 제4판을 내기로 했다.

기존 제3판까지의 체제와 달리 이번 제4판부터는 《사회과학 조사방법》과 《SPSS 명령문을 활용한 사회과학 통계방법》(이하 《사회과학 통계방법》으로 약칭)을 별권으로 구분했다. 《사회과학 조사방법》은 제3판의 제1부 내용을 업데이트하는 데 주력했고, 《사회과학 통계방법》은 제2부 내용을 시대 변화에 맞춰 전면적으로 재구성하고 개정했다.

《사회과학 조사방법》은 전면 개고를 염두에 두었던 원래 목표를 다음 기회로 미룬 채 제3판의 제1부 체계를 대체로 유지했다. 잘못된 내용이나 오해의 소지가 있는 부분을 고치고 뜻이 명료하게 전달되도록 표현을 수정했다. 이 책을 준비하면서 연구방법론에 입문하는 독자들도 좀더 편하게 접근하고 내용의 전모를 이해할 수 있도록 가능하면 문장과 표현을 간결하고 쉽게 다듬는 데 주력했다. 또 현실세계의 구체적 사례를 덧붙여 개념을 소개하기 위해 애썼다.

이 책을 준비하면서 유의한 몇 가지 주요 특성은 다음과 같다. 첫째, 책 내용의 전체 체계를 '사회과학 조사방법론의 일반 이해(1~2장) → 구체적 연구설계의 이해(3~5장) → 주요 연구기법의 세부 이해(6~8장)'로 이어지도록 구성함으로써 연구방법론의 절차와 규칙을 공부하는 과정에서 추상적인 이론적 개념과 구체적인 실제 분석기법의 연관성을 용이하게 파악하도록 하는 데 주력했다. 마지막 제9장에서는 이 책의 자매편인 《사회과학 통계방법》으로 원활하게 학습이 이어지도록 통계학의 기초에 대해 소개했다. 첫 장부터 차례를 따라가며 차근차근 읽어간다면 연구방법론의 이론과 실제라는 두 마리 토끼를 동시에 잡을 수 있을 것으로 기대한다.

둘째, 기존 제3판에서 다소 두서없이 소개되었던 질적 분석기법을 제외하고 사회과학 조사방법에서 쓰임새가 높은 실험 연구(6장), 서베이 연구(7장), 내용분석 연구(8장)의 절차와 규칙에 대한 내용을 집중적으로 소개했다. 이 과정에서 《사회과학 통계방법》과의 연계를 고려해 용어를 수정하고 통일했으며, 구체적 통계기법의 적용 상황을 염두에 두고 내용의 연속성과 일관성을 견지하고자 했다. 따라서 독자들은 가능하면 제5장까지는 빠짐없이 학습하되 구체적인 연구기법(6~8장)은 필요에 따라 선택적으로 학습해도 무방할 것이다. 다만 사회과학 조사방법은 여러 유형의 경험자료를 계량화해 분석하는 과정이므로 개별 연구기법을 학습할 때 통계의 기초와 관련된 제9장은 반드시 함께 공부하는 것이 좋겠다.

《사회과학 조사방법》의 발간에 대해 저자들은 남다른 감회를 지니고 있다. 커뮤니케이션 관련 학과의 대학원에서 사용할 국문 교재가 변변찮던 시절, 김영석 교수가 조사방법론 과목을 가르치며 《사회조사방법론》 제1판을 내놓았다. 두 공동저자는 연세대에 부임한 뒤 김영석 교수의 뒤를 이어 대학원 과정에서 차례로 조사방법론을 담당하며 이 책을 교재로 사용했다. 이 같은 인연과 경험이 이번에 방법론과 통계론으로 구분된 두 책의 발간으로 이어진 것이다.

원래 계획했던 구성이나 내용을 생각할 때 이 책은 여러 가지 면에서 부족한 점이 눈에 띄어 아쉬운 감이 든다. 다음에는 이 같은 문제를 해소하는 좀더 새로운 판을 준비하겠다는 약속을 드린다. 독자 여러분의 너른 이해를 바란다.

2017년 8월
연희관에서
저자대표 김 영 석

나남신서 1911

사회과학 조사방법

차례

과학적 방법과 과학철학

1. 과학의 의의

우리가 바깥의 현상에 대해서 뭔가를 안다는 것은 그 현상을 구성하는 원리에 관하여 지식의 불확실성(uncertainties)을 줄여 나가는 것이다. 사회적 현상의 생성 및 소멸과 관련된 지식을 판단하는 데 절대적 기준이란 없다. 신앙을 과학적 기준으로 판단할 수 없는 것과 마찬가지다. 사회적 가치는 시·공간의 차이에 따라 가변적이고 불확실하다. 한 사회가 급격하게 변화할수록 앎에 대한 욕구는 커지는 반면, 지식의 불확실성은 늘어난다.

이러한 상황에서 과학자는 사회적 실재(實在)들의 혼란스런 모습을 기술(記述)하고, 나아가 그 발생원인과 결과를 밝혀내는 역할을 한다. 현상을 바라보고 자기 나름의 판단을 내린다는 점에서는 일반인이나 과학자나 차이가 없다. 다만 일반인은 현상을 일회적·주관적으로 받아들이는 반면에, 과학자는 나름의 고유한 시각(perspective)을 가지고 사회현상을 분석한다는 점에서 차이가 나는 것이다.

과학자는 문제를 해결하는 과정에서 연구대상을 경험적으로 관찰하여 개념으로 추상화한다. 이것이 사물에 대해 과학적으로 접근하는 기초적 단계이다. 과학자는 객관적이고 합리적인 연구방법을 선택하여 그 연구결과가 좀더 경험적이고 과학적인 방법을 통해 검증 또는 반증될 수 있는 여지를 남겨 둔다. 이를 통해 과학적 이론은 역사적으로 계속 발전할 수 있는 것이다.

1) 과학적 연구의 본질

어떤 학문분야가 독립적인 과학으로 인정받기 위해서는 그 학문 고유의 연구대상과 보편
타당한 이론을 이끌어 낼 수 있는 과학적 연구방법이 있어야 한다. 과학의 성격을 규정하
는 데 특히 중요한 것은 연구방법의 과학성이다. 과학은 단순히 보편적이거나 특수한 지
식 그 자체가 아니라, '과학적 방법론에 의해 결집된 지식체계'를 의미한다(차배근, 1986,
pp. 37~38).

과학이란 지식을 얻으려는 인간의 활동 가운데 하나다. 그러나 지식을 얻으려는 인간
의 모든 활동을 과학이라고 할 수는 없다. 지식에 대한 인간의 접근양식은 과학적 양식
(scientific mode), 권위적 양식(authoritarian mode), 신비적 양식(mystical mode), 합리
적 양식(rational mode)으로 구분할 수 있다(Nachmias & Nachmias, 1981, pp. 6~7).
이러한 구분은 정보 및 지식의 생산자에게 신뢰와 권위를 부여하는 방식, 지식이 생성되
는 절차, 생성된 지식의 효과 차이를 기준으로 한 것이다.[1]

권위적 양식이란 지식의 정보원(source)에 대한 신뢰와 그 정보원의 사회적 권위를 바
탕으로 지식을 받아들이는 방식을 말한다. '정통한 소식통'에 근거하여 뉴스를 보도하는
것, 학교 선생님의 말씀을 믿는 것 등을 예로 들 수 있다. 권위적 양식에서는 지식을 수
집하고 가공하는 방식보다는 지식의 전달자 그 자체가 중요시된다.

신비적 양식이란 초자연적인 통찰력을 지닌 권위자가 주입하는 지식을 받아들이는 방
식이다. 신비적 양식은 지식의 정보원이 초자연적인 상징(symbol)이나 기호를 표현양식
으로 삼고, 지식을 받아들이는 쪽 또한 특정한 정신물리학적 상태에 의존한다는 점에서
권위적 양식과 다르다. 굿이나 제의(祭儀)가 대표적인 예인데, 이 경우 지식소비자는 억
압, 절망 혹은 흥분상태에서 의례적 절차를 수용하게 된다. 신비적 양식으로 얻은 지식에
대한 신뢰도는 한 사회의 교육수준과 반비례한다.

합리적 양식은 지식이 생성되는 절차에 초점을 맞추고 있으며, 논리의 여러 형식과 규
칙이 정교하게 적용된다. 삼단논법(syllogism)은 합리적 양식의 대표적인 예다. 그러나
합리적 양식에서의 지식이 언제나 검증 가능한 것은 아니다. 단지 특정한 논리적 형식의
절차가 갖추어진 추론적 지식일 따름이다.

과학자들은 위에서 말한 세 양식을 통해 얻는 지식에 대하여 비판적이다. 과학적 양식
에서는 이 세계가 인간이 지성을 통해 경험하는 대로 구조화되어 있다고 본다. 인간은 오
감(五感)을 이용하여 세계를 관찰하고 경험하는데, 이 경험은 세상을 설명하는 중요한 자

---

1 한편, 미국의 철학자 퍼스(C. S. Peirce)는 자신의 신념에 따라 나름의 결론을 내리는 아집적 방법(method of
  tenacity), 권위적 방법, 선험적 방법(method of intuitive), 과학적 방법으로 구별하였다(Wimmer & Dominick,
  1994, p.8).

료가 된다. 물론 과학적 양식의 법칙을 적용하는 것이 적절하지 않은 경험의 영역도 존재한다. 예를 들어 마약복용자의 환상, 환각이나 정신분열증 등 극단적이고 주관적인 경험 혹은 시인이나 음악가가 작품 활동에서 느끼는 영감은 과학적으로 분석하거나 평가할 대상이 아니다. 하지만 우리가 살고 있는 세계를 둘러싸고 일어나는 일반적인 자연현상이나 사회현상 등에 대한 지식을 얻고자 할 때, 과학은 다른 어떤 수단보다도 효과적이다.

과학으로 현상을 분석하고 문제를 해결할 때에는 추상화(抽象化)와 경험적 관찰의 과정이 필요하다. '추상화'란 수많은 관찰과 경험에서 얻어진 단편적 지식으로부터 보편적인 의미의 '개념'을 이끌어 내는 과정이다. 이러한 추상화와 경험적 관찰을 실행할 때에는 과학적 연구과정에서 논리적으로 엄격한 기준을 적용하는 고도의 통제(control) 과정을 거쳐야만 한다. 과학의 요체는 다른 연구자들이 반복해서 실행할 경우에도 같은 결과를 이끌어 낼 수 있는 통제된 관찰 및 실험방법인 것이다.

2) 과학적 접근방법의 특성

과학적 접근방법은 다음과 같은 특성이 있다.

첫째, 논리적 체계성이다. 과학적 방법이 논리적 체계성을 지니려면 논리의 전개과정이 일관적이어야 하며 모순을 내포하지 않아야 한다. 과학적 방법의 논리적 체계성은 일반적으로 연역(deduction)과 귀납(induction)이라는 두 추론양식에 기반을 둔다. 연역은 일반적 전제인 공리(axiom)에서 출발하여 정리(theorem), 가설(hypothesis)의 연결과정을 진술함으로써 개별사례들에 관한 이론적 결론을 도출하는 것이다. 이에 비해 귀납은 어떤 현상의 특별한 예를 관찰하는 것에서 시작하여 일반화된 결론으로 이끌어 가는 추론방식이다.

둘째, 경험적 실증성이다. 일반적 공리에서 출발한 가설은 경험적으로 실재(實在)와 일치해야 한다. 과학은 이론적 논리나 가정이 현실에서 타당성을 지니고 있다는 사실을 입증하는 절차이다.

셋째, 상호주관성(intersubjectivity)이다. 과학적 방법은 경험적 수준에서 실증되어야 할 뿐만 아니라 객관적 수준에서 인정받아야 한다. 그러나 사물에 대한 가치판단 기준은 연구자마다 조금씩 다르기 때문에 완전한 객관성을 획득하기란 사실 불가능하다. 하지만 서로 다른 주관을 가진 연구자라고 해도 동일한 과학적 연구를 한다면 동일한 결론에 도달해야 한다는 것이 과학적 연구의 암묵적 가정이다. 연구자 간에 최대한 상호주관성을 가져야 하는 것이다.

넷째, 계량성이다. 과학적 방법은 객관적이며 근원적으로는 수학의 논리에 부합되어야 하므로 분석 절차나 방법이 계량적일 수밖에 없다. 과학적 방법은 계량적 방식을 사용하여 사회현상으로부터 수량적으로 측정한 자료를 이용함으로써 과학적 법칙이나 이론을 구축한다.

다섯째, 일반성, 보편성, 추상성이다. 과학적 방법에서 일반성이란 경험적 세계에서 수집한 증거물을 토대로 추상적 이론을 만드는 것을 말한다. 연구자는 경험적 자료를 통해 구한 사실을 추상화시켜 단순한 사실 이상의 보편적 공통원리를 제안한다. 하지만 자연과학에 비해 사회과학에서는 연구대상의 성격이나 역사문화적 특수성 때문에 일반 이론을 정립하는 것이 어렵다.

　　여섯째, 예측성이다. 과학적 방법을 통해 성립된 과학적 이론이나 법칙은 예측력이 있다. 연역적 체계에서 가설의 형태로 나타나는 변수 간의 관계가 경험적 세계에서 검증될 때, 하나의 이론 또는 법칙으로 성립하며 미래의 사실을 예측할 수 있게 한다.

3) 과학이론의 성격과 내용 [2]

사회현상의 이해에 과학적 접근을 채택하는 궁극적 목적은 과학이론의 창출과 연관된다. 따라서 사회과학 연구가 관심을 갖는 과학이론의 일반 성격과 내용에 대해서 정리해 본다. 과학적 연구의 결과물인 과학이론은 일반적으로 '현상에 대한 추상적이고 체계적인 진술(statements)'로 정의된다. 좀더 엄격하게 말하면, '경험적인 검증이 가능한, 논리적으로 연결된 일련의 명제들'이다(김광웅, 1999). 이론은 현상을 바라보고 이해할 수 있는 체계적 시각을 제공하는데, 기본적 구문 형태는 다음과 같이 '사실과 사실의 관계'를 표현하는 조건진술문의 모습을 띤다.

어떤 조건 Z에서 만일 X가 일어나면 Y가 일어난다.

(Under the condition of Z, if X then Y.)

　　'조건진술문들의 연쇄적 집합'을 이론이라 할 때, 이론을 이론답게 만드는 몇 가지 특성을 살펴보자. 첫째, 과학이론은 이론이 성립하고 적용되는 범위와 조건을 항상 전제한다. 이를 이론의 가정(assumption)이라고 한다. 예를 들어, 사회적 행위 규준과 보상-처벌 기제에 대한 의식이 분명한 어른들에게 '텔레비전의 폭력물 시청이 폭력성향을 유발한다'는 모방이론을 곧이곧대로 적용하기는 어려울 것이다. 성인이라면 대신 '텔레비전 폭력물 시청이 심리적 긴장과 스트레스를 해소시킴으로써 잠재적 폭력성향을 낮춰 준다'는 카타르시스 이론이 폭력물 시청과 폭력성향 간의 관계를 훨씬 더 잘 설명해 줄 수 있다. 따라서 모방이론은 아동의 시청행위를, 카타르시스 이론은 성인의 시청행동을 설명한다고 이

---

2 김경모(2010)의 논의를 요약, 재정리하였다.

론적으로 가정하는 것이 합당하다. 텔레비전 시청행동과 폭력성향의 관계라는 동일한 커뮤니케이션 현상을 설명할지라도 이론에 따라 가정하고 있는 전제나 조건은 서로 다를 수 있다. 연구자는 어떤 현상에 대한 이론적 설명을 시도할 때 그 이론이 어떤 가정을 바탕에 깔고 있는지 전제와 조건을 주의 깊게 따져 봐야 한다.

둘째, 이론의 정의가 말하듯, 과학이론은 현상의 사실관계를 논리적으로 정연하고 경험적으로 검증 가능한 일련의 명제들(propositions)로 표현한다. 명제라는 용어 자체가 '참과 거짓이 판별 가능한 문장'을 일컫는다. 그러나 이론이 이른바 '진리 명제'가 되려면, 설명하려는 현상의 사실 하나하나가 분명하게 정의된 추상적 개념(concept)으로 표현되어야 하고, 사실들 간의 관계 역시 논리적 증명(논증)과 경험적 증명(실증)이 모두 가능한 진술 형태를 지녀야 한다. 그러므로 현상에서 관찰되는 '사실(사건)과 사실(사건) 간의 규칙적 관계'는 이론 차원에서는 '개념과 개념 간의 검증 가능한, 논리적 관계'로 표현되어야 한다.

그런데 명제로서 이론에 필수적인 '개념의 정의'와 '검증가능성'은 서로 불가분의 관계에 있다. 과학연구에선 이론을 구성하는 개념을 명확하게 정의하지 않고서는 개념 간의 관계를 검증할 수 없고, 관계의 검증을 거치지 않은 개념은 이론의 구성요소가 될 수 없기 때문이다. 따라서 과학자들은 이론의 용어 사용에 매우 엄격하고, 이때 이론의 추상적 개념은 현실 세계에서 직접 관찰하거나 경험할 수 있는 실체적 대상(tangible objects)으로 등치될 수 있어야 한다.[3] 하지만 추상적 개념이 실체적 대상으로 대체됐음에도 이들 간의 관계가 실제 세계에서도 유의미하게 존재한다는 것을 구체적으로 밝혀내지 못한다면 개념들 간의 관계는 경험적으로 검증되었다고 인정받을 수가 없다. 따라서 추상적 개념들은 검증(실증)을 거쳐야만 비로소 이론의 구성요건이 된다.[4]

이처럼 과학이론의 추상적 개념은 실제 세계에서 직접 관찰 가능하거나 경험할 수 있는 '구체성'을 띨 때 우리가 쉽게 이해할 수 있다. 따라서 추상적 개념은 경험적 검증을 위해 자신을 대표할 만한 현실 세계의 실체적 대상(구체적인 사건이나 사물 등)으로 대체되는 과정을 거치는데, 이런 실체적 대상을 변수(variables)라고 한다. 이때 추상적 개념을 우리들이 쉽게 이해하고 접하는 실체적 대상과 구체적으로 연결시키는 작업이 바로 측정(measurement)에 해당한다.[5]

---

3 과학적 연구과정에 용어 사용을 엄격하게 정의하는 과정을 개념적 정의(conceptual definition)와 조작적 정의 (operational definition)라고 한다. 이론을 구성하는 개념들의 관계를 실제로 검증하기 위해서는 엄격한 용어 정의 과정을 통해 추상적 개념들이 우리들이 쉽게 이해할 수 있는 현실 세계의 구체적인 사물이나 사건으로 연결되어야 한다. 이에 대한 자세한 논의는 뒤의 제2장에서 소개된다.

4 우리들은 자연 현상이나 사회 현상을 표현하기 위해 추상적 개념(concepts)을 일상적으로 사용한다. 하지만 과학적 연구의 추상적 개념은 현실 세계에서 관찰과 검증이 가능하도록 명확히 정의해 사용해야 한다. 따라서 과학자들은 이론을 구성하는 추상적 개념을 일반 개념과 구별하여 구성체 또는 구성개념(constructs)이라고 부른다(Kerlinger, 1986).

5 척도와 측정에 대한 자세한 논의는 제4장에서 소개된다.

그림 1-1 과학적 연구의 순환과 이론의 정교화

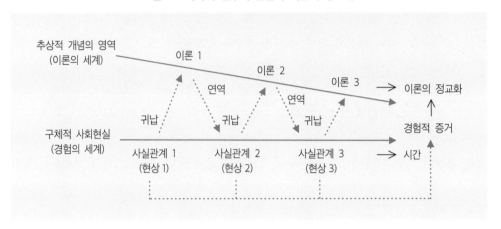

이론을 이론답게 만드는 세 번째 특성은 이론의 구성에는 논리적 추론 과정이 포함된다는 점이다. 논리적 추론(logical reasoning)이란 하나의 명제에서 알려지지 않은 다른 명제를 합리적으로 도출하는 과정을 말한다. 연역(deduction)과 귀납(induction)은 과학적 연구에서 널리 활용하는 논리적 추론 방식이다. 실제로 과학적 방법을 사용하는 연구 자체가 이론이라는 추상의 세계와 현상 관찰이라는 경험의 세계를 오가는 동안 '이론에서 가설을 추론'하는 연역과 '가설을 검증해서 이론의 일반화를 시도'하는 귀납이라는 추론을 서로 반복함으로써 점점 이론을 논리적으로 정교하게 만들어가는 순환 과정이기도 하다(〈그림 1-1〉 참조).

물론 과학연구에서 논리적 추론의 타당성과 진리치는 실제 세계의 경험자료 분석으로부터 증거를 제공받아야 한다. 논리적으로 타당하다고 해서 항상 경험적으로도 타당한 것이 아니기 때문이다. 실제로 사회과학 연구에선 동일한 현상에 대해 서로 다른 결론을 주장하는 이른바 경쟁이론(competitive theories)이 상당수 존재한다. 경쟁이론은 제각기 논리적으로 타당한 진리 주장을 이론적 명제로 내세운다. 이럴 때 어느 이론이 더 타당하고 현실 설명력이 높은 과학적 수월성을 지니는지는 경험적 검증을 통해 확인할 수밖에 없다. 이처럼 과학적 지식은 경험적 증거(empirical evidence)를 함께 제시해야 한다는 점에서 경험주의(empiricism)는 논리적 추론과 더불어 과학연구를 지탱하는 중요한 특성이라고 할 수 있다. [6]

---

6 경험주의란 인간의 감각기관을 통한 직간접적 경험(관찰)에 의존해서 지식을 산출하는 방식 일반을 지칭하는 개념이다. 감각기관을 통해 우리에게 들어온 정보를 감각 자료(sensory data)라고 한다. 경험주의 연구는 감각 자료를 분석하여 사실관계를 증명한다. 예를 들어, '정부정책에 대한 언론의 부정적 보도는 정부 신뢰도에 대한 부정적 여론을 형성할 것이다'라는 연구가설을 검증한다고 하자. 언론의 부정적 보도라는 사실은 우리가 정부정책을 다룬 뉴스 기사를 직접 관찰함으로써 파악할 수 있다. 그러나 여론이라는 현상은 직접 눈에 띄지 않는다. 그러나 여론조사라는 방법을 통해 간접적으로 확인할 수 있다. 이렇게 직접 또는 간접적 관찰을 통해 수집한 감각 자료(뉴스 기사의 논조 자료와 여론조사의 신뢰도 자료)를 분석하여 부정적 논조 점수가 높은 뉴스를 많이 본 사람들일수록 정부 신뢰도 점수가 낮아지는 체계적 관계를 밝혀냈다면 우리는 '정부정책에 대한 부정적 보도가 부정적 여론을 유발한다'는 뉴스수용 현상을 경험주의에 입각해 연구했다고 할 수 있다.

과학연구가 진행되면서 이론이 정교해진다는 것은 단 한 번의 연구로 이론이 완성되는 것이 아니라 반복연구와 새로운 연구가설의 검증과 재검증을 통해 이론이 끊임없이 자기수정(self-correction)을 거치면서(Kerlinger, 1986) 점점 더 좋은 이론의 성격을 확보해간다는 뜻이기도 하다. 일반적으로 과학자들은 이론이 적용되는 대상과 범위가 비교적 명확하고, 복잡한 현상을 간단명료하게 설명하면서도, 일반화가능성이 높을 때 이를 좋은 이론으로 평가하는 경향이 있다(Babbie, 1998). 그것은 관찰(observation)과 추론(reasoning) 그리고 검증(verification)을 순환 반복하면서 구축한 이론적 명제는 어느 정도 진실성이 판명됐다고 해도 자신의 진실성 여부에 대한 판별 가능성을 항상 열어 놓고 있어야 하고, 일반화가능성을 둘러싼 새로운 논쟁에 대해 언제나 개방적이어야 한다는 것을 말한다. 따라서 검증가능성(testability) 또는 반복성(replication) 역시 이론을 이론답게 만드는 과학이론의 중요한 구성요건이라고 할 수 있다. 이는 닫힌 지식으로서 도그마와 열린 지식으로서 과학이론이 구분되는 중요한 지점이기도 하다.

결론적으로, 우리는 사회현상의 과학적 접근으로부터 도출한 과학이론이 이론으로서 구성요건을 충분히 갖추고 있는지 비판적으로 검토할 필요가 있다. 과학이론으로서 어떤 가정에 기초하고 있는지, 이론적 명제는 명확한 개념들의 관계 구조로 진술되고 있는지, 이론이 보여주는 추론이 논리적으로 정연하고 충분한 경험적 증거를 제시하고 있는지, 재검증이라는 학문적 도전의 반복에도 불구하고 여전히 일반화가능성이 높은 설명력과 지식의 개방성을 유지하고 있는지 확인하여야 한다. 이러한 비판적 검토는 우리 자신이 수행하는 연구 또한 과학이론으로서 구성요건을 충분히 갖춘 과학이론을 창출하기 위해 노력해야 한다는 것을 말한다.

이러한 과학이론의 특성과 내용은 과학을 다른 학문체계와 분리시킬 수 있는 조건들이자 발전적인 과학이론을 지속적으로 창출하도록 자극하는 하는 내적 원동력이 된다. 과학에 대한 이러한 믿음들로 말미암아 서양에서는 오래전부터 철학적 관점에서 과학의 본질을 탐구하려는 움직임이 있었고, 과학철학(scientific philosophy)이라는 거대한 학문영역으로 발전하게 되었다. 2절에서는 과학적 연구방법의 근간을 이루는 올바른 사고체계에 관한 학자들의 주장과 그에 대한 논박으로 이루어진 과학철학의 역사를 간략하게 살펴보겠다.

2. 과학철학

사회과학 연구는 질서 없이 발생하는 많은 사회현상을 일관되게 설명할 수 있는 최종적인 진술을 얻어내는 작업이다. 그렇다면 특정한 지식체계를 과학적으로 만드는 요건은 무엇인가? 객관성이야말로 과학을 특징짓는 요소라고 할 수 있을 것이다. 객관적인 사실은 누구에게나 같은 해답을 주기 때문에 신뢰할 수 있다. 따라서 어떻게 객관성을 유지할 것인가의 문제는 바로 과학의 존재가치를 규정하는 잣대가 된다. 과학철학의 역사는 "과학과 과학적 방법론이란 무엇인가"를 둘러싸고 벌어진 논쟁의 역사이다. 또한 "과학에서 객관적 방법이란 무엇인가"에 대한 논쟁의 역사이기도 하다.

1) 과학적 방법론의 두 가지 전통

현상을 설명하는 방법으로서 과학 및 과학적 방법론에 관한 논쟁은 오랜 시간 지속되어 왔다. 과학적 방법론은 크게 귀납주의와 연역주의로 구분할 수 있다.

귀납주의(inductionism)는 중세 자연철학의 형이상학적 성격과 성서를 과학적 지식의 근원으로 여기는 태도에 대한 반발에서 시작되었다. 중세를 거치면서 서양사회의 정신적인 준거가 되어 버린 기독교적 사고는 인간과 신의 관계, 자연의 질서와 사회의 체계에 관한 독단적이고 비이성적인 믿음을 주입하였다. 그러나 르네상스를 거치며 형성된 이성적이고 합리적인 사상의 조류를 이끌던 과학자들은 사실에 근거한 경험과 이론으로 형이상학적 세계관을 극복하고자 하였다.

16세기 초 귀납주의의 선구자인 프란시스 베이컨(Francis Bacon, 1561~1626)[7]은 인식의 유일한 원천은 경험, 곧 실험과 관찰이기 때문에 사물 및 현상을 객관적 입장에서 관찰하고 실험을 거듭하는 것만이 더욱 확고하고 정확한 지식을 쌓아 보편적 진리에 도달할 수 있는 길이라고 생각했다. 베이컨은 그의 저서 《신기관》(*Novum Organum*)에서 "과학이란 실험을 반복해 문제를 해결함으로써 얻은 권위를 축적시키는 것"이라 정의하였는데, 이때 축적된 특정한 사실들은 유목별로 구분되고 일반화되어 결국은 유용한 공리의 체계를 이룰 것이라 믿었다(Harris, 1980, pp. 6~7). 이러한 베이컨의 생각은 과학적 사고에서 경험을 우선하는 귀납주의의 근간을 이루었다. 물론 경험적 사실들을 단순히 나열하는 것으로써

---

7 프란시스 베이컨은 1561년 런던에서 태어나 13세에 케임브리지의 트리니티 칼리지에서 철학을 공부하게 되지만, 아리스토텔레스의 사상에 대한 회의와 스콜라적 논쟁으로부터 철학을 해방시키겠다는 일념으로 학업을 그만두었다. 그후 주프랑스 영국대사의 각료로 근무하기도 하였으나, 18세에 아버지의 갑작스런 죽음으로 인하여 런던으로 돌아와 정치계에 입문하였다. 44세에 법무차관이 된 이후 대법관에까지 이르러 법조인으로서도 성공을 거두었다. 그의 철학에 대한 열정은 다소 불행하던 말년에 극치를 이루어, 그 결실로 근세철학의 대표적 사조인 경험론을 탄생시켰다.

과학적 지식이 구성된다는 초기의 극단적인 생각은 후에 베이컨 자신도 부정하게 되었으나, 그의 사상은 이후의 경험적이고 실증적인 과학철학을 지지하는 밑바탕이 되었다.

귀납적 추론은 관찰된 사실들을 근거로 보편법칙을 추론하여 일반적 지식으로 발전시킨다. 다음은 귀납적 추론의 한 예다.

보기 1-1

> 관찰 1 서울에서 관찰한 결과 해는 동쪽에서 떴다.
> 관찰 2 부산에서 관찰한 결과 해는 동쪽에서 떴다.
> 관찰 3 대구에서 관찰한 결과 해는 동쪽에서 떴다.
> 관찰 4, 관찰 5, 관찰 6 …
>
>
>
> 귀납적 추론 그러므로 해는 동쪽에서 뜬다.

과학자는 다양한 조건에서 해가 뜨는 것을 관찰한 경험을 모아 "해는 동쪽에서 뜬다"는 보편적 지식을 도출한다. 이처럼 귀납적 추론의 핵심은 관찰한 사실들을 보편적 법칙으로 일반화하는 데 있다. 그러나 아무리 관찰을 많이 해도 인간의 경험은 한정되어 있기 때문에 관찰된 사실로부터 나온 결론을 보편법칙으로 일반화하는 것이 과연 정당한가 하는 문제가 제기될 수 있다. 많은 수의 관찰결과를 보편법칙으로 일반화하였더라도 이에 모순되는 관찰사례가 하나라도 발견되면 보편법칙에 오류가 발생하는 것이다.

연역주의(deductionism)는 공리(公理) 혹은 역사적으로 진실이라고 가정할 수 있는 일반적 전제로부터 특별한 예들에 대한 결론을 도출하는 연역적 사고에 기초를 둔다. 연역적 사고는 17세기 사상가인 르네 데카르트(René Descartes, 1596~1650)에 의해 발전되었다.[8] "나는 생각한다. 고로 나는 존재한다"(cogito ergo sum)는 유명한 명제를 남긴 데카르트는 그의 철학적 논고인 《명상록》(Meditations)[9]에서 확고한 진실을 얻기 위해서는 감각기관을 통해 얻은 모든 지식에 대하여 의심하는 태도를 취해야 한다고 주장했다. 데카르트의 철학은 사물에 대해 이성적으로 회의하는 자세를 견지함으로써 얻어진 이론적 지식이야말로 과학적 지식체계를 형성하는 주춧돌이 된다는 것으로 과학적 이성주의

---

8 데카르트는 1596년 중부 프랑스 톨레르주의 작은 마을에서 태어났다. 1606년 라플레슈라는 도시에 있는 예수회에서 경영하는 왕립학원에 입학한 그는 스콜라적 철학에 심취하게 되었는데, 해석학의 창시자로도 유명한 그는 신은 본래의 의미의 실체이고 정신과 물질은 제2의 실체라 하여 물심이원론을 세웠다. 중년에는 왕녀 엘리자베스에게 학문을 가르치는 스승이 되기도 하였으며 스웨덴의 크리스티나 여왕을 통해서도 그의 명성이 높아졌다.

9 1641년 발간된 데카르트의 저서인 *Meditations*의 원제는 *Meditations on the First Philosophy : In Which the Existence of God and the Distinction between Mind and Body are Demonstrated*이다. 이 책은 라틴어로 쓰였으나 발간된 이듬해 튁 드 뤼네(Duc de Luynes)에 의해 프랑스어로 번역되어 출간되었다.

（rationalism）에 속한다. 데카르트의 사상을 바탕으로 구체화된 연역주의는 전제로부터 시작하여 이성적 추론을 거쳐 개별적 지식을 얻는 삼단논법을 논리전개의 원칙으로 삼는다. 다음은 삼단논법의 한 예다.

보기 1-2

전제 1 모든 미국인은 미국 국적을 가지고 있다.
전제 2 제임스(James)는 미국인이다

연역적 추론 제임스는 미국 국적을 가지고 있다.

여기에서 **전제 1**과 **전제 2**가 참이라면 연역적 추론은 반드시 참이어야 한다. 만약 이것을 거짓이라고 한다면 논리적 모순이 발생한다. 이와 같이 연역은 전제가 참이면 결론도 반드시 참이어야 한다는 추론 방식이다. 이러한 연역적 논증에서는 결론의 내용이 이미 전제 속에 포함되어 있다. 연역적 논증은 논증을 구성하는 진술의 내용이 아니라 추리의 형식 및 절차만을 규정하는 것이기 때문에 형식적이고 필연적인 귀결로 이어진다.

인간이 사물을 인지하고 사실로 인식한 근거를 바탕으로 추론을 시도할 때에는 연역과 귀납의 사고를 동시에 한다. 연역의 사고와 귀납의 사고는 각각 독립적으로 일어나는 것이 아니라 경험적 자료를 통하여 이론을 구축하고 이론을 통하여 앞으로의 일을 예측하는 과정에서 상호 보완적으로 이루어지는 것이다.

2) 흄의 경험주의

현상에 대한 인간의 경험 및 관찰을 중시하고 그러한 감각지(感覺知)의 축적을 통해 진리에 도달할 수 있다고 보는 귀납주의의 전통은 근대 경험주의 및 실증주의에 커다란 영향을 미쳤다. 하지만 경험·실증주의 과학철학의 형성에 가장 큰 영향을 미친 사람은 18세기 영국의 철학자 데이비드 흄(David Hume, 1711~1776)이다.[10] 흄은 그의 저서 《인간오성의 탐구》(*An Enquiry Concerning Human Understanding*)에서 명제로 이루어진 연역적 사고를 통해 얻을 수 있는 지식과 경험적 사실을 귀납적으로 추론하여 얻게 되는 지식을 비교한 후, 두 추론양식을 조화롭게 적용함으로써 더욱 합리적인 지식을 얻을 수 있다

---

10 흄은 영국 에든버러대학 법학부를 졸업하였고 1734년부터 3년간 프랑스에 머무르면서 《인성론》을 집필하였으며, 《도덕, 정치철학》을 간행하여 호평을 받았다. 그는 1744년 에든버러대학, 1751년에는 글래스고대학에서 일자리를 구했으나, 무신론자라고 의심받아 거절당하기도 했다. 1752년 에든버러 변호사회의 도서관 사서, 1763년 주프랑스 대사의 비서관, 1767~1769년 국무차관 등을 역임하고 은퇴했다.

고 주장하였다(Harris, 1980, pp. 8~10). 흄의 이러한 생각은 그동안 귀납적 추론의 논리적 한계 때문에 고심하던 경험주의자들이 이론을 중시하는 규약주의자들의 공격에 논리적으로 맞서고, 좀더 세련된 경험주의를 발전시키는 데 크게 기여하였다.

흄은 수학 등의 학문에서 볼 수 있는 논리적 명제(logical propositions)는 이성적으로 추론함으로써 명제의 진위를 결정할 수는 있으나, 이러한 단순한 이성과 직관(intuition)으로는 사물의 관계적 진실까지 모두 밝힐 수는 없는데, 이때 관찰과 경험이 지식을 얻는 데 필수적인 역할을 한다고 주장했다.

하지만, 무엇보다도 흄이 근현대 경험주의의 사조로 추앙받을 수 있었던 것은 그가 철학적 논증에서 귀납법의 한계점을 지적했기 때문이다(Harris, 1980, p. 9). 그의 대표적 저서 《인간본성에 관한 논고》(A Treatise of Human Nature, 1739)에서 흄은 귀납법만으로는 법칙으로 일반화시킬 수 없다는 것을 강조한다. 흄은 귀납적 추리에 의한 지식은 불확실하다는 기존의 비판에 대해 사물의 이치를 경험적으로 검증(verification)하여 그 한계를 극복할 수 있다고 주장함으로써 19~20세기 논리실증주의 및 개량된 경험주의가 태동할 수 있는 기틀을 마련하였다.

3) 규약주의

규약주의(conventionism)는 경험에 대한 이론의 우위를 주장하며 귀납주의자들의 논리를 반박하였다. 규약(規約)이란 서로 합의를 통해 지키기로 한 규칙을 말한다. 규약주의자들은 과학법칙이나 이론들은 하나의 규약으로 보아야 하며, '참'이나 '거짓'으로 구분할 성질의 것이 아니라고 주장한다. 이론은 구성원 간의 합의로 이루어진 하나의 '규약'이기 때문에, 이론에 반박을 하는 자체가 모순이라는 것이다.

규약주의자들은 귀납주의에서 귀납적 추론의 핵심인 관찰언명의 개념에 회의를 보인다. 귀납주의는 모든 과학이 관찰(경험)에서 비롯되며, 이러한 관찰을 통해 정립되는 관찰언명들이 귀납적 추론에 의한 정당화 과정을 거쳐 보편언명(법칙)이 된다고 주장한다. 그러나 규약주의자들은 관찰언명이 '참되고 공적이며 순전히 경험적인' 성격을 가질 수 없다는 점을 들어 귀납주의를 비판한다. 관찰언명에서 오류가 발생할 수 있는데, 관찰언명 자체에 이미 이론이 포함되어 있기 때문에 관찰언명상의 오류는 곧 이론의 오류라는 것이다. 따라서 귀납주의가 관찰 및 관찰언명에 절대적 지위를 부여하는 것은 잘못이며, 이론이 경험에 우선한다고 주장한다.

규약주의는 이론과 관찰의 일치를 목표로 하고 있으므로, 관찰을 통해 이론을 평가하는 경험주의적 입장에서 보면 다소 이론 중심적이다. 또한 그 출발이 귀납주의에 대한 비판에서 시작되었기 때문에 필연적으로 경험 위주의 이론들에 대해 배타적이다.

4) 논리실증주의

19세기와 20세기에 들어와서 관념적인 철학사조에 대항하는 움직임으로 나타난 실증주의는 경험철학, 역사학, 사회학 등의 학문분야에 골고루 영향을 미쳤다. 콩트(A. Comte)와 밀(J. S. Mill), 스펜서(Spencer) 등에 의해 정립된 고전실증주의의 학문적 전통은 영국 경험론 전통의 베이컨, 버클리, 흄 등의 과학정신과 어우러져 실증주의적 과학철학을 형성했다.

콩트는 역사발전의 단계가 신의 개념이 중심이 되는 신학적 단계, 관념 중심의 형이상학적 단계를 거쳐서, 자기 시대에 이르러 경험에 근거한 실증단계로 접어듦으로써 비로소 긍정적(positive)인 길로 제대로 들어섰다고 주장하였다. 콩트가 처음으로 사용한 '실증주의'라는 말은 엄밀한 경험주의를 지칭한다.

논리실증주의(logical positivism)는 그 명칭에서도 알 수 있듯이 경험주의와 기호논리학을 결합하여 과학철학으로 발전시켰다.[11] 실증주의자들은 직접적인 경험에 근거한 지식만이 참된 지식이라고 단언한다. 현대의 논리실증주의, 특히 빈(Wien) 학파의 실증주의는 러셀(B. Russell)이 《수리철학의 기초》(*Introduction to Mathematical Philosophy*)에서 전개한 기호논리학의 체계를, 지식의 언어적 체계를 분석하는 데 중요한 도구로 사용하였다.

논리실증주의자들은 우연적 명제는 그것이 경험적으로 검증될 수 있는 경우에만 유의미하며, 그렇지 않은 경우에는 무의미한 사이비 명제가 된다고 주장했다. 이때, 명제는 다음의 네 가지로 나눌 수 있다(Brown, 신중섭 역, 1983, pp. 28~30).

① **순수명제** : 항진명제라고도 한다. 논리적 혹은 수학적 추론에서 순수명제를 사용하여, 진리치에 변화를 주지 않으면서 한 경험명제를 다른 경험명제로 전환할 수 있다.

② **원자명제** : 경험적 지식의 기본층을 형성하는 것으로서 의미의 기본단위이다. 관찰을 통해 진위를 밝힐 수 있는 가장 단순한 명제이다. 경험적 지식에서 기본적인 층을 형성하는 원자명제는 모두 논리적으로 별개의 것이며, 어떤 원자명제도 다른 원자명제로부터 유도될 수 없고, 어떤 원자명제도 다른 원자명제와 모순되지 않는다.

③ **분자명제** : 원자명제들의 논리적 구성으로 이루어지는 일종의 복합명제이다. 예를 들어, "새들은 날개를 가진다"와 "새들은 날 수 있다"는 두 원자명제가 결합하여, "새들은 날개를 가지고 있으며, 새들은 날 수 있다", "만약 새들이 날개를 가지고 있다면 새들은 날 수 있다"와 같은 분자명제가 형성되는 것이다. 분자명제의 진리치는 원자명제의 진리치에 대한 기호학적 연산과 논리적 상수의 적용에 의해서 결정된다.

④ **사이비 명제** : 인식적 내용이 없는 소리나 기호의 무의미한 결합을 말한다.

---

11 포퍼(Karl Popper)가 논리실증주의의 한계를 비판하면서 논리실증주의가 '논리경험주의'로 한발 물러서게 되었다고도 하지만, 논리실증주의를 논리경험주의로 부르는 데 큰 무리는 없을 것이다(최종덕, 1995, p.27).

논리실증주의의 핵심적 주장에 대해서 1934년 포퍼(K. Popper)가 비판을 제기하였다. 포퍼는 보편명제로 정식화된 과학법칙이 유한한 관찰언명에 의해 결정적으로 검증될 수 없다는 점에 논리실증주의의 중대한 한계점이 있다고 지적했다. 포퍼는 검증될 수 없는 명제가 무의미하다면, 프로토콜(protocol) 명제[12]조차 엄밀한 의미에서 절대적으로 확실한 문장임을 검증할 수 없기 때문에 무의미하다고 주장하였다. 이에 대부분의 논리실증주의자들은 엄밀한 의미의 검증을 포기하고, 대신 관찰과 실험에 의해 검증이 가능한 명제는 유의미하다는 입장을 취하게 되었다. 그러나 이러한 시도가 검증가능성이라는 기준 자체가 갖는 한계를 극복한 것은 아니었다.

5) 포퍼의 반증주의

20세기 지성사(知性史)에서 포퍼(Karl R. Popper, 1902~1994)를 과학철학자이면서 동시에 사회철학자로 자리매김할 수 있다. 논리실증주의자들이 비과학적인 것들을 아예 몰아낼 것을 주장한 데 반해 포퍼는 기존의 형이상학이나 종교, 맑스주의 또는 정신분석학 등을 전면적으로 부정하지는 않았다. 다만 그것들을 과학으로 혼동하는 태도를 비판한 것이다(신중섭, 1992, pp. 153~192). 이러한 포퍼의 입장은 후에 자신의 관심이 줄곧 '과학과 비과학의 영역 가름(demarcation)'에 있었다고 회고한 것으로도 알 수 있다(Popper, 1983, pp. 159~161). 논리실증주의까지의 과학철학이 개별이론에 머문 것에 반해 포퍼는 과학철학을 전체적인 과학의 진보를 아우르는 보다 넓은 영역으로 확장시켰다.

포퍼는 논리실증주의가 귀납추리에 의거한 경험주의에서 출발하였음을 지적하면서, 귀납적 추론을 구성하는 단칭명제들이 관찰에 의해 완전히 검증될 수 없다는 것이 드러났으므로 논리실증주의에는 이론적으로 모순이 있다고 주장하였다. 또한 포퍼는 과학이 경험세계에 대한 명제들의 체계이므로, 경험세계를 무시하는 규약주의 역시 폐기해야 한다고 역설하며, 경험적 사실을 통한 이론의 반증가능성을 추구하였다.

(1) 포퍼의 반증주의 고찰

포퍼의 과학철학은 다음의 두 차원에서 살펴볼 필요가 있다.

첫째, 이론의 '반증가능성'이다. '반증가능성'의 개념은 과학을 이루는 보편명제들을 경험을 통해 검증 또는 확증하기 어려운 경우에도 반증은 가능하다는 사실을 근거로 도입되었다. 반증(falsification)은 관찰과 실험의 결과를 가지고 이론을 반박하는 것이다. 예를 들어, 희지 않은 백조를 관찰하였다면, "모든 백조는 희다"는 명제를 반증할 수 있다.

---

12 논리실증주의는 형이상학적 명제를 배제하고 검증이 가능한 명제만을 추구하는데, 이러한 명제를 프로토콜 명제라고 한다.

표 1-1 전칭명제 및 기초명제, 특수명제의 예

명제 (statement)	명제의 형태	검증가능성	반증가능성
모든 백조는 희다	전칭명제	불가능	가능
모든 백조가 흰 것은 아니다	전칭명제의 부정형	가능	불가능
희지 않은 백조가 있다	일반적 존재명제	가능	불가능
희지 않은 백조는 없다	일반적 존재명제의 부정형(기초명제)	불가능	가능
지금 여기에 희지 않은 백조가 있다	특수명제		

반증이란 어떠한 법칙이나 이론이 참이 아닌 것을 증명하는 특수명제를 찾아 보여주는 작업이라고 할 수 있다. 반증의 이론적 전제는 기초명제(basic statement)로부터 시작된다. 기초명제란 하나의 이론을 나타내는 전칭명제(all-statement)의 대우(對偶)이자 일반적 존재명제의 부정형을 말한다. 예를 들어, "모든 백조는 희다"는 이론을 나타내는 전칭명제가 있을 때, 일반적 존재명제는 "희지 않은 백조가 있다", 기초명제는 "희지 않은 백조는 없다"가 된다. 〈표 1-1〉에서 볼 수 있듯이 전칭명제와 기초명제는 둘 다 반증이 가능하다.

포퍼는 반증의 한계점(threshold)을 넘지 않는 조건에서 반박될 가능성이 높고 경험적 내용이 풍부할수록 좋은 이론이라고 주장했다(Popper, 1961, p. 40). 예를 들어, "모든 행성은 타원형 궤도로 태양 주위를 돈다"는 명제는 "화성은 타원형 궤도로 태양 주위를 돈다"를 의미상으로 포함한다. 이때, "화성은 타원형 궤도로 태양 주위를 돈다"를 반증하면 "모든 행성은 타원형 궤도로 태양 주위를 돈다"도 반증이 되지만, "모든 행성은 타원형 궤도로 태양 주위를 돈다"를 반증한다고 해서 "화성은 타원형 궤도로 태양 주위를 돈다"를 반증할 수는 없다(Chalmers, 1982, p. 42). 따라서 포퍼의 관점에서 보면, "모든 행성은 타원형 궤도로 태양 주위를 돈다"는 명제가 "화성은 타원형 궤도로 태양 주위를 돈다"는 명제보다 뛰어나다고 할 수 있다.

둘째, '진리접근성'(verisimilitude)[13]이다. 포퍼는 과학이 절대적 진리를 발견할 수 있다고 생각하지 않았다. 포퍼는 과학을 특정한 법칙이나 이론이 제기되고 이것이 다시 관찰과 실험에 의해 반증되는 시행착오를 거쳐서 발전하는 것으로 보았다. 포퍼는 '진리로 끝없이 접근하는 과정'을 과학의 목적으로 설정하고, '추측'(conjecture)과 '반박'(refutation)을 통하여 오류를 제거함으로써 가장 효과적으로 과학의 목적을 이룰 수 있다고 주장하였다. 참신하고 대담한 가설을 쉬지 않고 '추측'하여 제시하고, 그 가설이 지니는 약점을 반복적인 실험과 관찰로써 '반박'하여 없애려는 노력을 통해 과학은 성장할 수 있다는 것이다. 포퍼는 특정한 한 이론에 머무르지 않고 끝없이 진리에 가깝게 성장해가는 역동적인 것으로 과학을 파악한 것이다.

---

13 '진리박진성(迫眞性)'으로 번역되기도 한다.

(2) 반증주의의 한계와 의의

포퍼의 반증 개념은 과학적 이론을 검증하는 데 핵심적인 논리다. 대부분의 실험 연구에서 실험처치의 효과를 보여주고자 할 때, 연구가설(H_1 : "그 처치는 효과가 있다")을 보편법칙에 따라 참인 것을 검증하기란 앞서 살펴본 것처럼 불가능하다. 따라서 영가설(H_0 : "그 처치는 아무런 효과도 없다")이 거짓임을 증명함으로써 이론을 검증하는 것이다. 그렇게 영가설을 기각함으로써 연구자는 비로소 처치효과를 긍정하는 연구가설을 채택할 수 있는 것이다.

그러나 반증주의는 다음과 같은 몇 가지 한계점을 지닌다. 첫째, 반증이 오류를 내포할 가능성이 있다. 보편언명이 어떤 관찰언명과 모순을 일으켰을 때, 보편언명에 오류가 있기 때문이 아니라 관찰언명에 문제가 있을 수도 있는 것이다. 반증의 기초가 되는 관찰언명이 잠정적이고 수정될 수 있기 때문에 이론을 결정적으로 반증할 수 없다.

둘째, 역사적 사실과 일치하지 않는다는 지적이 있다. 쿤에 따르면, 역사적으로 여러 차례 명백히 반증되었음에도 불구하고 계속 명맥을 유지하며 발전한 이론들이 존재한다. 하나의 과학이론을 부정하는 것은 연역논리에 의해 이뤄지는 논리적 과정이 아니라, 역사적으로 '끊임없는 반박'을 통해 이루어지는 것이므로 특정한 변칙사례(anomaly)를 발견했다고 해서, 그것이 그 과학이론을 포기하게 만드는 결정적인 반증사례가 될 수는 없다. 쿤은 과학이론의 형성이 실제로 주의 깊은 관찰과 실험에 의해 도출되지도 않았고, 대담한 '추측'에 의해 새로운 이론이 기존 이론을 대치함으로써 이루어진 것도 아니라고 주장하였다. 쿤의 주장에 대해서는 다음 항목에서 좀더 자세히 살펴보기로 한다.

셋째, 연구자의 주관이 언제나 타당성을 갖기는 어렵다. 포퍼는 사적(私的)인 지각(知覺) 경험과 공적(公的)인 관찰언명을 구분함으로써 관찰언명을 받아들일 것인지 혹은 거부할 것인지를 개인적으로 결정할 수 있다고 주장했다. 그러나 쿤은 연구자 개인의 주관적 결단은 관찰언명에 타당성을 줄 수 없을 뿐 아니라 이론 선택의 객관적 기준도 존재하지 않는다고 반박하였다.

6) 쿤(Kuhn)의 패러다임론

토머스 쿤(Thomas S. Kuhn)[14]의 대표적 저서로는 《과학혁명의 구조》(*The Structure of Scientific Revolution*)와 *The Essential Tension*, *The Copernican Revolution*이 있다. 특히 《과학혁명의 구조》는 그의 과학철학이 잘 나타나 있는 저서로 과학혁명의 이론을 통해서 20세기 후반의 현대사상에 심오한 영향을 미친 것으로 평가된다.

---

14 토머스 쿤은 하버드대학에서 물리학을 전공하였으며 버클리대학 사학과 조교수, 프린스턴대학의 과학사, 과학철학과 교수를 역임하였고, MIT에서 언어학 및 철학교수로 활동하였다. 쿤은 20세기 후반의 현대사상에 가장 큰 영향을 미친 학자 가운데 한 사람으로 꼽힌다.

(1) 패러다임론

패러다임(paradigm)이라는 개념은 학문분야뿐 아니라 일상생활에서도 널리 사용된다. 이 개념을 최초로 도입하여 과학철학사의 흐름에 혁신적 전환을 가져온 사람이 쿤이다. 쿤은 개별이론에 대한 반증을 통해 과학이론이 발전하는 것은 아니며, 과학을 이론의 집합체인 구조로 파악해야 한다고 주장하였다.

패러다임이란 어느 특정 시기에 특정한 사회구성원들[15]이 어떤 문제에 대해 공통적으로 지니고 있는 신념, 가치, 기술 등의 총체이자 한 구성요소를 의미한다(Kuhn, 1970, p. 175). 이때 패러다임을 구성하는 주요 요인으로는 이론과 관련된 법칙이나 가정, 다양한 상황에 기본적 법칙을 적용하는 규범, 실험 장치나 기술, 패러다임 안에서 연구를 이끄는 일반적 형이상학 원리, 이론의 선택·평가·비판과 관련된 방법론 등이 포함된다.

쿤의 과학관은 과학이 진보해가면서 나타나는 혁명적 성격에 초점을 맞추고 있다. 쿤은 과학사를 지식이 누적적으로 증가되는 역사가 아니라, 현상을 보는 관점의 혁명적 전환이 계속되는 역사로 본다. 쿤은 특히 과학적 진보에서의 '불연속성의 중요성'을 강조하고, 기존의 패러다임이 새로운 패러다임으로 대체되는 것이 과학의 진보라고 파악하였다.

전(前)과학은 패러다임이 형성되기 이전, 다시 말해 조직화되지 못한 다양한 연구활동이 이루어지는 단계이다. 이 단계에서는 과학자 사회에서 근본적인 이론적 가정에 대한 의견이 일치되어 있지 않기 때문에 그 이론과 관련된 관찰현상에 대해서도 이론적 일치를 보지 못한다.

정상과학이란 특정한 과학자 사회가 후속연구의 잠정적 근거가 된다고 인정한 과거의 연구성과에 확고한 기반을 둔 연구활동이다.[16] 정상과학 안에서 활동하는 과학자들은 제기된 문제에 대한 해결방식을 자신이 속한 패러다임이 제공해 줄 수 있다고 가정해야 하며 비판적 태도를 취해서는 안 된다. 패러다임 내에서 해결되지 않는 문제는 하나의 변칙사례일 뿐이지 그로 인해 패러다임이 반증되는 것은 아니다.

그러나 문제를 해결하려는 연구자들의 끊임없는 노력이 수포로 돌아가고, 변칙사례를 제거하려는 노력이 오랫동안 결실을 보지 못할 경우에는 패러다임에 대한 신뢰감이 사라지고, 위기의 시대로 접어든다. 이렇게 되면 문제를 해결하려는 시도는 더욱 격렬해지고, 문제해결을 위해 패러다임이 제시하는 규칙은 점차로 느슨해진다. 패러다임의 옹호자마저 자신감을 상실할 정도로 패러다임이 약화되고 그 토대를 잃게 되면 정치적 혁명과도 같은

---

15 쿤의 정의에 의하면 '과학자들의 공동체'를 일컫는다.

16 쿤은 이 단계에서 이루어지는 연구활동이 패러다임의 규칙에 따른 문제풀이(puzzle-solving) 작업과정이라고 보는데, 예를 들어 뉴턴의 패러다임에서 전형적 이론문제에는 둘 이상의 천체로부터 인력을 받는 행성의 운동을 다룰 수 있는 수학적 기술의 개발이나 뉴턴의 법칙을 운동에 적용할 수 있는 가정을 발전시키는 것 등을 들 수 있다. 또 실험적 문제에는 망원경으로 정확한 관찰을 할 수 있게 하는 기술, 인력이 갖는 상수(常數)의 측정을 가능하도록 하는 실험적 기술의 발전 등을 예로 들 수 있다(Kuhn, 1970, p.10).

그림 1-2 쿤의 패러다임론

혁명의 여건이 성숙하게 된다. 이때 경쟁적 패러다임이 나타나게 되면 위기의 심각성은 고조된다. 경쟁적 패러다임은 기존의 패러다임과는 다른 종류의 문제에 대하여 정당성과 의미를 부여한다. 이때 경쟁적 패러다임은 포퍼가 말한 '새로운 이론'과는 의미가 다르다. 포퍼의 '새로운 이론'이 기존 이론을 반증하며 상대적 우월성을 가진다면, 쿤은 서로 다른 패러다임은 양립할 수 없는 이론평가 기준을 가진다는 '공약불가능성'(incommensurability)이라는 개념을 제시하여 한 이론이 다른 이론보다 우월하다고 말할 수 없음을 강조하였다.

정상과학의 시기에는 과학자들이 근본적인 가정이나 방법의 정당성에 대해 논쟁하지 않고 패러다임 내의 세세한 문제들을 해결하기 위해 전력을 쏟을 수 있다. 그러나 모든 과학자들이 정상과학자로 머문다면 과학의 각 분야에서는 진보가 일어나지 않게 된다. 모든 패러다임은 어느 정도 부적절한 요소를 지니고 이러한 불일치가 심화될 때 패러다임을 대체하는 혁명적 조치를 취하는데, 이는 과학의 진보를 위해서 필수적이다. 쿤은 위대한 과학적 발견은 정상과학의 시기에 이루어지지 않고 패러다임 혁명의 시기에 이루어졌다고 주장한다(Harris, 1980, p. 19). 프톨레미의 천문학에서 코페르니쿠스의 천문학으로 전환한 것이나 아리스토텔레스의 역학에서 뉴턴의 역학으로 전환한 것은 그 대표적인 예다.

(2) 패러다임론의 한계 및 의의

쿤은 과학이 어떤 의미에서는 진보한다고 볼 수 있지만, 명확한 진리를 향해 진보한다고는 생각하지 않는다. 포퍼는 쿤이 과학에서 비판이 맡고 있는 역할을 과도하게 강조했다면서 쿤을 비판한다. 라카토스는 쿤이 연구 프로그램(패러다임) 사이에서 발생하는 경쟁의 중요성을 간과하고 있다고 비판한다. 쿤은 과학자 공동체의 결단과 결정방식을 비판할 수 있는 길을 열어 놓지 않는다. 그는 사회학적 분석을 바탕으로 하면서도 사회이론을 거의 제시하고 있지 않으며, 합의에 도달하는 방식 중에 무엇을 취사선택해야 하는지 밝히지 않고 있다.

그러나 관찰과 이론의 이분법, 논리경험주의가 강조하는 형식논리를 거부하고, 과학이론이 유동적 특성을 지니며 과학자 사회를 통해 유지된다는 점을 강조하여 과학사의 실제적 과정을 설명하려 한 쿤의 노력은 올바르게 평가되어야 한다. 쿤의 상대주의적 태도를 극복하면서도 실제 과학사에 대한 연구업적을 비판적으로 수용하는 것이 오늘날의 과제라고 할 수 있다.

7) 파이어아벤트의 무정부주의적 인식론

파이어아벤트(Paul Feyerabend, 1924~1994)[17]는 과학적 합리주의에 대한 가장 완강한 반대자로 널리 알려져 있다. 파이어아벤트는 과학사에 대한 분석을 통해서 상대주의적·역사주의적 대안을 제시하여, 지식의 진보·과학의 합리성을 강조한 기존의 과학철학에 강력하게 도전하였다. 파이어아벤트의 대표적 저서로는 《방법에의 도전》(*Against Method*, 1970), *Science in a Free Society*(1978), *Farewell to Reason*(1989) 등이 있다.

(1) 무정부주의적 인식론

파이어아벤트는 신화적 세계관과 현대과학의 세계관이 인식론적인 측면에서 조금도 다를 바가 없다면서, 모든 지식의 불확실성을 주장했다. 또한 그는 진실, 객관성, 정확성 등을 부인하면서, "아는 것이 곧 모르는 것이다"라고 주장했다. 그의 무정부주의적 인식론은 '방법론적 무정부주의' 또는 '반(反) 방법론'이라 일컬어진다.

파이어아벤트의 철학적 관점은 다음과 같이 요약할 수 있다.

첫째, 방법론적 규칙에 대해 '어떻게 해도 좋다'(anything goes)고 역설하였다. 파이어아벤트는 방법론과 물리학의 역사가 일치하지 않는다는 사실을 과학사적 맥락에서 지적했다. 그는 과학의 방법론이 과학자들의 활동을 지시하는 적절한 규칙을 제시하는 데 실패하였음을 지적하고, 역사의 복잡성에 비추어 볼 때 몇 가지의 방법론적 규칙으로 과학을 설명할 수는 없다고 주장하였다.

둘째, 공약불가능성(incommensurability)[18]이다. 공약불가능성이란 본질적으로 서로 다른 경쟁관계의 두 이론은 논리적 비교가 불가능하다는 것이다. 파이어아벤트는 이러한 공약불가능성을 양자역학과 고전역학, 뉴턴역학과 상대성이론, 유물론과 심신이원론을 예로 들어 설명하고 있다. 이 중 뉴턴의 고전역학과 아인슈타인의 상대성이론의 예를 살펴보도록 한다.

---

17 파이어아벤트는 비엔나의 중류층 가정에서 태어났다. 제2차 세계대전 당시에는 독일군에 소속되어 장교양성학교에서 후보생들을 가르치기도 하였으며, 종전 후 1947년 비엔나로 돌아와 역사, 사회학, 물리학 등을 공부하였다. 1948년 세미나에서 포퍼를 처음 만난 후 그의 철학에 심취하여 제자가 되었으나, 비트겐슈타인, 라카토스 등과의 교류를 통해 자신의 독창적인 학문세계를 형성하고 이후 포퍼의 사상을 비판하게 된다.

18 공약불가능성은 불가공약성, 불가통가성 등으로 번역된다.

고전역학에서 물리적 대상은 형태·질량·부피를 갖는다. 이러한 성질은 물리적 간섭에 의해 바뀔 수도 있다. 상대성이론에 따르면 실재론적으로 해석된 형태·질량·부피와 같은 성질은 더 이상 존재하지 않을 뿐만 아니라 일정한 물리적 상호관계 없이도 하나의 준거틀을 다른 준거틀로 바꿈으로써 변할 수 있다. 결국 고전역학에서 물리적 대상을 언급하는 관찰언명은 상대성이론에서 유사하게 보이는 관찰언명과 다른 의미를 가지므로 두 이론은 불가공약적이며, 그 논리적 귀결을 서로 비교할 수 없는 것이다.

셋째, 진리에 대한 상대주의와 반과학주의이다. 파이어아벤트는 다른 형태의 지식과 비교해서 과학이 우월하다는 것을 인정하지 않는다. 나아가 공약불가능성의 명제에 비추어 볼 때 과학의 우월성을 뒷받침하는 결정적인 논의는 존재하지 않는다고 주장한다.

파이어아벤트는 과학적 지식만이 신뢰할 수 있는 유일한 지식이며, 이러한 지식의 확보는 과학의 방법에 의해 가능하다는 '과학주의'에 반대했다고 하겠다. 파이어아벤트는 극단적 과학주의가 권력과 손을 잡고 인간생활 전반을 규제하고 있는 현대사회를 비판한 것이다.

(2) 무정부주의적 인식론의 한계 및 의의

기존의 과학철학과 파이어아벤트를 위시한 새로운 과학철학자들의 대립적인 논점과 차이점 중의 하나는 합리성의 문제이다. 논리실증주의 및 포퍼의 과학철학 등 20세기 초 연구자들의 대부분은 '과학은 합리적'이라는 가정하에 과학의 이론과 방법을 분석하고 재구성하는 데 상당한 노력을 기울였다. 그러나 최근에 와서 파이어아벤트를 위시한 새로운 과학철학자들은 논리실증주의와 포퍼의 과학에 대한 논리적·방법론적 분석을 거부하고, 과학사에 대한 동태적 분석을 시도함으로써 새로운 과학관을 제시하고 있다. 이들은 지금까지 제시된 과학의 합리적 모델은 과학사에서 드러난 과학의 실제적 모습과는 전혀 들어맞지 않는다고 지적한다. 쿤에게 있어서 과학은 합리적 활동이지만 그 합리성은 과학자 집단의 합의의 합리성, 과학자의 판단의 합리성에 기초한다. 그러나 파이어아벤트는 과학에서는 합리적 절차 못지않게 비합리적 요소들이 중요한 역할을 한다고 주장한다.

파이어아벤트의 《방법에의 도전》은 과학의 합리성의 본질로 간주하는 과학의 방법론적 규칙과 기준이 실제의 과학에서는 위반되어 왔다는 사실을 보여준다. 파이어아벤트는 방법론적 규칙과 기준이 실제 과학에서 아무런 역할을 하지 못한다는 것이 사실이라면 과학의 합리성은 인정할 수 없으며, 과학의 합리성을 인정할 수 없다면 과학에 부여해 온 우월성과 지위 역시 재평가해야 한다고 주장한다. 이러한 그의 주장은 절대적인 신뢰와 가치를 부여받았던 과학의 합리성을 다시 돌아보도록 하는 계기를 만들어 주었다. 그러나 과학을 대신할 대안을 제시하지 못하고 비판에만 그쳤다는 비난을 면하지 못했다.

8) 라카토스의 과학적 연구 프로그램론

라카토스(Imre Lakatos, 1922~1974)는 한때 수리철학에서 두각을 나타내었지만, 그 후 과학철학에 흥미를 갖게 되어 현대의 비판주의적 과학철학을 확립하는 데 기여하였다. 라카토스의 연구 프로그램론은 이론을 강조하는 포퍼의 접근법과 쿤의 패러다임론을 변증법적으로 융합하여 방법론의 새로운 규칙을 제시한 것으로 평가받는다.

(1) 과학적 연구 프로그램론

귀납주의자와 반증주의자는 이론과 개별적 관찰언명의 관계에만 주의를 집중함으로써 과학이론이 지니는 복합성을 제대로 설명하지 못하였다. 이에 라카토스는 합리적이고 객관적인 기준을 추구한 포퍼의 견해와 실제 과학사에 부합하는 이론체계를 수립하고자 한 쿤의 견해를 보완, 종합하여 과학적 연구 프로그램론을 제안하였다. 라카토스는 형식적인 면에서는 포퍼를, 내용적으로는 쿤의 생각을 받아들여 "과학사 없는 과학철학은 공허하고, 과학철학 없는 과학사는 맹목이다"(Lakatos, 1978, p. 102)라는 입장을 표명했다.[19] 라카토스는 위대한 과학적 성숙은 다름 아닌 연구 프로그램이며, 과학적 혁명은 한 연구 프로그램이 다른 연구 프로그램을 대체할 때 이루어진다고 결론을 내렸다.

　연구 프로그램은 견고한 핵(hard core)과 보호대(protective belt)의 구조로 이루어진다. 모든 과학적 연구 프로그램은 견고한 핵을 지니는데, 이 핵은 매우 일반적인 이론적 가설의 형태를 취하는 것으로서 하나의 연구 프로그램을 전개하는 기본 원리 구실을 한다. 예를 들어 뉴턴의 연구 프로그램에서는 운동의 3법칙과 인력의 법칙이 견고한 핵에 해당한다(Chalmers, 신일철·신중섭 역, 1985, p. 138). 이러한 핵은 연구 프로그램에 종사하는 과학자 집단에 의하여 규범적으로 받아들여지는 가설들로 이루어지며, 해당 연구 프로그램 지지자들이 그것을 반증하는 것은 불가능한 것으로 여겨진다. 설령 어떠한 변칙적 사례가 누적되어 견고한 핵에 영향을 미칠지라도 반증주의자들이 주장하는 것과는 달리 즉각적 와해가 일어나지는 않으며, 시행착오의 과정을 거치면서 서서히 진행될 뿐이다.

　견고한 핵과 일치하지 않는 경험적 사실이 발견될 때 그것은 보호대의 방어기능을 통해 일차적으로 거부된다. 보호대는 견고한 핵을 에워싸는 보조가설들, 즉 초기조건과 관찰언명을 기술하는 데 기초가 되는 가설들로 이루어져 있는데, 연구 프로그램 내부에서 활동이 진행됨에 따라 견고한 핵의 주위에 형성된다. 만약 관찰된 사실이 연구 프로그램

---

19 이런 맥락에서 라카토스는 과학이론과 과학사를 일치시키려고 노력하였는데, 이는 그의 과학철학 사상이 집약되어 있는 "Falsification and Methodology of Scientific Research Programmes"의 구성을 보아도 알 수 있다. 즉, 이 논문의 전반부는 자신의 과학적 방법론의 근거를 이론적으로 논증하는 데 할애하는 데 반해, 후반부는 전반부에서 개진한 자신의 논증을 과학사에서 구체적 사례를 들어 입증하는 형식을 취하였다.

그림 1-3 연구 프로그램의 방법론적 규칙

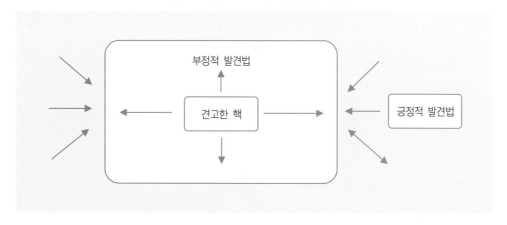

의 예측과 일치하지 않는 경우 보조가설들을 수정하거나 새로운 보조가설을 보호대에 첨가함으로써 견고한 핵은 보호된다. 이처럼 하나의 연구 프로그램 내부에서 이루어지는 연구는 많은 가설을 첨가하고 명료화함으로써 그 프로그램의 보호대를 확장하고 수정하는 작업을 한다.

견고한 핵과 보호대로 이루어진 연구 프로그램의 내부에서 과학자의 활동은 부정적 발견법(negative heuristic)과 긍정적 발견법(positive heuristic)이라는 규칙에 근거해 이루어진다. 부정적 발견법은 연구자가 프로그램의 핵에 직접적으로 충격을 가하는 연구경로는 피해야 한다는 규칙이다. 라카토스의 설명에 의하면 하나의 과학적 연구 프로그램 내에 있는 과학자는 부정적 발견법을 따름으로써 논란이 있는 관찰사례들을 견고한 핵이 아니라 보호대에 적용하도록 조치할 수 있다(Lakatos, 1970). 긍정적 발견법은 이미 마련된 계획에 따라 문제들을 규정하고 보호대의 윤곽을 잡아 주고, 변칙성들을 예견하며, 그것을 단순한 실례(實例)의 집합으로 전환시키는 규칙이다. 과학자는 이러한 긍정적 발견법의 규칙에 따라 변칙성을 미리 고려하는 장기적 연구정책을 세우고 모델을 수립한다. 과학자는 자신이 속한 연구 프로그램이 관찰 단계까지 발전했을 때, 반증이 아니라 검증을 중시한다. 이때, 검증이란 포퍼가 말하는 검증과는 다른 개념으로, 연구 프로그램을 통해 새롭게 예측할 수 있는 사실을 찾아 나서는 것을 말한다.

마지막으로 라카토스는 연구 프로그램을 평가하는 기준으로 '전진적 문제이행'(progressive problemshift)을 이루는 연구 프로그램과 '퇴행적 문제이행'(degenerating problemshift)을 제시하였다. 연구 프로그램이 전진적 문제이행을 보이면 성공적인 것으로, 퇴행적 문제이행을 보이면 성공적이지 못한 것으로 평가할 수 있다.

전진적 문제이행은 이론의 측면과 경험의 측면으로 나눌 수 있다. 이론의 전진적 문제이행은 새로운 이론에 기존의 이론을 넘어서는 어떠한 경험적 내용이 있거나 새로운 이론이 지금까지 예견되지 않은 새로운 사실을 예측하는 경우를 말한다. 경험의 전진적 문제이행은 경험적 내용의 일부가 확인되거나 새로운 이론이 사실을 발견하게 해주는 경우를 말한다. 라카토스에 따르면 이러한 두 조건이 모두 충족되는 경우에만 전진적으로 문제가 이행되었다고 말할 수 있다. 따라서 연구 프로그램이 전진적인지 아닌지를 판단하는 데서 새로운 사실을 발견할 수 있는가 없는가는 중요한 잣대가 된다. 그러나 연구 프로그램이 새로운 사실을 예견할지라도 그것이 긍정적 발견법에 기인한 것이 아니라 미봉책에 의한 것이라면 퇴행적이라고 규정된다.

(2) 과학적 연구 프로그램론의 한계와 의의

쿤과 파이어아벤트는 전진적 문제이행과 퇴행적 문제이행을 구분하기 위하여 적용하는 시간의 문제가 라카토스의 한계라고 지적한다. 하나의 연구 프로그램이 매우 퇴행적이라거나 새로운 현상을 발견하지 못한다는 등의 결정을 내리려면 얼마의 시간이 필요한가에 대해 라카토스는 명쾌한 답을 주지 못한다.

파이어아벤트는 라카토스가 자신의 방법론에서 실제로 이론이나 연구 프로그램의 선택에 관한 규칙을 제시하지 않았다고 비판했다. 라카토스 자신도 이를 수긍하면서, "퇴행적 프로그램에 매달리는 것은 합리적일 수 있다"고 말한다. 따라서 라카토스의 방법론은 진보를 노리는 과학자에게 안내자 구실을 하지 못한다는 비난을 받기도 한다.

하지만, 라카토스의 연구 프로그램론은 이론을 강조하는 포퍼의 접근법과 쿤의 패러다임론을 잘 조화시킨 것으로, 기존 과학철학의 주요한 두 흐름을 변증법적으로 승화시켰다고 평가할 수 있다.

지금까지 귀납주의로부터 시작된 과학철학의 역사 및 과학에 대한 개별 연구자들의 철학적 입장을 살펴보았다. 연구자들마다 입장이 다르고 논리가 상충되는 것은 과학적 연구방법의 요체인 객관성을 확보하기 위한 노력으로 이해해야 할 것이다. 체계적이고도 객관적인 지식을 요구하는 과학자들의 노력으로 말미암아 20세기 들어 사회과학은 당당히 그 정체성을 확보하게 되었으며 조사방법 및 통계 등 연구방법론 전반에 걸쳐 세련된 방법들이 개발되었다. 과학적 지식이 누적됨에 따라 체계를 갖춘 사회과학 이론이 등장했으며 이론의 발전은 다시금 관찰 및 경험을 조직화하여 지식으로 승화시키는 역할을 하였다. 언뜻 보면 무질서해 보이는 사회현상들의 홍수 속에 숨어 있는 규칙을 찾아내고, 궁극적으로 그것을 통제하고자 하는 과학자들의 노력에 사회과학 이론은 논리적 뒷받침을 해주었던 것이다.

이론의 요소와 이론 구축   02

제1장에서 과학적 연구란 무엇이며, 이론의 정립을 위해 필요한 과학적 논리에 관해서 학자들마다 견해가 어떻게 다른지를 살펴보았다. 사회현상에 대한 의문을 해결하고 미래를 예측하기 위해서는 이론의 정립이 필수적이다. 잘 정리된 이론을 갖추면, 사고를 정리하고 현상의 본질을 꿰뚫는 혜안을 가질 수 있으며 불필요한 노력도 줄일 수 있다.

1. 이론의 본질

이론이란 어떠한 현상을 구성하는 개념들 간의 상호관계에 관한 내적 일관성을 지닌 개념·정의·명제로 이루어진 진술이다(Lin, 1976, p. 16). 이론은 서로 관련 있는 명제들로 구성되는데, 이 명제들은 경험적으로 검증이 가능해야 한다. 이론 구축의 궁극적 목적은 사회현상을 예측하고 통제하는 것이다.

한 이론이 다른 이론들보다 좋은 이론으로 인정받기 위해서는 다음의 세 가지 기준에 부합해야 한다(Lin, 1976, p. 16). 첫째, 이론의 구조상 관계를 설명하는 데 필요한 진술들이 적어야 한다. 둘째, 사회현상을 정확히 설명해야 한다. 셋째, 설명 가능한 사회현상의 형태와 변인이 많아야 한다. 과학의 궁극적 목표는 적은 수의 이론으로 자연과 사회에서 관찰할 수 있는 현상들을 가급적 많이 설명하는 것이기 때문이다.

1) 이론구조의 요소

우리는 개념 간의 관계를 언명화해서 현상을 기술, 설명, 예측할 수 있다. 이론을 구성하고 있는 요소로는 개념(concept), 구성체(construct), 정의(definition), 변수(variable), 명제(proposition) 등이 있다.

(1) 개념

'개념'이라는 단어는 일상생활에서도 흔히 쓰인다. 어떤 사회현상이나 자연현상을 이론적으로 설명하기 위해서는 그 현상을 지칭하는 개념을 먼저 정의해야 한다. 어떤 말이나 글로써 현상을 지칭할 때에는 개념이 필요한데, 여기서 말하는 개념은 그 현상이나 사물에 대해 우리가 인지하는 '뜻'을 의미한다. 개념이란 어떤 공통된 특성을 가짐으로써 하나로 묶을 수 있는 일련의 대상이나 사상을 가리키는 용어다. 우리는 상상력이나 경험, 일상적인 용법, 그리고 다른 개념들을 요약하는 작업을 통해 개념을 형성할 수 있다. 다시 말해, 개념이란 우리의 개념작용(conception)이나 사고과정에서 의미를 이루는 기본단위라 할수 있다. 개념은 대상이나 현상에 공통적인 일반적 특성이나 차원을 나타내기 때문에 추상적이다. 예를 들어 '대학교'라는 개념을 보면, 다양한 대학교는 '여러 분야에서 지식 창출과 학습을 위해 가르침과 연구를 목적으로 하며 학위를 수여하도록 권한을 부여받은 기관'이라는 공통의 특성을 지닌다. 하지만 우리가 '대학교'라는 용어를 사용할 때는 '모든 대학교가 모든 면에서 동일하다'는 것을 의미하지는 않는다. 따라서 '대학교'는 개별 대학교인 ○○대학교, △△대학교, ××대학교보다는 더 추상적이고 일반적인 개념이다.

연구 개념은 우리가 어떻게 연구문제를 보고 무엇을 측정하고 분석할 것인지를 보여주기 위해 사용하는 용어다. 개념이 없이는 특정한 상황의 자료를 관찰하여 얻은 과학적 지식들을 종합할 수 없다. 연구 개념은 크게 다섯 가지 유형으로 나누어 살펴볼 수 있다.

첫째, 사람, 장소, 사물 등과 같이 특정 대상을 나타내는 단일 개념(singular concept)이다. 과학적 연구에서 단일 개념은 우리가 연구하고 측정하는 대상들을 나타낸다.

둘째 유형은 단일 개념들의 집합인 부류 개념(class concept)이다. 예를 들어 정치인, 도시, 개인, TV 프로그램 등이 이에 해당한다. 부류 개념은 연구의 분석단위와 표본이 추출되는 모집단을 기술하고 범주화하기 위한 것이다. 부류 개념은 매우 방대할 수도 있고(예를 들면 개인, 신문), 좀더 세부적일 수도 있다(예를 들면 서울시의 유권자, 중앙 일간지).

셋째 유형은 변수 개념(variable concept)이다. 보통 변수라 부르는 변수 개념은 부류 개념이 어떠한 차원이나 지표를 지니느냐를 명확히 함으로써 부류 개념에 속하는 단일 개념들을 서로 구분해 준다. 예를 들어, '폭력 TV 프로그램 시청'이라는 변수는 '사람'이라는 부류 개념에 속하는 단일 개념을 '어린이', '청소년', '성인'이라는 3개의 차원으로 나누어 구분할 수 있다. 사람이라는 부류 개념은 제 각기 어떤 속성을 의미하는 '어린이의 폭력 TV 프로그램 시청', '청소년의 폭력 TV 프로그램 시청', '성인의 폭력 TV 프로그램 시청'처럼 속성의 차이에 따라 세분화되는 것이다.

넷째 유형은 여러 형태의 개념들의 연결 관계를 나타내는 관계 개념(relational concept)이다. 관계 개념의 예로는 '～와 동등하다', '～와 관계가 있다', '～에 의해 야기된다', '～의 일부다' 등이 있다. 관계 개념은 실제 연구에서 매우 중요한데, 그 이유는 변수들을 서로 연결 지어 주기 때문이다. 예를 들어 '신문 읽는 빈도는 현재의 정치상황과 관련된 지식의 정도와 관계가 있다'에서처럼, 관계 개념인 '～와 관계가 있다'는 '신문 읽는 빈도'와 '현재의 정치상황과 관련된 지식'이라는 두 변수를 서로 연결 짓는다.

마지막으로 메타 개념(meta-concept)이 있다. 메타 개념이란 그 개념의 특징을 특정되지 않은 여러 변수 개념들을 이용하여 요약해 주는 단순 개념이나 부류 개념에 관한 진술을 말한다. 예를 들어, 좋은 사람, 페레스트로이카, 민주주의 등이 메타 개념에 속한다. 메타 개념은 실제 사용에서 커뮤니케이션의 잠재적 문제를 내포하는 경우가 종종 있다. 즉, 만일 수용자가 메타 개념을 전달하기 위하여 송신자가 사용한 일련의 변수 개념들을 제대로 알아차리지 못하거나 오해한다면, 그들 간의 커뮤니케이션에는 문제가 발생하는 것이다.

이론이란 연구 개념들 간의 관계를 진술한 것이다. 개념들 간의 관계는 크게 공변관계(covariational relations)와 인과관계(causal relations), 영관계(null relations)로 나누어 볼 수 있다(Lin, 1976, p. 20).

공변관계는 둘 이상의 개념이 연관되어 발생하거나 변화하는 관계를 말한다. 예를 들어, 'A가 높아질수록 B도 높아진다', 'A가 높아질수록 B는 낮아진다'와 같은 것이다. 그러나 공변관계만으로는 두 개념 중에서 어느 것이 원인이고 어느 것이 결과인지를 알 수 없다.

한 개념의 변화가 다른 개념의 변화를 초래하는 경우를 인과관계라고 한다. 개념 A가 개념 B의 원인이 되는 인과관계는 다음과 같은 세 조건을 동시에 만족해야 한다. 첫째, 개념 A와 개념 B는 공변해야 한다. 둘째, 개념 A(원인)의 변화는 개념 B(결과)의 변화보다 시간적으로 선행해야 한다. 셋째, 개념 A와 개념 B의 공변이 다른 요인에 의해서 설명되어서는 안 된다. 다시 말해, 제3의 변수가 B 변수의 변화를 설명하는 것과 같은 경쟁적 설명을 배제하는 관계여야 한다.

여러 가지 인과관계를 〈그림 2-1〉과 같이 도식화할 수 있다. 그림에서, (a)의 경우 개념 A가 개념 B의 직접적이며 단 하나의 원인이 된다. 그러나 (b)나 (c)의 경우 개념 A가 개념 B의 단 하나의 원인이지만 개념 C를 통해서 개념 B에 영향을 준다는 사실을 알 수 있다. (d), (e), (f)는 다중 인과관계의 예로서, 개념 A와 함께 개념 C도 개념 B의 원인으로 작용하는 경우다.

영관계는 한 개념이 다른 개념과 어떠한 연관관계를 가지지 않는다는 것을 말한다. 영관계는 그 자체로서보다는 통계적 검증절차에서 영가설(null hypothesis)을 기각함으로써, 곧 영관계를 부정함으로써 이론적 명제에서 진술된 관계를 긍정하는 의사결정 방식을 취하기 때문에 중요하다. [1]

그림 2-1 A와 B 사이의 다양한 관계

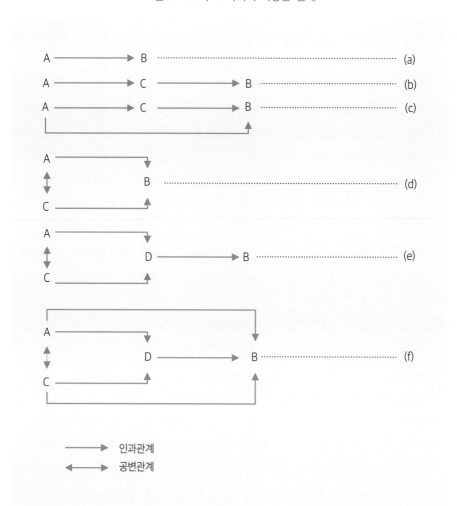

1 영관계의 성질을 담고 있는 영가설은 연구자가 검증하려는 이론적 명제인 연구가설(research hypothesis)의 논리적 대안으로 설정된다. 영가설은 '변수 간의 관계는 그저 우연에 의해 일어난 일' 또는 '영가설이 참인 경우는 우연에 지나지 않는 일'이라는 논리적 의미를 담고 있다. 따라서 우연 또는 무작위 오차(random error)에 의해 발생한 영가설을 통계 검증과정에서 기각한다면 논리적 대안인 연구가설을 참으로 받아들일 수 있다. 이로써 연구자는 변수(개념) 간의 진정한 연관관계(공변관계 또는 인과관계)가 존재한다는 이론적 결론에 도달하는 것이다.

(2) 구성체

구성체(construct)란 특정한 연구조사의 목적을 위해 연구자가 개념들을 체계적으로 조직화한 것을 말한다. 구성체는 개념이 체계적으로 쌓여 이루어진 것이며 매우 추상적이기 때문에 직접적인 관찰의 대상으로 삼기 어렵다.

하지만 구성체는 다양한 개념들을 포괄한다는 장점이 있다. 예를 들어 매스 커뮤니케이션 연구에서 '권위주의'(authoritarianism)라는 용어는 개념이라기보다는 하나의 구성체이다. 연구자는 '권위주의'를 인습, 복종, 냉소, 미신 등 여러 개념으로 이루어진 하나의 복합체로 취급할 수 있다(Lin, 1976, p. 43). 이렇게 구성체를 이용하여 연구자는 권위주의가 어떤 것인지 혹은 어떤 조건에서 나타날 수 있는지를 논리적으로 규명할 수 있다.

(3) 정 의

같은 문화에 속한 많은 사람들이 많은 어휘를 공유하고, 또한 특정 개념을 사용할 때 그것이 의미하는 바를 서로 이해하게 될 때 커뮤니케이션은 훨씬 더 용이해진다. 하지만 우리는 더 정확한 커뮤니케이션을 필요로 할 때가 있다. 특히 추상적 개념에 대해 다른 사람과 대화를 나눌 경우 상당한 주의를 필요로 한다. 다른 사람이 말하는 것에 대해 오해나 혼란을 느끼는 것은 정의(definition)의 문제가 만들어내는 증상들이다. 명확한 정의가없을 때 하나의 개념은 다양하게 해석될 수 있으며, 같은 현상이나 행위에 대해서도 사람마다 다른 의미를 부여할 수 있는 것이다.

어떤 현상에서 추출된 개념과 구성체를 어떻게 '정의'하느냐에 따라 이론 자체가 달라질 수 있다. 현상을 정의하는 방법에는 개념적 정의(conceptual definition)와 조작적 정의(operational definition)가 있다.

개념적 정의는 관찰대상이 되는 현상을 이미 존재하는 다른 개념과 관계 지어 명명하는 것이다. 예를 들어 학습이라는 개념은 '정보의 습득'이라고 개념적으로 정의될 수 있다. 개념적 정의는 일차적 용어(primitive term)와 파생적 용어(derived term)[2]의 두 가지 요소로 구성된다. 일차적 용어란 다른 개념에 의해서는 정의될 수 없는 용어다(Nachmias & Nachmias, 1981, p. 32). 감각을 통해 획득되는 개념이나 대상을 명시적으로 정의하는 것이 일차적 용어에 해당된다. 색깔(노란색, 빨간색 등)이나 맛(신맛, 단맛 등)을 설명하는 용어는 대표적인 일차적 용어. 파생적 용어는 다른 개념으로 다시 정의하는 것으로서 여러 일차적 용어로 구성되어 있다. 예를 들어 커뮤니케이션을 "둘 이상의 사람들 사이에서 이루어지는 언어적, 비언어적 상호작용"이라고 개념적으로 정의한다면, 이때 '커뮤니케이션'이라는 용어는 '둘 이상', '사람들'이라는 일차적 용어와 '언어적(verbal) 상호작용', '비

---

2 일차적 용어는 원시어(原始語), 파생적 용어는 명목적 용어(名目的 用語)라고도 한다.

언어적(nonverbal) 상호작용'이라는 이차적 용어로 정의된다. 여기서 이차적 용어인 '언어적 상호작용'은 '말 또는 글'로, '비언어적 상호작용'은 '몸짓'으로 다시 정의할 수 있다. 개념적 정의는 연구를 실증적 단계로 진행하기 위해 개념적 틀을 설정하는 역할을 한다.

이러한 개념적 틀 안에서 현상이나 개념을 측정 가능하도록 구체화시키는 것이 조작적 정의다. 조작적 정의는 현상을 측정하기 위해 필요한 연구자의 행동과 처치를 명시하여 그 개념이나 변수에 구체적인 의미를 부여하는 것이라고 할 수 있다(Kerlinger, 1973, p. 31). 예를 들어, '학습'이라는 개념은 "A라는 텔레비전 교육 프로그램을 시청한 어린이가 습득한 단어의 수"라고 조작적으로 정의할 수 있다.

(4) 변수

한 개념이 여러 값을 지닐 때 변수라고 한다. 사회과학적 변수로 성(여성·남성), 인종(황인종·흑인종·백인종), 연령(어린이·청소년·중년·노인), 사회경제적 지위(하류층·중류층·상류층) 등이 있다. 변수는 조작적으로 정의된 개념을 측정 가능하도록 대상을 구체화시켜 준다. 예를 들어 학습을 'A라는 텔레비전 교육 프로그램을 시청한 사람들이 습득한 단어 수'라고 조작적으로 정의했을 때, '사람들'은 성, 연령, 인종, 사회경제적 지위 등의 변수로 나누어져 구체화된다.

변수는 연속성의 유무에 따라서 연속변수(continuous variable)와 불연속변수(discrete variable)로 구분된다(Smith, 1988, p. 29). 연속변수란 변수가 측정하려는 속성의 차이를 연속적 수량 체계에서 서로 다른 값으로 표현하는 변수를 말한다. 불연속변수는 속성의 차이를 연속적인 수량 체계 대신 질적 차이를 지닌 값으로 표현하는 변수다. 위의 예에서 연령과 사회경제적 지위는 연속변수고, 성과 인종은 불연속변수다.

그림 2-2 연구과정에서 이론구조의 각 요소들의 위치

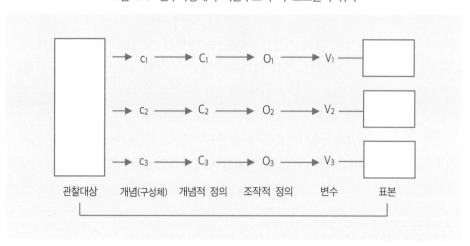

관찰대상   개념(구성체)   개념적 정의   조작적 정의   변수   표본

변수는 인과관계에 따라 독립변수(independent variable)와 종속변수(dependent variable)로 나눌 수 있다. 독립변수는 어떤 다른 변수의 원인 또는 선행조건이 되는 변수이고, 종속변수는 다른 변수의 결과가 되는 변수를 말한다.[3]

(5) 명제

명제는 둘 이상의 개념들의 관계에 관한 진술이다. 개념들 사이의 관계는 정적인 관계나 부적인 관계로 기술되어야 하므로, 전형적인 명제는 "개념 A가 커질수록 개념 B도 커진다", "개념 A의 증가는 개념 B의 감소와 관계가 있다"와 같은 형태를 보인다.

명제에는 추상적인 명제와 구체적인 명제가 있다. 추상적인 명제와 구체적인 명제는 연역에 의해 상호관계를 갖는다. 제 1 장에서 설명한 것처럼, 연역은 우리에게 알려진 명제(전제)에서 알려지지 않은 명제 또는 결론을 이끌어내는 것을 말한다. 사회과학에서는 논리적 연역체계, 경험적 연역체계, 논리적 연역체계와 경험적 연역체계를 통합한 체계의 세 가지 연역이 사용된다.

논리적 연역체계는 정의를 내리거나 논리적 추론을 하는 데 사용되는 연역체계다. 정의를 내릴 때는 '정의(定意)로 된 연역체계'를, 논리적 추론을 할 때는 '명제(命題)로 된 연역체계'를 사용한다(Lin, 1976, pp. 25~26).

정의로 된 연역체계는 개념들 간의 관계가 간명하게 표현되며 확정적인 진술로 이루어진다. 삼단논법이나 약식삼단논법은 정의로 된 연역체계의 대표적인 예다. 명제로 된 연역체계는 "A이면 B이다", "B이면 C이다"라는 전제가 주어질 때 "A이면 C이다"라는 결론을 내리는 것이다. 이 연역체계는 개념들 간의 관계를 가설로 설정할 때에 주로 이용되며, 개념들 간의 관계가 "어떤 값이 증가할(감소할) 가능성이 높다(낮다)"와 같이 확률적으로 진술된다는 특징이 있다.

보기 2-1

전제 1 아버지의 교육수준이 높을수록 아버지의 소득수준이 높다.
전제 2 아버지의 소득수준이 높을수록 자식의 교육수준이 높다.

⬇

연 역 아버지의 교육수준이 높을수록 자식의 교육수준이 높다.

---

3 한편, 조절변수는 독립변수와 종속변수의 관계에 영향을 미치는 조건처럼 작용하는 변수다. 가령 "환자에게 병에 대해 알려주면 여성은 의사의 말에 더욱 순응하지만, 남성은 순응하지 않는다"는 가설에서 독립변수는 '병에 대한 지식의 제공'이고, 종속변수는 '순응', 매개변수는 '성'(gender)이 된다.

그러나 가정이 명확하지 않을 때에는 논리적 추론도 부정확해질 수 있다. 만약 가정이 주어지지 않으면 "X가 클수록 Y도 커진다", "Y가 클수록 Z도 커진다"와 같은 2개의 전제로부터 도출될 수 있는 연역은 〈보기 2-2〉처럼 네 가지나 된다. 특히 **연역 4**는 X와 Y, Y와 Z의 관계를 알 수 있다고 해도 X와 Z는 아무 관계도 없는 경우로서, 논리적 연역체계를 함부로 사용하는 것이 위험할 수 있다는 사실을 보여준다. 이러한 오류를 막기 위해서는 논리적 연역체계를 사용할 때도 경험적 증거에 토대를 두고 있어야 한다.

보기 2-2

전제 1   X가 클수록 Y도 커진다.
전제 2   Y가 클수록 Z도 커진다.

연역 1   X가 클수록 Z도 커진다.
연역 2   X가 클수록 Z는 조금 커진다.
연역 3   X가 클수록 Z는 많이 커진다.
연역 4   X가 커지더라도 Z에서의 변화는 알 수 없다.

경험적 연역체계는 '개념'과 '변수'를 연결하는 연역체계다. 연구의 대상이 되는 추상적인 개념은 값(value)을 가지고 있는 경험적 변수로 바꿔 주지 않으면 측정이 불가능하다. 경험적 연역체계에서 이론적 개념과 그에 조응하는 경험적 지표가 완전히 일치하는 것을 가정하고는 있지만, 그것이 어디까지나 가정임을 항상 염두에 두어야 한다.

사회과학에서 주로 사용하는 고전적인 인과적, 객관적 이론화의 과정은 〈그림 2-3〉과 같은 모형으로 도식화할 수 있다. 여기서 이론을 구성하는 개념들 간의 관계(X→Y)는 이론적 맥락에서 설정되며, 개념들 간의 인과적 관계에 대한 논리적 일관성을 유지하는 것이 중요하다. 이 개념들 간의 인과적 관계는 조작화(X→X′, Y→Y′)를 통해 측정 가능한 변수들의 관계로 상정한 후 그 변수들 간의 관계(X′→Y′)에 관한 가설을 경험적으로 검증함으로써 살펴볼 수 있다. 경험적 연역에서는 변인들 간의 관계에 대한 가설검증이 그 핵심이

그림 2-3 경험적 연역체계의 고전적 모델

되며, 조작화의 과정이 필수적이다. 조작화 과정에서는 개념 및 측정의 신뢰도, 타당도를 얼마나 높일 수 있느냐가 관건이 된다.

일반적으로 한 이론구조 내에서 논리적 연역체계와 경험적 연역체계가 모두 사용된다. 여기에서는 뒤르켕(E. Durkheim)의 '자살론'을 통해서, 이론에서 논리적 연역체계와 경험적 연역체계가 어떻게 이용되고 있는지를 살펴보도록 한다. '자살론'의 전제와 연역은 다음과 같다(Lin, 1976, pp. 35~37).

자살론의 전제 1 한 사회의 통합성이 결여될수록 개인의 심리적 긴장이 커진다.
전제 2 개인의 심리적 긴장이 커질수록 더 많은 일탈행위를 하게 된다.
전제 3 일탈행위는 자살률과 정비례한다.
전제 4 사회적 통합의 결여는 가톨릭교도보다 프로테스탄트교도에게서 더 많이 관찰된다.

연 역 프로테스탄트교도의 자살률이 가톨릭교도의 자살률보다 더 높다.

전제 1과 전제 2를 보면, '자살론'이 사회통합의 결여가 심리적 긴장을 이끌고 심리적 긴장은 일탈행위를 이끈다는 세 개념 간의 논리적 연역관계로 이루어져 있다는 것을 알 수 있다. 전제 3에서는 일탈행위가 자살률로 경험적으로 연역되어 있고, 전제 4에서는 사회적 통합의 결여가 가톨릭교도의 경우와 프로테스탄트교도의 경우로 경험적으로 연역되어 있다는 것을 알 수 있다. 여기서 심리적 긴장에 대한 경험적 연역관계가 생략된 것은 그것을 대표하는 변인을 찾아내기가 매우 어렵기 때문이다. 사회 조사과정에서 경험적 변수로 나타내기 어려운 매개 개념들을 생략할 수도 있지만 그만큼 이론의 타당성은 위험에 빠지게 된다.

'자살론'에서 추상적 수준의 사회통합의 결여, 심리적 긴장, 일탈행위 간의 관계는 논리적 연역체계로 이루어져 있으며, 심리적 긴장을 제외한 각각의 개념들은 '자살률', '프로테스탄트교도의 경우'라는 구체적 개념과 경험적 연역관계를 맺고 있다.

〈그림 2-4〉는 하나의 이론('자살론')이 추상적 수준과 경험적 수준에서 나름대로 논리적인 연역체계를 이루고 있다는 점, 추상적 수준과 경험적 수준은 경험적인 연역체계를 이루고 있다는 점을 보여준다.

'자살론'에서는 추상적 수준이 하나뿐이지만 대개의 일반적인 이론들은 다양한 추상적 수준을 포함하고 있다. 가령 근대화라는 개념은 경험적 연역을 통해 경제적 근대화, 정치적 근대화 등으로 구체화될 수 있지만, 경제적 근대화나 정치적 근대화라는 개념도 추상

그림 2-4 '자살론'의 이론구조

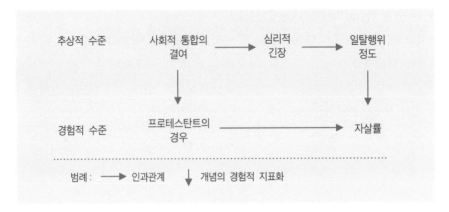

적 수준에 포함되므로, 몇 번의 경험적 연역과정을 거쳐서 변수로 만들 수 있다. 경험적인 연역과정을 여러 번 거칠수록 개념은 구체적인 수준에 가까워진다.

2) 모 형

모형(model)이란 이론 그 자체는 아니지만, 이론의 수립을 돕는 작업의 하나다. 이론구조가 최종적으로 완성되기 위해서는 모형을 발전시키는 과정을 거쳐야 한다. 연구자는 모형을 통해 장차 어떤 과정을 거쳐야 이론을 발전시킬 수 있을 것인지 알 수 있으며 동시에 이론이 어느 단계에 머물러 있는지 평가할 수 있다.

모형은 이론과 달리 복잡한 서술문 대신 이론구조에서 선택된 몇몇 개념들과 변수만을 포함하는 단일명제의 형태를 띤다. 모형은 불완전한 이론이라고도 할 수 있다. 모형이 모든 개념과 변수를 포함하게 되고, 개념과 변수를 연결하는 인식적 명제들을 지니게 되면 이런 불완전함이 사라지면서 하나의 완전한 이론이 된다.

모형은 이론구조로부터 논리적으로 연역될 수 있는 수준에 따라 분류(classificatory) 모형, 유형(typology) 모형, 분할(contingency) 모형, 결합(associative) 모형, 함수(functional) 모형의 다섯 가지로 분류된다.

분류모형은 개념의 값이나 범주를 명시하는 것으로서 상호 배타적(하나의 대상은 하나의 범주에만 포함되어야 한다)이고, 고갈적(관찰되는 대상이 모두 한 변인에 의해 특정 범주에 속해야 한다)인 둘 이상의 기준을 포함해야 한다. 베버(M. Weber)의 사회계층의 세 가지 차원(경제적 계급, 지위, 권력) 분류는 분류모형의 대표적인 예다.

유형모형은 둘 이상의 개념들의 분류모형을 몇 개의 차원으로 교차 분포시키는 것이다. 유형모형을 만들기 위해서는 우선 각 개념들을 몇 개의 차원으로 분류하고, 그 분류 차원에 따라 둘 이상의 개념을 교차시켜야 한다. 유형모형은 개념화 과정을 단순화시키고, 개념들 간의 상호작용 효과를 간단하게 진술할 수 있다는 장점이 있다. 그러나 개념들 간의 관계가 제시되지 않기 때문에, 하나의 개념 값이나 범주를 안다고 해도 다른 개념 값이나 범주를 예측할 수 없다. 사회적 상호작용에 사용되는 채널 두 가지와 사회적 상호작용에 가해지는 제재 두 가지를 교차시켜 사회적 상호작용의 유형을 네 가지로 분류한 파슨스 (T. Parsons)의 권력분석 연구는 유형모형의 고전적인 예다.

분할모형은 특정 개념의 한 범주가 주어졌을 때, 다른 개념의 각 범주들의 발생 가능성을 명시하는 모형이다. 따라서 둘 이상의 개념의 교차분포뿐만 아니라 각 범주에 속할 개념들의 발생확률을 예측할 수 있다. 분할모형은 한 개념의 값을 알면 다른 개념의 값을 예측할 수 있다는 점에서 유형모형에서 한 단계 나아간 것이다. 예를 들어 전체 교사 중, 남자 교사의 비율이 35%라는 사실을 알고 있다면, 여자 교사의 비율이 65%라는 사실을 자연스럽게 예측할 수 있다. 하지만 분할모형은 상이한 결합이 발생할 가능성을 명시하지는 못한다는 점에서 부분적 예측만이 가능하다.

결합모형은 둘 이상의 개념이 선형 경향을 띠고 있음을 명시하는 모형이다. 결합모형에서는 개념의 값들이 서열적 관계를 갖고 있어서 한 개념이 증가할수록 다른 개념이 증가 혹은 감소한다는 사실을 예측할 수 있다. 예를 들어, 전문직 종사연수가 증가할수록 생산성이 증가한다는 사실을 결합모형을 통해 예측할 수 있다.

함수모형은 둘 이상의 개념들의 범주 간 일대일 관계를 명시하는 것으로, 독립변수 하나에 종속변수 하나가 대응된다. 앞서의 결합모형 역시 함수모형의 일종이라고 할 수 있다. 그러나 결합모형이 개념들 간의 선형 관계만을 나타낼 수 있는 데 반해, 함수모형은 비선형 관계를 나타낼 수 있다. 예를 들어 결합모형에서는 전문직 종사연수가 증가할수록 생산성이 증가한다는 사실만을 나타낼 수 있을 뿐이지만, 함수모형에서는 어느 시점이 지나면, 오히려 종사연수가 증가할수록 생산성이 감소한다는 사실 또한 동시에 나타낼 수 있다. 이처럼 함수모형은 앞의 모형들이 가지는 조건을 모두 충족시키며, 여러 모형 중에서 개념 간의 관계를 가장 잘 예측할 수 있게 해주기 때문에 이론에 가장 근접한 모형이다.

2. 개념의 명료화

개념의 명료화(concept explication)는 추상적 개념들이 그에 해당하는 실제 세계의 개념들에서 관찰된 변형(variations)에 체계적으로 연결되는 과정이다.

1) 개념 명료화의 절차

개념의 명료화에는 의미 분석(meaning analysis)과 실증 분석(empirical analysis)이라는 두 가지의 과정이 포함된다. 의미 분석을 위해서는 추상적 개념을 명확하게 연결된 개념적 정의와 조작적 정의를 통해 논리적으로 정의를 내리는 절차가 이용된다. 실증 분석은 이러한 개념을 경험적 증거에 근거하여 평가하는 절차이다. 실증 분석을 위해서는 먼저 개념의 지표로부터 지수와 척도를 개발하여야 하며, 그다음 경험적으로 이들의 지수와 척도를 평가하는 과정을 지닌다. 대부분의 경우, 의미 분석은 자료수집이 이루어지기 전인 연구설계 단계서 이루어지는 반면, 실증 분석은 연구가 수행된 후에 이루어진다. 개념의 명료화 과정을 도식화하면 〈그림 2-5〉와 같다. 개념의 명료화와 관련해서 여기에서는 주로 의미 분석 절차를 중심으로 논의할 것이며, 실증 분석 절차에 관해서는 통계적 가설검증을 다루는 제9장에서 논의할 것이다.

그림 2-5 개념의 명료화 : 이론 구축과 경험적 연구와의 관계

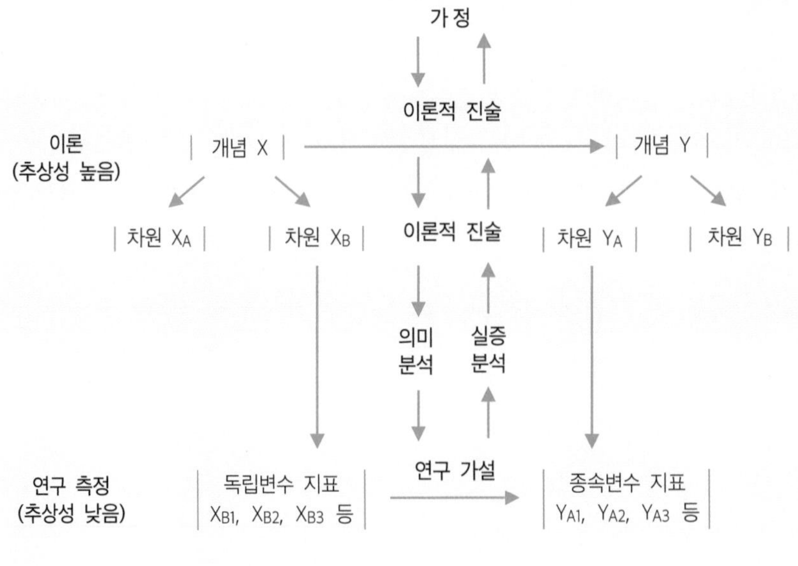

2) 의미 분석

의미 분석은 개념 명료화의 첫 번째 과정으로서, 상대적으로 추상적인 개념적 정의로부터 구체적으로 관찰 가능한 조작적 정의를 구축하는 과정이다. 경험적인 실증 분석 과정보다는 오히려 언어의 논리적 구분이 사용되므로 의미 분석은 종종 개념화(conceptualization)라 불린다.

〈그림 2-5〉에서 보듯이 이론적 진술에 포함된 개념으로부터 실제 연구의 측정을 위한 지표들을 구축해 나가는 과정인 의미 분석을 위해서는 몇 가지 고려해야 할 사항들이 있다(Chaffee, 1991). 이 사항들은 의미 분석을 위한 일종의 체크리스트로 이용될 수 있으며, 반드시 순서대로 진행될 필요는 없다. 첫째, 개념에 대한 예비적 구체화(preliminary identification)를 시행해야 한다. 각 개념에 있어서 우선적 질문은 이 개념이 변수 개념인가의 여부이다. 만약 그것이 변수가 아니라면, '어떻게 하나의 변수로 만들 수 있는가', 그리고 '분석단위는 무엇인가', '그 변수를 사용하는 목적이 무엇인가', '개념이 설정된 연구문제에 잘 부합하는가' 등의 구체화를 시행해야 한다.

둘째, 관련 문헌 연구가 필요하다. 기존의 연구자들이 그 개념을 어떻게 사용했는가를 알아보기 위해 다양한 문헌 자료를 파악하여, 다음과 같은 점에 주목하여 새로이 구성하여야 한다. 즉, '그 개념에 부여되었던 상이한 개념적 의미는 무엇이었는가', '개별 연구의 연구목적은 무엇이었는가', '어떤 조작적 정의가 사용되었는가', '연구목적에 비추어 볼 때, 그 개념의 다양한 사용들 중 어느 것이 가장 적절한가'에 주목하여야 한다.

셋째, 실증적 기술(empirical description)이다. 우선 선택된 개념들의 조작적 정의에 따라, 기존 연구들의 상이한 분석단위에 따른 기술 통계량을 검토해 보고, 또한 그 개념을 둘러싼 선행요인이나 효과들이 어떠했는가를 살펴본다.

넷째, 잠정적인 개념적 정의를 개발한다. '연구목적을 위하여 이 용어는 개념적으로 무엇을 의미하는가', '이 개념은 어떠한 차원들을 포함하는가', '그 개념의 지표로 개발될 수 있는 것들은 어떤 것들이 있는가'를 고려하면서 개념적인 정의를 내려 본다. 개념적 정의를 위한 많은 시행착오와 수정이 이루어진다.

다섯째, 조작적 정의를 수행한다. 개념의 각 차원(dimension)은 실제 세계의 경험 속에서 직접 관찰 가능해야 한다. 가능하다면 각 차원들은 하나 이상의 경험적 지표(indicators)를 가지는 것이 좋다. 또한 각 차원들은 하나 이상의 방법(예를 들면 설문조사와 참여관찰)으로 관찰하는 것이 이상적이다. 조작적 정의에는 ① 관찰 조건, ② 세부적인 설문 내용, 척도 및 조작절차, ③ 분석 절차와 통계적 검증 등이 포함되어야 한다. 여섯째, 실제로 자료(데이터)를 수집한다. 개념과 그 개념의 조작적 정의는 실제 자료수집에 포함되어야 한다. 수집된 자료는 개념 명료화의 두 번째 과정인 실증 분석에 사용될 것이다. 실증 분석에서는 경험지표들 간의 구체적인 관계분석을 통하여 주요 개념들 간의 실증적 관계를 밝혀낸다.

위의 조작적 정의와 관련하여 좀더 구체적으로 살펴보자. 복잡하거나 추상적인 개념은 적절한 조작적 정의를 하는 데 어려움이 있다. 따라서 하부 개념(sub-concept)이나 차원(dimension)을 구체화하고 정의함으로써, 추상성이 높은 개념 내에서 추상성이 낮게 몇 개의 차원으로 구분을 짓는 것이 필수적이다. 예를 들어, 'TV 시청'을 둘 또는 그 이상의 차원으로 나눌 수 있다. '뉴스 노출', '오락 프로그램 노출' 등과 같이 말이다.

개념을 차원화하는 데는 실제적인 이유뿐만 아니라 이론적 이유도 있다. 실제적으로는 추상적 개념을 덜 추상적인 것으로 만듦으로써 그 의미를 보다 정확하게 전달하고 또한 보다 정확한 측정을 할 수 있다는 것이며, 이론적으로는 개념의 여러 차원들이 다른 원인과 결과를 만들어 낼 수 있다는 점이다. 즉, 개념의 차원들을 명확하게 함으로써 이론을 보다 정확하게 검증할 수 있게 되는 것이다.

차원은 개념보다는 덜 추상적이지만, 그것을 측정하는 구체적인 경험지표(empirical indicators)보다는 더 추상성이 높다. 예를 들어, 'TV 시청'이라는 개념을 〈그림 2-6〉과 같이 구체화했다고 가정해 보자.

이 예에서 연구자는 'TV 시청'을 두개의 차원(뉴스와 드라마)으로 구분함으로써 다음과 같은 내용을 주장할 수 있다. 뉴스 시청의 경험지표들은 일치(agreement)할 것이며, 오락 시청의 지표도 일치할 것이라는 것이다. 여기서 일치란 '전국뉴스를 시청하는 사람은 지역뉴스도 시청하는 경향이 있으며, 드라마 〈여인천하〉를 시청하는 사람은 드라마 〈상도〉 역시 시청하는 경향이 있다'라는 각 차원 내에서의 일관성(혹은 내적 일관성)을 말한다. 이러한 각 차원의 경험지표들 간의 내적 일관성은 실증 분석에서 신뢰도의 한 유형으로 측정된다. 물론 연구자는 뉴스의 경험지표들과 드라마의 경험지표들 간에는 일치의 정도가 낮아야 함을 또한 주장할 수 있어야 한다.

그림 2-6 개념, 차원, 경험지표의 예: TV 시청

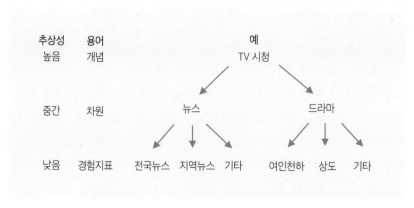

3) 개념 정의의 재구축

연구 개념이 어떻게 정의되는가를 이해하는 것은 연구자에게만큼이나 연구의 독자에게도 중요하다. 실제로 연구자나 연구 독자들은 사회과학 분야의 연구 문헌을 검토하면서 다음과 같은 이유로 인해 당혹스러울 때가 더러 있다.

우선 많은 개념들이 정의되지 않은 채로 있거나 정의의 기초적 원리 없이 기술되고 있다는 것이다. 그 이유는 대체로 특정의 개념이 너무 흔한 것이어서 매번 재정의할 필요가 없다고 판단된 때문이기도 하고, 경우에 따라서는 일부 학술지가 연구자에게 논문 분량의 제한을 강요하기 때문이기도 하다.

또 다른 경우는 조작적 정의를 명기하되 그 주요 개념들의 의미를 명확히 하지 않을 때 (working definition)이다. 즉, 개념의 명칭과 관찰절차 외에는 개념적 정의가 없는 것을 말한다. 예를 들어, IQ라는 개념의 조작적 정의를 단순히 "IQ는 IQ 테스트 도구가 측정한 결과물이다"라고 하는 것이다.

개념적 정의와 조작적 정의를 구체화해 나가는 과정은 연구자로 하여금 의미 분석과 실증 분석을 순환적으로 진행하면서 주요 개념들의 정의를 점진적으로 개선할 수 있게 해준다. 〈그림 2-7〉은 이러한 반복의 과정을 나타낸다. 〈그림 2-7〉에서 개념 명료화는 의미 분석과 실증 분석을 사용한 비정형화된 관찰, 예비적 명료화, 정형화된 관찰, 명료화 확장의 반복적 과정을 거친다. 그 목적은 더 강한 연결고리를 갖는 개념적, 조작적 정의의 개발에 있다.

세 번째로 들 수 있는 경우는 관습적으로 유용한 정보원인 사전(辭典)의 사용에 관련된 것이다. 우리가 사전에서 필요로 하는 것은 단일차원 혹은 제한된 차원에 초점을 맞춘 덜 추상적인 용어에 의한 개념의 정의다. 사전적 정의는 의미 분석에는 적절한 것이 못된다.

그림 2-7 개념 명료화의 반복 과정

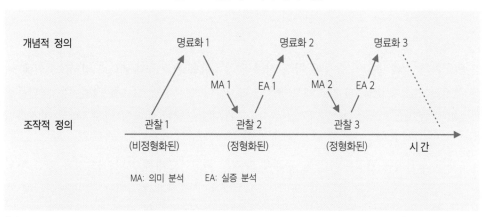

출처 : Donohew, L., & Palmgreen, P., Theory construction, In G. H. Stempel III & B. H. Westley (Eds.),
Research methods in mass communication (Englewood Cliffs, NJ: Prentice-Hall, 1989)을 수정.

복잡한 연구 개념의 완전한 명료화는 아주 많은 시간과 노력을 필요로 하지만 몇몇 개념들은 자주 연구되거나 상대적으로 구체적이어서 개념적 정의와 조작적 정의 간의 연결에 거의 주의를 필요로 하지 않는다. 예를 들면, 응답자의 교육 수준이나 미디어 신뢰정도 같은 것들은 심층적 해석을 필요로 하지 않는 개념의 예다.

다른 사람의 연구를 읽는 연구 소비자들에게 있어 문제는, 제시되는 정의를 이해하고 필요한 곳에 재구축하는 것이다. 즉, 우리는 단순히 연구결과를 지적하는 데서 넘어서야 한다. 개념 정의의 재구축은 즉각적 증명이 어려운 창조적 과정이긴 하지만, 연구결과를 하나의 "사실"로서 맹목적으로 받아들이는 것보다는 더 나은 것이라는 점을 인식할 필요가 있다.

3. 이론의 구축

개념의 명료화는 구체적인 이론의 구축과 밀접한 관련이 있다. 그 이유는, 첫째, 개념의 명료화는 개념적 정의와 조작적 정의를 연결 지어 검증될 수 있는 이론을 만든다. 둘째, 개념의 명료화는 이론을 개선하고 결과적으로 새로운 이론을 구축할 수 있다. 다시 말해, 개념의 명료화는 이론 구축의 통합적 부분이기 때문에, 이론의 개발과 변화는 이루어지는 것이다.

1) 이론 구축의 3단계 과정

이론은 현상을 관찰하고, 결과를 기술하며, 잠정적 이론을 도출·검증하는 단계를 거쳐 완성된다. 이것은 다시 '관찰→개념의 선택과 발전→이론적 설명에 대한 개념 간의 관계 설정→개념의 조작화→가설 설정→자료수집→이론의 평가'로 세분할 수 있다. 여기에서는 이론 구축과정을 이해하기 위해서 강의실 상황에서 발생하는 '교사와 학생 사이의 상호작용'에 관한 가설적 연구를 예로 들어 설명하기로 한다.

(1) 관찰과 기술

한 연구자가 강의실에서 '교사와 학생 사이의 상호작용'을 연구대상으로 정하고, 이에 대한 경험적 연구를 위해 관찰을 해보았더니 학생들이 교사에게 고개를 끄덕이는 행위유형이 발견되었다고 가정해 보자(Lin, 1976, pp. 60~63). 일단 이러한 행위유형을 발견하면 좀더 체계적인 관찰을 할 수 있게 된다.

고개를 끄덕이는 행위의 빈도를 측정해 보기도 하고, 고개를 끄덕이는 것과 다른 행위가 연관성을 가지는지를 살펴보기도 하면서 학생들이 고개를 끄덕이는 행위를 관찰해 보았다. 그 결과 학생들마다 고개를 끄덕이는 빈도가 다를 뿐 아니라 고개를 자주 끄덕이는 학생은 시험에서 더 좋은 성적을 받는다는 두 가지 사실이 발견되었다.

연구자가 관찰한 이러한 관계가 우연적인 것이 아니라면, 여러 교실을 관찰하고 자료를 수집하여 이러한 관계가 일반화될 수 있는지 검토해야 한다. 만약 수집한 자료들이 우리의 생각을 지지하고 있다면 '왜 고개를 자주 끄덕이는 것이 좋은 성적을 받는 것과 관련이 있는가'를 설명해야 한다.

(2) 잠정적인 이론의 도출

이 관계에 대해서 두 가지 설명방식이 가능하다. 첫 번째 설명은 학생들이 수업내용을 잘 이해하고 있을 때, 교사에게 고개를 끄덕인다는 것이다. 잘 이해하고 있는 학생은 시험을 잘 치를 수 있다고 보는 것이다. 그러므로 "이해를 잘했기 때문에 성과가 좋다"고 설명할 수 있다.

두 번째 설명은 고개를 끄덕이는 것이 교사가 기대하는 학생의 행위를 나타내어 준다는 것이다. 고개를 자주 끄덕이는 학생은 교사에게 자신이 학생으로서의 역할을 잘 수행하고 있다는 긍정적인 보강(reinforcement)을 제공한다. 교사는 긍정적인 보강을 주는 학생들에게 긍정적인 반응(시험에서 점수를 잘 주는 것)을 한다. 그러므로 "역할 수행에 대한 긍정적인 보강을 제공한 것이 긍정적인 반응을 이끌어 냈다"고 설명할 수 있다.

이제 우리는 이 두 잠정적 이론 중 어느 것이 더 나은 설명인지를 판별해야 한다. 한 이론을 확정하고 다른 이론을 기각하거나, 두 이론이 모두 부분적으로 옳을 경우에는 어느 것이 좀더 나은지 결정해야 한다.

(3) 이론의 검증

〈그림 2-8〉에서 **설명 1**은 "이해를 잘하면 성과가 좋다"는 첫 번째의 잠정적 이론이다. **설명 1**은 다음과 같은 3개의 전제와 1개의 연역을 포함한다.

그림 2-8 조작화 과정

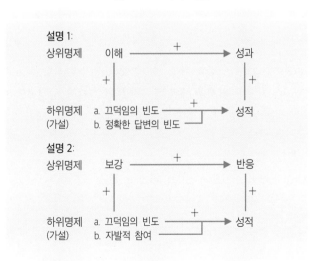

전제 1 이해를 더 잘할수록 성과가 더 좋다.
전제 2a 이해는 학생이 교사에게 고개를 끄덕이는 빈도와 정비례한다.
전제 3 성과는 학생이 받은 성적과 정비례한다.

연역 4a 학생이 교사에게 고개를 자주 끄덕일수록 더 좋은 성적을 받는다.

여기서 이해를 잘하는 학생이 교사의 질문에 정확하게 답변하는 횟수도 많을 것이라는 새로운 전제를 세워 볼 수 있다. 즉, '이해'라는 개념을 '정확한 답변의 빈도'라는 변수로 조작화하여 다음과 같은 **전제 2b**와 **연역 4b**를 이끌어 낼 수 있는 것이다.

전제 2b 이해의 정도는 학생이 교사의 질문에 올바른 응답을 하는 빈도와 정비
      례한다.
연역 4b 학생이 교사의 질문에 올바른 응답을 자주 할수록 더 좋은 성적을 받는다.

또 〈그림 2-8〉에서 **설명 2**는 "긍정적인 보강이 긍정적인 반응을 이끈다"는 두 번째의 잠정적 이론이다. **설명 1**과 마찬가지로 **설명 2**도 3개의 전제와 1개의 연역을 포함한다.

전제 1 긍정적인 보강을 많이 줄수록 긍정적인 반응을 이끈다.
전제 2c 긍정적인 보강은 학생이 교사에게 고개를 끄덕이는 빈도와 정비례한다.
전제 3 긍정적인 반응은 학생이 받은 성적과 정비례한다.

연역 4c 학생이 교사에게 고개를 자주 끄덕일수록 더 좋은 성적을 받는다.

여기서 우리는 긍정적인 역할 수행을 하는 학생들은 교사가 지시한 일에 자발적으로 참여하는 횟수도 많을 것이라는 새로운 전제를 세워 볼 수 있다. 그래서 '긍정적인 보강'이라는 개념은 '자발적 참여'라는 변수로 조작화해서 다음과 같은 전제와 연역을 새로 도출해 낼 수 있다.

전제 2d 긍정적인 보강은 교사가 지시한 일에 학생이 자발적으로 참여하는 빈
      도와 정비례한다.
연역 4d 학생이 교사가 지시한 일에 자주 자발적으로 참여할수록 더 좋은 성적
      을 받는다.

이렇게 **설명 1**과 **설명 2**를 검증할 수 있는 새로운 가설(연역 4b, 연역 4d)을 세워 놓고, 자료를 수집하여 분석해 본다. 만약 분석 결과가 첫 번째 가설 **연역 4b**는 지지하고 두 번째 가설 **연역 4d**는 지지하지 않는다면 첫 번째 이론이 두 번째 이론보다 더 신뢰성이 있다고 할 수 있다.

이러한 사례들을 개별적으로 관찰한 후에, 측정(measurement), 표본 요약(sample summarization), 모수 추정 등의 과정을 거쳐서 경험적 일반화(empirical generalization)에 이르게 된다. 경험적 일반화는 개념구성(concept formation), 명제구성(proposition formation), 그리고 명제배열(proposition arrangement) 등을 거쳐 하나의 이론으로 통합되는 정보의 항목들이다. 정보의 가장 일반적인 형태인 이론은 논리적인 연역법을 통해 새로운 가설로 변형될 수 있다.

경험적 가설은 그 가설을 관찰 가능한 것으로 만드는 해석(interpretation), 도구화(instrumentation), 척도구성(scaling) 및 표집을 통해서 새로운 관찰로 이행되는 정보의 항목이다.

새로운 관찰은 새로운 경험적 일반화로 이행될 수 있으며 이때 새로운 경험적 일반화를 구성한 가설이 그것에 부합되는지가 검증된다. 이러한 검증은 결과적으로 새로운 정보, 즉 검증된 가설의 사실을 부인하느냐 수용하느냐의 의사결정을 내리도록 한다. 이것을 통해 이론의 확인, 수정 또는 거부의 여부가 최종적으로 추론된다.

이렇듯 이론의 검증을 위해서는 추상적인 상위명제가 실험 가능한 하위명제로, 즉 구체적 개념인 변수로 바뀌는 조작화(operationalization) 과정이 필요하다. 조작화 과정이 끝나면 연구자는 변수들로 구성된 명제를 갖게 되는데, 이를 이론적 가설(theoretical hypothesis)이라 한다.[4] 하위명제는 상위명제와 관찰을 연결시켜 준다. 이론 구축 과정에서는 연역과 귀납이 융합되어 이론적 명제와 경험적 관찰을 연결시켜 주게 된다.

2) 연구의 6단계 과정

연구의 6단계 모델은 앞에서 설명한 세 단계의 이론 구축 과정을 체계적으로 이끌어갈 수 있게 하는 실질적인 절차라고 할 수 있다. 이러한 연구과정은 개념적 수준과 조작적(실증적) 수준에서 진행된다. 여기서 개념적 수준(conceptual level)이란 어떤 종류의 커뮤니케이션 행위가 존재하는지, 관련된 커뮤니케이션 행위는 어떻게 다른지, 왜 그러한 커뮤니케이션 양식이 발생하는지 등의 문제에 대해 합리적으로 사고하는 단계를 의미한다. 조작적 수준(operational level)이란 경험적 수준이라고도 하는데, 사람들의 커뮤니케이션 행

---

4 이론적 가설은 연구가설(research hypothesis)이라 부르기도 한다.

위와 상호작용 등을 관찰하는 단계다.

일반적인 사회과학 연구는 다음과 같은 과정을 거친다. 첫째, 이론적인 연구문제를 제기한다. 둘째, 연구가설을 세워 연구문제를 공식화한다. 셋째, 문제 진술에서 사용되는 용어를 알맞게 정의한다. 넷째, 연구의 주제와 상황에 걸맞은 적절한 연구방법을 선택한다. 다섯째, 연구설계에 따라 경험적 자료를 수집·관찰한다. 여섯째, 관찰된 자료를 분석해 연구결과를 도출한 뒤 의미를 해석한다.

위의 여섯 단계의 과정에서, 앞의 세 단계는 개념화 과정에, 뒤의 세 단계는 조작화 과정에 해당된다. 개념화(conceptualization)는 문제를 공식화하고 직접 정의하는 과정이며, 조작화는 연구문제와 관련된 커뮤니케이션 현상을 관찰하고 측정하는 과정이다.

(1) 연구문제의 제기

일반적으로 모든 연구의 출발점은 연구문제의 제기라고 할 수 있다. 좋은 연구문제란 일련의 현상들 간의 관계에 대해 적절한 의문을 제기하는 것이다. 또한 경험적 관찰에 의해 검증이 가능해야 한다.

연구문제의 제기는 연구하고자 하는 문제의 중요성 또는 필요성에서 출발하는데 이것을 연구의 목적 또는 동기라고 한다. 예를 들어 새로 도입된 뉴미디어의 사회적 파급효과가 시의성을 띤다고 판단할 경우, 연구문제로 정할 수 있다. 또한 현실적이고 실제적인 문제를 해결하기 위해 연구문제를 제기할 수도 있다. 어떤 원리나 이론을 새로운 자료를 통하여 다른 상황에서도 일반화할 수 있는지를 검토하기 위해 기존의 이론에 근거한 연구문제를 풀고자 할 수도 있다. 이러한 모든 상황은 사회과학자로 하여금 연구문제를 제기하도록 자극한다.

(2) 연구문제의 공식화

연구문제의 진술은 연구질문과 가설의 두 가지 유형으로 나타난다. 연구질문은 현상 간에 관계가 있다면 어떤 종류의 관계인지를 물어보는 것으로 의문문의 형태다. 반면 가설은 특정 현상 간에 어떤 특정한 관계가 있다는 것을 예측하는 것으로 단언적인 문장 형태다.

보기 2-3

연구질문 "TV 오락 프로그램에서 나타나는 고정관념적인 여성상은 젊은 여성 시청자들의 자아개념에 영향을 주는가?"
가설 "TV 오락 프로그램에서 나타나는 고정관념적인 여성상은 젊은 여성 시청자들의 자아개념에 부정적 영향을 미친다."

(3) 문제 진술에서의 용어 정의

문제 진술은 현상의 여러 측면을 나타내는 기술적 용어(descriptive term)와 현상 간의 구체적 관계를 명확하게 하는 조작적 용어(operational term)를 이용한다.

보기 2-4

가설 "TV 교육 프로그램의 시청은 어린이들의 학습증진과 관련이 있다."
기술적 용어 'TV 교육 프로그램', '학습', '어린이'
조작적 용어 '증진과 관련이 있다.'

연구자들은 문제 진술문상에서의 용어에 개념적 정의와 조작적 정의를 부여해야 한다. 개념적(명명적) 정의는 다른 개념과 연관시킴으로써 개념을 도출하는 반면, 조작적 정의는 개념을 고찰하거나 측정하기 위한 절차를 명확히 해주는 정의 방식이다.

보기 2-5

용어 학습(기술적 용어)
개념적 정의 정보의 획득
조작적 정의 교육 프로그램의 시청으로부터 획득한 정보의 양(검사를 통해 측정)

(4) 적절한 방법론의 선택

연구자는 기술적·조작적 용어를 정의한 후 적절한 방법론을 선택해야 한다. 이때 연구자는 현상들 중에서 측정대상이 될 표본을 선정하는 절차 및 이들을 측정하기 위한 적절한 검증방법을 선택한다. 연구문제의 특성에 따라 방법론이 결정되는데, 방법론을 결정하는 일은 연구를 시작하기 전에 이루어져야 한다. 자료가 수집된 다음에 어떤 특정한 접근방법이나 통계처리 방법을 적용하려 하는 것은 오류를 유발할 수 있기 때문이다.

(5) 관련된 경험자료의 관찰

연구자는 연구문제에서 구체화된 현상의 여러 측면을 관찰하고 측정해야 하며, 변수 간 관계의 본질에 접근해가야 한다.

관찰은 이론 구축 과정에서 세 가지 방법으로 이용될 수 있다(Lin, 1976, p. 58). 첫째, 관찰은 새로운 이론을 구축하기 위한 경험적 토대를 제공한다. 둘째, 관찰은 기존의 이론을 검사(檢査)하는 데 사용된다. 관찰된 사실을 통해서 기존의 이론을 부분적으로나 전체적으로 변경시킬 필요가 생길 수 있다. 셋째, 관찰은 우연적 발견(serendipity) 기능을 한다. 관찰을 통해서 기대하지 못한 사실이 발견되면 이론적으로 논쟁이 되던 부분의 해결점을 발견하거나 새로운 이론을 구성하는 데 필요한 통찰력을 제공할 수 있다.

(6) 관찰 자료의 분석
관찰 자료가 설정한 연구문제에 맞게 수집, 측정되었는지 알아보아야 하며, 그 결과를 분석하여 연구질문이나 가설을 검증 또는 반증하고 기존의 이론을 세련되게 다듬어야 한다.

이상의 과학적 연구과정은 연구방법의 규칙과 절차를 표준화한 것이라 할 수 있다. 어느 연구자라도 동등한 과학적 규칙과 절차를 따라 동일한 연구결과를 내놓는 검증 방식을 거치면서 과학이론을 도출하고 경험적 증거를 제시했다면 타당도와 신뢰도가 높은 과학연구를 수행했다고 평가할 수 있다. 이처럼 과학이론은 표준화된 연구과정의 규칙과 절차를 따랐다는 점에서 하나의 지식체계로서 객관적 진실(objective truth)임을 인정받을 수 있다. 여기서 객관성은 실제로는 간주관성(intersubjectivity)[5]을 말한다. 따라서 표준화된 규칙에 따라 과학적 연구절차를 거쳐 성립한 사회과학 이론은 과학적 연구과정에서 '간주관성의 정당성'을 확보했다는 의미이기도 하다. 표준화된 과학적 연구과정의 핵심은 〈그림 2-9〉와 같이 요약해 볼 수 있다(김경모, 2010).

그림 2-9 현상-가설-이론의 인식론적 관계와 과학적 연구과정

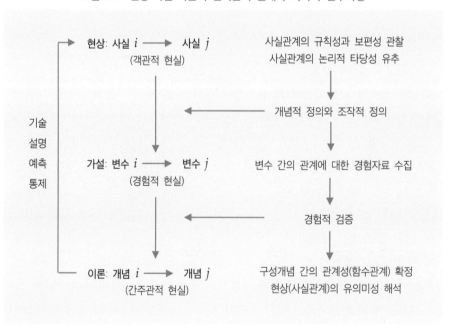

---

5 간주관성은 한마디로 많은 주관 사이에서 공통적인 것으로 인정받는 성질이라고 할 수 있다.

결론적으로, 객관적 지식으로서 과학이론을 산출하기 위한 과학적 연구과정의 핵심은 표준화된 규칙과 절차를 통해 진리 주장의 논리적 타당성과 경험적 증거를 함께 보여준다는 데 있다. 사회과학 연구의 궁극적 목적은 커뮤니케이션을 포함한 사회현상을 기술, 설명, 예측하고, 필요하다면 통제할 수 있는 과학이론을 창출하는 데 있다. 표준화된 규칙과 절차로서 과학적 연구과정에 대한 이해 없이 사회현상을 탐구하고 타당한 이론을 창출하는 일은 불가능에 가깝다. 사회과학 연구방법에 대한 이해는 사회현상의 체계적인 이해를 위한 필수 조건에 해당한다.

4. 이론의 검증과 수정

1) 이론의 경험적 검증가능성

이론구조가 정립되었다면 그것이 어느 정도 타당한지 검토해야 한다. 검증(verification)은 경험적 관찰과 분석결과를 이용하여 이론적 명제의 타당성을 검토하는 과정이다. 검증의 결과가 이론적 명제의 타당성을 의심하게 할 때는 이론적 명제를 수정해야 한다.

경험적 검증가능성(empirical testability)은 한 이론이 관찰 가능한 사회현상을 이용하여 확인될 수 있는 가능성이다. 여러 차례의 검증을 거쳐야 그 이론을 신뢰할 수 있다. 일반적으로 검증할 수 있는 변인들이 많을수록, 그리고 변수가 명확하게 진술되어 있을수록 이론이 설명하고 있는 두 개념 간의 관계를 검증할 수 있는 가능성은 높아진다. 경험적 검증가능성을 높이기 위해서는 다음과 같은 조건을 충족시켜야 한다.

첫째, 변수들 간의 관계에 대한 진술이 명확해야 한다. 대부분의 자연과학에서는 경험적 연역이 중심이 되지만 사회과학에서는 정확하고 보편적인 경험적 연역체계가 거의 존재하지 않는다. 그러므로 사회과학의 연구자는 이론을 경험적으로 검증할 때 사용 가능한 변수들을 분명하게 진술해야 한다.

둘째, 이론적 명제를 구성하기 전에 먼저 경험적 증거를 추구해야 한다. 논리적으로 타당한 이론이 경험적으로도 타당한 것은 아니다. 어떤 이론구조는 경험적 증거, 경험적 검증수단, 또는 이 두 가지가 모두 함께 제시될 때 비로소 이론이라고 부를 수 있다. 이론의 논리적 연역체계는 다양하지만 검증수단이 되는 경험적 변수를 가지고 있어야 검증될 수 있다.

셋째, 다중변수 간의 관계를 고려해야 한다. 연구자는 동일한 개념의 경험지표로 이용할 수 있는 변수를 가능한 한 많이 명시하여 이론의 신뢰성을 높일 수 있다. 경험적 변수를 포함하는 다수의 명제를 연역하는 경험적 연역체계를 다중경험적 연역체계라고 한다

(Lin, 1976, p. 40). 다중경험적 연역체계는 이론구조의 경험적 검증을 쉽게 해준다. 하나의 개념에서 경험적으로 연역될 수 있는 변인이 많을 때, 그 개념을 포함하는 명제를 검증하기가 훨씬 수월해진다. 이렇게 여러 차례의 검증을 받은 명제를 포함하는 이론이라야 타당성이 있다.

2) 이론적 가설의 검증방법

가설을 검증하기 위해서는 이론 명제의 허위를 입증할 수 있거나 기각할 수 있는 형태를 가져야 한다. 가설을 검증하는 방법에는 직접검증(direct test)과 간접검증(indirect test)의 두 가지 방법이 있다.

직접검증은 가설이 틀렸을 가능성을 보여주는 경험적인 관찰사례를 축적하는 것이다. 예를 들어 이론적 가설(H_1)에서 교수에게 자주 고개를 끄덕이는 학생이 좋은 성적을 받는다고 할 경우, 직접검증은 이것이 거짓일 가능성을 보여주는 사례를 모으는 것이다. 이런 사례가 많이 모이면 그 가설이 거짓일 가능성이 높다는 것을 알 수 있게 된다. 그러나 직접검증을 하면 가설이 거짓일 가능성이 어느 정도의 비율로 일어나는지를 알 수 없다.

가설검증 방법에서 실질적으로 이용되는 방법은 간접검증이다. 그것은 통계적 이유 때문인데, 직접검증을 하면 가설이 거짓이 될 확률을 통계적으로는 제출할 수 없지만 간접검증을 하면 그에 대한 통계적 확률을 제공하는 것이 가능하기 때문이다. 간접검증은 이론적 가설과 논리적으로 모순되는 영가설(H_0)을 이용하는 것이다. 앞의 예에서 영가설은 "학생이 고개를 끄덕이는 빈도와 성적은 관계가 없다"이다. 간접검증은 통계적 자료를 통해서 두 변수(여기에서는 고개를 끄덕이는 빈도와 성적)의 관계를 확률적으로 증명하는 것이다. 예를 들어 100번의 관찰을 한 결과, 영가설을 지지하는 사례가 5개 이내라면(학생이 고개를 끄덕이는 빈도와 성적이 관계가 없는 경우가 5번 이내라면) 영가설이 참이 될 확률(즉 연구가설이 거짓이 될 확률)은 5%가 된다. 그러나 영가설을 기각하지 못한다고 해서 이론적 가설을 기각해야 한다고 결론지을 수는 없다. 영가설을 기각하지 못한 것은 이론적 가설 자체가 나쁘기 때문이 아니라 자료에 결함이 있는 것이거나 또는 개념의 조작화가 제대로 이루어지지 못한 결과일 수도 있기 때문이다. 통계분석과의 연관성에 기초한 간접검증의 원리와 절차에 대한 논의는 뒤의 제9장에서 자세하게 소개한다.

3) 이론의 반증과 수정

앞서 설명했듯이 이론적 가설을 직접적으로 기각하거나 반증할 수는 없다. 그러나 몇 개의 이론적 설명이 제안되었을 때 각각의 설명을 의심할 수 있는 검증상황을 구성해 내는 것은 가능하다. 각각의 설명을 의심하는 과정을 반복하는 것은 곧 이론을 반증하기 위한 것이다. 이론적 가설을 직접 반증할 수는 없지만 여러 차례의 의심과정을 통해서 가장 의심을 덜 받는 설명, 즉 가장 반증가능성이 적은 설명을 가장 옳은 것으로 판별해 낼 수는 있다. 이론적 설명을 의심할 수 있는 방법에는 이론적 검증법(theoretical verification), 단순반증법(simple method of falsification), 반증법(critical method of falsification)의 세 가지가 있다(Lin, 1976, pp. 66~68).

(1) 이론적 검증법
이 방법은 다수의 대안적 설명들로 영가설을 모두 검증해 보는 방법이다. 이렇게 해서 영가설을 지속적으로 기각하는 설명이 있다면 이 설명을 가장 옳은 것으로 판별할 수 있다. 반면 다른 대안적 설명들이 영가설을 지속적으로 기각하지 못한다면 그것들은 의심을 받게 된다. 이론 검증의 과정은 어떤 이론적 설명을 지지하거나 확정할 뿐만 아니라, 대안적 설명들을 의심할 수 있는 증거를 축적시킨다는 점에서도 중요하다고 할 수 있다.

(2) 단순반증법
이 방법은 이론적 가설에 대한 부정적인 증거를 수집함으로써 의심을 높이고, 이 중에서 반증가능성이 가장 낮은 설명을 가장 옳은 것으로 판별하는 방법이다. 예를 들어, A와 B가 정적인 상관관계를 갖고 있다는 이론적 가설을 검사한다고 하면, A와 B가 부적인 상관관계를 갖고 있다는 증거와 A와 B가 전혀 상관관계가 없다는 영가설을 지지하는 증거가 모두 부정적인 증거가 된다. 즉, 단순반증법에서는 영가설과 대안가설(부적인 상관관계)이 모두 반증되어야 이론적 가설이 되는 것이다.

(3) 반증법
이 방법은 이론적 설명에 대한 부정적인 증거뿐만 아니라, 그 이론적 설명에서 논리적으로 연역될 수 있는 2차적인 설명들의 영가설과 대안가설을 모두 검토하여, 반증가능성이 적은 이론적 가설을 확정짓는 방법이다. 반증방법들을 통하여 기존의 이론적 설명을 의심할 수 있는 관찰결과들이 누적되고, 대안적 설명들이 더욱 신빙성을 갖게 되면 이론의 수정이 시작되는 것이라 할 수 있다.

연구설계

1. 연구설계의 본질

1) 연구설계의 정의

연구설계란 무엇인가를 알아내기 위해 필요한 전략을 세우는 일, 다시 말해 과학적 연구를 계획하는 것을 뜻한다(Babbie, 1998, p. 89). 제기한 연구문제에 대한 타당하고 객관적인 해답을 구하고자 연구의 전 과정에 필요한 절차(procedure)와 규칙(rule)을 마련하는 전체적인 그림 또는 모형이라 할 수 있다. 연구설계의 세부사항들은 무엇을 연구하고자 하느냐에 따라 다양하지만, 두 가지가 특히 중요하다. 첫째, 연구설계는 연구목적에 부합해야 한다. 연구설계는 연구자가 바라는 결과에 도달하는 데 도움이 되어야 한다. 따라서 어떤 규칙과 절차에 따라 현상을 관찰, 분석하고 결과를 제시할 것인지 연구설계를 통해 연구의 목표를 확인하고 연구과정의 전모를 짐작할 수 있어야 한다. 둘째, 현상의 관찰에서부터 자료의 수집 그리고 분석결과의 제시와 해석이라는 일련의 과정이 연구문제를 둘러싼 최적의 해답에 다다를 수 있도록 일관되고 효율적인 연구의 틀과 방향을 제시하도록 고안되고 선택되어야 한다. 이 두 가지 핵심요건이 충족되지 않는다면 연구설계의 타당성은 떨어질 수밖에 없다.

(1) 연구설계의 주요 개념

① 연구목적

사회과학 연구의 목적은 여러 가지이지만 가장 일반적이고 유용한 목적으로는 탐구 (exploration), 기술(description), 설명(explanation)을 들 수 있다. 대부분의 연구는 이 세 가지 중 하나 이상의 목적을 지닌다. 하지만 각 연구목적은 연구설계의 차이를 유발하기 때문에 따로 떼어서 살펴보는 것이 좋다(Babbie, 1998, pp. 90~92).

첫째, 탐구는 연구자가 자신의 관심사 또는 연구대상을 더 잘 이해하기 위한 것이다. 탐구 목적으로 진행되는 연구를 탐색적 연구(exploratory studies)라고 부른다. 탐색적 연구는 새로운 분야를 개척할 때 필수적이며, 연구자로 하여금 그 주제에 대해 새로운 통찰력을 갖게 해주고 후속연구를 자극하므로 사회과학 연구에 매우 가치 있는 작업이라고 할 수 있다. 그러나 탐색적 연구는 연구문제에 대해 만족할 만한 완벽한 답을 제시해 주는 경우가 드물다.

둘째, 기술은 사상(事象)에 대해 정밀하게 서술하는 것이다. 이런 목적으로 행하는 연구를 기술적 연구(descriptive studies)라고 하는데, 사회과학에서 가장 일반적이고 기초적인 연구목적이라고 할 수 있다. 예를 들어, 인구센서스의 목적은 특정 지역에 살고 있는 전체 인구집단의 다양하고 광범위한 특징을 정확하고 세밀하게 서술하는 것이다. 수많은 질적 연구도 기술적 목적으로 수행하는 경우가 많다. 대부분의 연구자는 기술적 연구의 결과물을 바탕으로, 다음 단계인 설명적 연구를 수행하게 된다.

셋째, 설명은 연구하고자 하는 사회적 상황 또는 사건이 왜 발생하게 되었는지를 살펴보고자 하는 것이다. 어떤 현상의 인과관계를 규명하고자 하는 연구는 설명이 목적인 셈이다. 가령 유권자들이 어떤 후보자에게 투표했나 살펴보는 것이 기술적 연구라면, 왜 특정 후보자에게 투표했는지 정치적 의사결정의 원인과 이유를 따져 보는 것이 설명적 연구 (explanatory studies)에 해당한다.

② 분석단위

연구자는 연구를 설계할 때 연구하고자 하는 사회현상의 분석대상과 관련해 분석단위 (units of analysis)를 규정하게 된다. 분석단위란 연구하고자 하는 특성을 가진 자료들을 분석하는 단위로서 개인, 집단, 조직, 국가 등 여러 수준에서 선택될 수 있다.

개인은 연구자들이 가장 일반적으로 선택하는 분석단위다. 개인의 성(gender)·연령·출생지·태도 같은 개별적 속성(individual attributes)으로 서술된다. 그 개인이 속하는 집단적 속성(collective attributes)에 의해 단위의 성격이 분명해질 수도 있다. 예를 들어, 부유한 가정에 속하는지 가난한 가정에 속하는 사람인지, 대학교육을 받은 어머니가 있는지 아닌지 등으로 한 개인을 서술할 수도 있다.

개인이 분석단위가 되는 경우, 기술적 연구에서는 개인들의 총합인 모집단(population)의 특성을 서술하는 것이 연구의 목적이 되고, 설명적 연구에서는 모집단 내에서 발생하는 변수 간의 역동적 관계(dynamics)를 발견하는 것이 연구의 목적이 된다(Babbie, 1998, pp. 92~98).

개인 다음의 분석단위로 집단[1]이 있다. 집단 수준의 분석단위로는 부부, 인구 블록, 도시 또는 지역 등이 있다. 한 집단 내의 개인들을 분석단위로 하는 것과 집단 자체를 분석단위로 하는 것에는 큰 차이가 있다. 예를 들어, 범죄자를 연구하려면 범죄집단 내에 속하는 개인을 분석단위로 하게 되지만, 범죄집단 사이의 차이를 연구하려면 범죄자 개인이 아닌, 범죄집단이 분석단위가 된다.

공식적인 사회조직도 사회과학 연구의 분석단위가 될 수 있다. 예를 들어 기업은 피고용자, 연간 순이익, 총자산 등의 특성으로 서술될 수 있다. 이러한 자료를 바탕으로 연구자는 대기업과 중소기업의 장애인 고용 비율 차이를 살펴볼 수도 있다. 교회조직, 대학, 학과, 커뮤니티 등은 사회조직의 또 다른 예다.

사회적 산물(social artifacts)도 분석의 단위가 될 수 있다. 사회적 산물이란 사회적 존재에 의해 만들어진 산출물이나 행위의 결과를 의미한다. 책, 그림, 자동차, 건물, 노래, 신문사설 등이 여기에 해당한다. 예를 들어, 어느 지방대학에 관한 신문사설의 논조 변화를 살펴보고자 한다면 신문사설이 바로 분석단위가 되는 것이다.

사회적 상호작용도 사회과학 연구에 적합한 분석단위가 될 수 있다. 예컨대 학생시위, 인종폭동, 국회청문회, 뉴스기사 댓글달기, 여론형성 등이 이에 해당된다.

개인(분석단위)의 투표성향을 알아보고자 한다면 투표자 개개인(관찰단위)과 만나 인터뷰를 하게 되는 것처럼 분석단위는 대체로 관찰 단위(units of observation)와 일치한다. 그러나 관찰단위와 분석단위가 일치하지 않는 경우도 있다. 예를 들어, 부부간의 정치성향의 차이가 이혼 여부에 미치는 영향을 살펴본다고 하면, 관찰단위는 개인(남편, 아내)이 되지만, 분석단위는 가정, 곧 부부가 된다.

분석단위는 연구자가 무엇을 관찰하고 결론 내릴 것인가와 밀접하게 관련되어 있다. 따라서 연구자는 연구설계를 구축하는 단계에서 이를 명백하게 규정해야 한다.

---

1 집단을 분석단위로 하는 경우도 개인을 분석단위로 할 때처럼 그에 적합한 모집단이 존재한다. 만일 범죄집단이 분석단위라면, 특정조건(한 도시, 한 나라 등과 같이 연구자에 의해 지정되는 규모 또는 범위) 아래에서 파악된 모든 범죄집단이 바로 모집단이 될 수 있다. 어떤 정치적 이슈에 대한 언론의 정파적 보도태도를 분석한다고 가정하자. 아마도 보수-중도-진보를 아우르는 개별 언론사(신문사, 방송사, 뉴스통신사, 인터넷언론사 등)의 전체집합이 모집단이 될 것이다.

③ 생태학적 오류와 환원주의

분석단위와 관련해서 반드시 짚고 넘어가야 할 것은, 자료의 분석결과를 추론하고 해석할 때 발생할 수 있는 생태학적 오류(ecological fallacy)와 환원주의(reductionism)에 빠지지 않도록 주의해야 한다는 사실이다.

'생태학적'이란 말은 개인보다 큰 단위인 집단·사회체계를 고려한다는 것이고, 이와 연결된 '오류'는 생태학적 단위에서 얻은 지식을 그 집단을 구성하는 개인에게 함부로 적용함으로써 발생하는 추론상의 잘못을 의미한다. 예를 들어, 여성 후보자에 대한 유권자의 지지 정도에 영향을 주는 요인을 살펴보고자 한다고 가정해 보자. 어떤 자료분석 결과, 젊은 층의 비율이 상대적으로 높은 선거구에서는 여성 후보자에 대한 지지도가 높은 반면, 노년층의 비율이 높은 선거구에서는 여성 후보자에 대한 지지도가 낮았다고 하자. 연구자는 이를 바탕으로 젊은 유권자는 여성 후보자에게 투표할 가능성이 높은 반면, 노년층 유권자는 여성 후보자에게 투표할 가능성보다 높다는 결론을 내릴 수 있다. 그러나 이런 추론은 생태학적 오류에 해당한다. 젊은 층의 비율이 높은 선거구에 사는 노년층 유권자가 여성 후보자에게 투표했을 가능성과 노년층의 비율이 높은 선거구에 사는 젊은 유권자가 여성 후보자에게 투표하지 않았을 가능성이 배제되었기 때문이다. 이러한 문제가 발생하는 이유는 선거구를 분석단위로 채택하였음에도 그 선거구를 구성하는 투표자(개인)의 의사결정 행동에 대해 어떤 결론을 내리려 했기 때문이다. [2]

생태학적 오류와 더불어 주의해야 할 것은 개체적 오류(individualistic fallacy)다. 이것은 태도나 행위에 관해 집단 내에서 일반적으로 받아들여지는 사고유형과 개인적 특이 사례를 똑같이 취급함으로써 발생한다. 예를 들어, 제도교육을 받지 않고서도 부자가 된 사람이 있다고 해서 제도교육을 받을수록 소득이 높다는 일반적 상식을 거부한다면 이는 개체적 오류에 빠진 것이라 할 수 있다. 한마디로, 개별사례의 정보를 전체집단의 특성으로 과도하게 해석하려 할 경우 발생하는 추론의 오류에 해당한다.

환원주의란 특정하고 협소한 개념의 틀(또는 이론적 관점)로써 모든 것을 바라보거나 설명하려는 태도를 말한다. 경제학자는 경제학적 변수(수요와 공급, 한계 수익 등)로, 사회학자는 사회학적 변수(가치, 규범, 역할 등)로, 심리학자는 심리학적 변수(개성, 모방심리 등)로 관련 사회현상을 설명할 수 있다. 각자의 핵심 개념이나 변수로써 모든 사회현상을 설명하려 한다면 이는 환원주의 사고에 빠진 것이라 할 수 있다. 이렇게 자기 분야의 요인(또는 분석단위, 변수)이 다른 분야의 요인들보다 더 우월하다고 믿고 다른 분야를 무시하는 태도는 환원주의와 관계있다.

---

2 생태학적 오류는 자료분석의 관점에서 이해할 수도 있다. 개별 수준에서 만든 개별 자료(individual data)는 집합 수준으로 취합 가능하기 때문에 집합자료(aggregate data)로 만들 수 있다. 그러나 집단 속성을 측정한 집합자료로부터 개인 속성을 측정하거나 반영한 개별 자료를 만들기는 어렵다. 따라서 집합자료의 정보만으로 개별 자료의 특성을 유추할 때 생태학적 오류가 발생한다.

④ 연구의 초점

연구설계를 할 때 분석단위의 어떤 측면이나 속성에 초점을 두느냐가 중요하다. 사회과학 연구는 일반적으로 분석단위가 갖는 특성(characteristics), 정향(orientations), 행동(actions)에 초점을 두게 된다(Babbie, 1998, pp. 97~100). 연구의 초점은 연구목적과 밀접한 연관성을 지니므로 연구설계 단계에서 분명하게 드러낼 필요가 있다. 이 같은 특성, 정향, 행동은 연구목적에 맞춰 선택된 분석단위에서 구체적 변수로 설정된다.

개인을 분석단위로 하는 경우 개인의 성, 연령, 출생지, 결혼여부, 장애여부 등이 특성에 해당된다. 사회적 집단과 공식적 조직을 분석단위로 하는 경우 그 집단의 크기, 조직, 위치 또는 구성원의 총합 등이 특성에 해당된다. 조직이나 집단 차원의 속성이 분석의 초점이 되는 것이다.

정향은 태도, 신념, 개성, 선입견 또는 소질 등을 말한다. 개인의 경우 정치적 입장, 여성에 대한 태도 등이, 사회적 집단과 공식적 조직의 경우 집단이나 조직 차원의 정책·목적·절차·규제 등이 정향에 해당된다.

개인의 경우 투표행위나 주식매입, 또는 시위 참가 여부 등이, 기업의 경우 정치캠페인에 기부했는지의 여부 혹은 합병했는지, 파산했는지의 여부 등이 행동에 해당된다. 사회현상을 구성하는 사회적 존재(social entity)의 행동은 조사자에 의해 직접 관찰될 수도 있고, 간접적 방법으로 확인될 수도 있다. 투표행위를 조사할 때, 참가한 당사자에게 투표여부를 물어보는 대신 유권자 투표 등록문서를 통해 투표여부를 확인하는 것은 간접적인 방법에 해당된다.

⑤ 관찰조건

연구설계에서는 분석단위를 조사할 때의 관찰조건(observational condition)을 서술하게 된다. 관찰조건은 연구문제의 해답을 얻고 가설을 검증하기 위해 수행해야 할 모든 활동을 말한다. 예를 들어 주어진 연구문제를 해결하기 위해 전통적인 경험주의 연구방법이 적합할지, 과학적 연구와 인본주의적 연구를 혼합한 방법이 적합할지, 필요한 자료를 수집하기 위해 실험환경을 선택할 것인지, 자연환경을 선택할 것인지 등에 대해서 사전에 결정해야 한다.

2) 연구설계의 목적과 요건

(1) 연구설계의 목적

일반적으로 연구설계의 목적은 주어진 연구문제에 대한 타당하고 객관적인 해답을 일관되고 효율적으로 얻는 일에 맞춰지므로 이 과정에 방해가 되는 불필요한 변이요소를 적절하게 통제하는 것이 중요하다. 연구문제의 해답을 얻기 위해서는 연구문제와 연관된 가설을 설정하고 검증해 보아야 하기 때문에, 연구문제에 대한 해답을 얻는다는 말은 가설을 검증한다는 말로 대치할 수 있다. 따라서 연구설계는 가설을 검증하는 절차와 규칙을 구체적으로 제공하고 그 검증과정에서 불필요한 영향요인을 효과적으로 통제하는 목적을 가진다고 할 수 있다.

연구설계가 변이요소의 통제를 목적으로 한다는 것은 극대·극소화의 원칙(maxmincon principle)을 따른다는 것을 의미한다. 다시 말해 관찰하고자 하는 현상, 곧 종속변수에 미치는 독립변수(independent variables)의 영향을 극대화하는 동시에 종속변수에 미치는 불필요한 가외변수의 영향을 적절하게 통제하면서 표집과 측정 과정에서 발생하는 오차 요인의 영향을 극소화하는 전략을 세우는 것이다. [3]

(2) 연구설계의 요건

연구설계가 주어진 연구문제에 적절한 해답을 제공하고 불필요한 영향요인을 통제하기 위해서는 다음과 같은 요건을 만족시켜야 한다.

첫째, 연구문제의 적절한 해답을 얻기 위해서, 먼저 연구문제가 무엇이고 가설이 무엇이며, 종속변수와 독립변수가 무엇인가를 정확히 분석해서 이에 적합한 연구설계 방안을 선정하거나 새로 고안해야 한다. 둘째, 독립변수의 분산을 극대화시키고 가외변수를 통제할 수 있는 능력을 갖기 위해서 가능한 한 무작위화(randomization) 원칙[4]을 지켜야 한다. 셋째, 연구결과의 일반화가능성을 높여야 한다. 일반화가능성을 높인다는 것은 한 연구의 결과를 다른 실험대상자나 다른 집단 또는 다른 조건에도 확장해 널리 적용할 수 있도록 하는 것이다. 일반화가능성을 높이기 위해서는 여러 계층의 다양한 실험대상자를 표집하고, 실제상황과 비슷한 현장에서 연구를 실시하는 것과 같은 연구설계가 필요하다. 넷째, 어떠한 통계적 분석방법을 쓸 것인지, 그리고 분석방법의 적용이 가능한 것인지를 고려해야 한다.

---

3 통계분석의 관점에서 설명하자면, 독립변수에 의한 체계적 분산(systematic variance)을 극대화하기 위해 불필요한 가외변수에 의한 분산(extraneous variance)을 통제하고, 표집과 측정과정에서 발생하는 오차 요인에 의한 분산(error variance)을 극소화하는 것을 말한다.

4 무작위화 원칙이란, 피험자나 피조사자 등을 무선적으로 선정하고 이들을 다시 무선적으로 각 집단(실험집단, 통제집단)에 배치하며, 실험처치 등을 각 집단에 무선적으로 배정한다는 것이다.

3) 연구설계의 여러 유형

연구설계는 다양한 방식으로 분류할 수 있다. 대부분의 연구설계는 〈그림 3-1〉에서 볼 수 있는 대립쌍으로 이루어진 분류항목에 포함된다(Smith, 1988, pp. 179~185).

(1) 양적 연구와 질적 연구

양적 연구(quantitative research)란 사상(事象)을 수치화하여 측정하는 연구로 방법의 논리는 경험주의에 바탕을 두고 있다. 양적 연구에서는 통계적으로 분석 가능한 수치자료를 산출하므로, 측정기술이나 표집방법, 통계조사 등이 중요하며, 자연적 환경 또는 실험실 연구상황에서 사용할 수 있다.

질적 연구(qualitative research), 인문학적 연구(humanistic studies)는 수치로 된 자료 대신 말과 텍스트의 형태로 된 자료를 사용하는 연구유형을 가리킨다. 질적 연구의 대상이 되는 자료에는 대화 녹취록과 같은 커뮤니케이션의 기록문서, 신문논설이나 TV 프로그램과 같은 미디어 제작물이 있다.

일반적으로 계량 자료는 기술통계와 추리통계를 사용하여 평가하고, 질적 자료는 주제와 범주로 구분하여 주관적으로 분석하고 평가한다. 현상의 기술이나 이론구조의 발견 등에는 질적 연구가, 가설검증과 입증에는 객관적인 양적 연구가 주로 활용된다.

그림 3-1 연구설계의 여러 유형

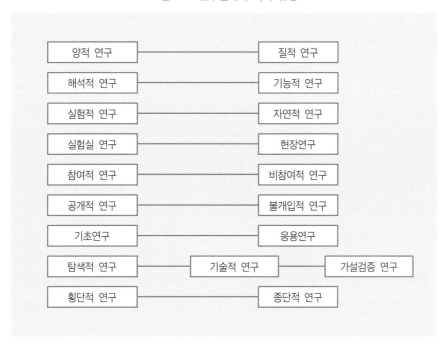

(2) 해석적 연구와 기능적 연구

해석적 연구(interpretative research)는 '의미에 관한 연구', '인간이 커뮤니케이션 행위를 통해 세계를 이해하는 방식'에 관한 연구다. 사람들의 일상적인 대화를 연구하거나, 공공 연설·TV 프로그램·영화의 내용을 분석하는 것 등은 이러한 커뮤니케이션 산물의 '의미'를 탐구하는 것이기 때문에 해석적 연구라고 할 수 있다.

  기능적 연구(functional research)는 인간의 의미에 관한 자료를 기초로 하여 다양한 커뮤니케이션 형태의 행동적, 태도적 효과를 조사하는 연구다. 해석적 연구에서는 의미가 연구의 최종 결과물인 데 반해서, 기능적 연구에서는 의미를 인간 커뮤니케이션의 선행요인과 결과에 관한 결론을 이끌어내기 위한 출발점으로 간주한다.

(3) 실험적 연구와 자연적 연구

실험적 연구(experimental research)와 자연적 연구(naturalistic research)는 변수의 조작 가능성에 따른 분류이다.

  실험적 연구는 독립변수를 조작한 후 그에 대한 인간의 반응을 관찰하는 연구로서 기능적·양적·전통적인 과학적 연구라고 할 수 있다. 예를 들어 '리더십 스타일에 따른 문제해결 방식에 관한 연구'를 한다고 하자. 이때 실험집단을 인위적으로 둘로 나누어서 한 집단에는 민주적 성향의 지도자를, 다른 한 집단에는 독재적 성향의 지도자를 배치해서 이들에 따른 집단성원들의 문제해결 능력을 살펴볼 수 있다. 이러한 설계를 통해 변수 간의 인과관계를 밝힐 수 있는 것이다(김범종, 1988, 72쪽).

  자연적 연구란 인위적으로 독립변수를 조절할 수 없는 상황에서 독립변수와 종속변수의 관계를 사후적으로 파악하는 연구설계다. 관찰환경을 조작하지 않고 일상생활에서의 지속적인 커뮤니케이션 행위를 관찰·기록하는 연구라 할 수 있다. 자연적 연구는 기능적이기보다는 해석적이며, 자료분석을 위해 양적 또는 질적 분석방법을 사용할 수 있다. 대부분의 자연적 연구설계는 과학적 전통과 인본주의적 전통을 혼합한 방법론이라고 할 수 있다. 그러나 이 연구유형은 인과관계를 밝히는 것이 어렵다는 단점이 있다(김범종, 1988, 72쪽).

(4) 실험실 연구와 현장연구

실험실 연구(laboratory research)와 현장연구(field research)는 관찰이 일어나는 각각의 상황(setting)에 따라 구분된다.

  실험실 연구는 독립변수와 종속변수 간의 인과관계를 밝히기 위해서 가외변수를 철저히 통제할 수 있는 실험실 안에서 조사하는 연구유형으로 순수실험설계가 이에 해당한다. 실험실 연구는 실험대상자를 통제된 환경에 두고 그들의 언어적, 비언어적 행위를 관찰하는 것이다. 실험실 연구는 대부분 실험적 연구이지만 그렇지 않은 경우도 있다. 예를 들어 처음 만난 사람끼리의 상호작용을 연구하고자 할 때에는 실험실에 온 서로 모르는 사람들 간에 일어나는 자연스러운 커뮤니케이션 교환을 간단히 관찰할 수 있다. 그러나 모든 실험실 연구는 실험적이든 자연적이든 간에 일상적 환경이 아닌 실험실이라는 인위적인 상황에서 실행된다.

현장연구(현지연구)란 가외변수의 효과를 철저히 통제할 수 있는 실험실 연구가 불가능할 때, 실제로 현상이 일어나는 현장에서 실시하는 연구다. 현장연구는 대부분 자연적 연구지만, 실험적 연구를 현장상황에서 실행하는 경우도 많다. 예를 들어 상품의 진열이 소비자의 구매행위에 미치는 효과를 연구하고자 할 때 상점주인에게 매일 진열을 변화시키도록 한 후 고객의 구매행위가 진열의 변화에 영향을 받는지 실험할 수 있다.

(5) 참여적 연구와 비참여적 연구

참여적 연구(participant research)와 비참여적 연구(nonparticipant research)는 자료수집 과정에서 조사자가 행하는 역할에 따라 구분된다.

참여적 연구는 관찰하고 있는 연구대상이나 현상에 조사자가 능동적으로 참여하는 연구다. 이때 조사대상자들은 참여관찰자(participant observer)가 그들의 행위를 연구하는 조사자라는 것을 알 수도 있고 모를 수도 있다.

비참여적 연구는 조사자가 조사하고자 하는 연구대상이나 현상에 참여하지 않고 외부에서 관찰하는 연구를 말한다. 조사자는 목표가 되는 커뮤니케이션 상호작용에 어떤 방법으로든 관여하지 않는 외부관찰자가 되는 것이다.

참여적·비참여적 연구는 실험적 또는 자연적 연구와 함께 실험실 내 또는 현장상황에서 실행될 수 있지만, 일반적으로 비참여적 관찰은 실험조작을 가한 실험실에서 그리고 참여관찰은 자연적인 현장에서 실행된다.

(6) 공개적 연구와 불개입적 연구

공개적 연구(overt research)와 불개입적 연구(unobtrusive research)의 차이는 연구대상자가 그들이 관찰되고 있다는 사실을 아느냐 혹은 모르느냐에 달려 있다.

공개적 연구에서 조사자는 연구대상을 공개적으로 관찰하므로 연구대상자들은 조사자의 참석을 알고 있다. 자신들이 연구대상이라는 사실을 인지하고 있다는 것이다.

불개입적 연구는 조사되는 행위나 사건, 상호작용의 상황으로부터 조사자를 제외시키는 연구유형을 말한다. 따라서 연구대상자들은 그들이 조사되고 있다는 사실을 알지 못한다. 또한 측정행위 자체가 연구대상자들의 행위를 변화시키거나 자료를 혼란시키면 안 된다. TV 녹화테이프나 라디오 보도내용을 통해 자료를 수집하고 그 내용과 결과에 관한 결론을 도출하는 것을 불개입적 연구의 예로 들 수 있다.

(7) 기초연구와 응용연구

연구설계는 기초적이냐 또는 응용되느냐에 따라서 구분될 수 있다.

기초연구(basic research)는 연구결과의 실제적 함의보다는 이론적 관계를 탐구하고자 한다. 따라서 대체로 실험실에서 행해지는 기초연구는 그 결과를 실제상황에 일반화시키는 것과는 거리가 멀다.

응용연구(applied research)는 연구대상 또는 현상의 실제적이면서 이론적인 측면과 관련된 연구다. 응용연구는 일상적인 행위와 상호작용에 관련된 문제를 이해하고 해결하기 위해서 이론적 관계를 탐구한다. 정치적 여론조사나 미디어 선호도 분석과 같은 서베이 연구는 응용연구를 지향하는 경향이 있다. 응용연구는 실용적 속성을 지니고 있기 때문에 주로 현장상황에서 행해진다.

(8) 탐색적 연구, 기술적 연구, 가설검증 연구

연구의 목적에 따라 탐색적 연구(exploratory studies), 기술적 연구(descriptive studies), 가설검증 연구(hypothesis testing studies)로 나눌 수 있다.

탐색적 연구는 연구문제의 발견, 변수의 규명, 그리고 가설의 도출을 위해서 실시하는 조사가 해당한다. 전문가 의견조사, 문헌조사, 사례조사 등을 이용할 수 있고, 주로 본조사를 위한 예비조사로서 실시한다.

기술적 연구는 현상이나 모집단의 특성에 대한 분포, 발생빈도 등의 특성 파악을 위해서 행하는 조사로서 표본조사가 이에 속한다.

가설검증 연구[5]는 변수들 간의 관계를 규명하기 위한 연구로서 상관관계 연구와 인과관계 연구가 이에 속한다. 상관관계 연구는 독립변수의 조작이 불가능하여 인과관계를 밝힐 수 없는 연구로서 자연적 또는 비실험설계가 이에 속한다. "지능이 높은 사람일수록 수학성적도 높다"라는 가설에 따른 연구를 상관관계 연구의 예로 들 수 있다. 인과관계 연구는 독립변수의 조작과 가외변수의 통제를 통하여 인과관계를 밝힐 수 있는 연구로서 실험설계가 이에 속한다. "슬라이드를 사용(독립변수)하여 수업하는 방법이 학습효과(종속변수)를 높일 수 있다"라는 가설에 따른 연구가 인과관계 연구에 해당한다고 할 수 있겠다.

(9) 횡단적 연구와 종단적 연구

횡단적(공시적) 연구(cross-sectional research)와 종단적(통시적) 연구(longitudinal research)는 시간적 차원에 따른 분류다. 횡단적 연구는 한 시점을 기준으로 한 연구다. 시간의 흐름에 따라 나타나는 변화를 관찰할 수 없으며, 오직 현재의 상태만을 관찰한다. 탐색적 연구와

---

5 설명적 연구(explanatory studies)라고 부르기도 한다. 설명적 연구란 어떤 사회적 현상이 왜 발생하는가에 대해 설명하고자 하는 연구유형이다.

기술적 연구는 주로 횡단적 연구에 속한다. 예를 들어 단일 인구센서스 조사는 주어진 시기에 특정 국가의 인구 모집단의 특성을 기술하기 위한 것이다.

종단적 연구는 시간의 흐름에 따른 현상의 변화를 조사하는 연구로서 시계열 분석(time series analysis)이라고도 한다. 어떤 조직 구성원 간의 상호작용이 시간에 따라 어떻게 변화하는가를 살펴보고자 한다면 종단적 연구가 적합할 것이다. 종단적 연구는 중요한 자료를 수집하는 데 큰 효과가 있으나, 오랜 기간에 걸쳐 계속 조사해야 하기 때문에 시간의 소비를 감수해야 하며 비용이 많이 들 수도 있다.

종단적 연구에는 세 가지 하부 연구유형이 포함된다.

첫째, 경향연구(trend studies)는 시간이 지나면서 모집단 내에서 발생하는 변화의 과정을 연구하는 것이다. 이때 조사가 실시되는 시기에 따라 표집대상은 달라진다. 예를 들어 선거 캠페인 기간 동안 실시되는 일련의 여론조사는 조사시기마다 표집대상이 다르다. 다만 각 시기마다 어느 후보가 어느 정도의 지지를 받고 있는지 그 변화의 추세를 보여줄 뿐이다.

둘째, 동세대 연구(cohort studies)는 경향연구에서 한 걸음 더 나아가, 특정한 조건을 가진 사람들이 시간이 변함에 따라 어떠한 변화를 보이는지를 오랜 시간에 걸쳐 연구하는 것이다. 예를 들어, 1930년대 초 대공황 시기에 태어난 사람들이 시간이 흐름에 따라 갖게 되는 경제적 태도의 변화를 20년 단위로 조사하는 연구를 한다고 하자. 1950년에 실시한 연구에서는 15～20세의 대상자를, 1970년에 실시한 연구에서는 35～40세의 대상자를, 1990년에 실시한 연구에서는 55～60세의 대상자를 선정하게 된다. 물론 각 시기에 표집된 대상자들은 동일한 사람들이 아니다.

셋째, 패널연구(panel studies)는 위의 두 연구와 비슷하나, 동일한 사람들을 표집대상으로 고정시켜 연구한다는 점에서 구별된다. 예를 들어 선거 캠페인 기간 동안 동일한 사람들을 표집한 후, 매달 그들에게 어느 후보자를 찍을 것인지 일정 시점마다 반복해 물어보는 것이다. 이런 연구유형은 각기 상이한 후보자들에 대한 지지 정도가 어떻게 변화하는가 하는 전반적 추세를 살펴볼 수 있을 뿐만 아니라, 그 변화 속에 내재된 세밀한 역동성(지지후보를 고집하는지 혹은 지지후보를 바꾸는지의 여부)까지 구별해 낼 수 있다.

결론적으로 연구설계는 해결해야 할 연구문제 또는 가설의 본질을 기준으로 적절히 선택되어야 한다. 예를 들어 '연인들은 그들 관계의 각 단계에서 어떤 종류의 설득전략을 사용하는가'라는 연구문제가 있다고 하자. 이 연구문제를 해결하기 위해서는 자연적 현장연구와 종단적 분석이 필요하며, 나아가 연인들의 설득 언어의 의미에 관한 해석적 분석이 요구된다. 자료수집을 공개적으로 또는 불개입적으로 할 것인지의 문제는 기존 관련 자료의 기록물이 유용한지 아니면 다시 수집되어야만 하는지에 달려 있다. 또한, 참여적 역할로 할 것인지 비참여적 역할로 할 것인지를 결정해야 하며, 그 자료가 통계적으로 사용될 수 있는지 여부에 따라 질적 자료분석을 할 것인지, 양적 자료분석을 할 것인지 선택해야 한다. 예를 들어 연인들의 다양한 설득전략이 사용되는 빈도를 측정한다면, 양적 자료분석을 사용해야 할 것이다.

2. 연구설계의 타당도

연구설계의 타당도(validity)란 연구자가 주어진 연구설계를 통해 해당 가설이나 연구문제를 얼마나 타당하고 정확하게 분석할 수 있는가 하는 개념이다(Smith, 1988, p. 183). 여기서 내적 타당도(internal validity)란 한 연구가 밝혀내고자 하는 변수들 간의 관계를 정확하게 검증하고 있는가와 관련된 개념이고, 외적 타당도(external validity)는 연구에서 도출된 결론을 다른 상황과 맥락에도 적용시켜 일반화가능성을 높이는가와 연관된 개념이다. 실험 연구상황을 염두에 두고 내적 타당도와 외적 타당도의 개념을 설명하기로 한다.

1) 내적 타당도와 외적 타당도

(1) 내적 타당도
연구설계의 내적 타당도(internal validity)란 '어떤 특정 연구(가령, 실험)에서 독립변수 X의 실험처치 또는 조작이 종속변수 Y에 실제로 유의적인 변화를 일으켰느냐' 하는 정도를 말한다. 다시 말해서 주어진 연구가 제3의 가외변수에 의한 영향이 아닌, 연구하고자 하는 독립변수에 의한 영향만을 정확하게 측정하고 있는가를 나타내는 지표다.

연구자는 검증하고자 하는 변수들(독립변수와 종속변수) 사이의 관계를 다른 불필요한 변수의 영향을 받지 않으면서 정확하게 밝힐 수 있도록 연구조건을 통제할 필요가 있다. 연구조건을 제대로 통제하지 않으면, 다른 불필요한 변수들 때문에 내적 타당도가 낮은 연구결과를 얻게 될 수 있기 때문이다. 예를 들어 "위협소구(fear appeals)를 담고 있는 메시지가 그렇지 않은 메시지보다 수용자의 태도를 더 많이 변화시킨다"라는 가설을 검증하기 위해 실험을 한다고 하자. 여기에서 위협소구를 담은 메시지를 받은 실험처치 집단과 실험처치를 받지 않은 통제집단 사이의 태도 차이가 전적으로 실험처치로 인한 결과라면, 이 연구설계는 내적 타당도가 높다고 할 수 있다. 연구하고자 하는 독립변수의 효과만을 정확하게 파악했기 때문이다. 그러나 만일 실험집단에 속하는 대상자들이 사전에 이미 불안한 심리상태에 있었기 때문에 위협소구라는 실험처치에 더욱 민감하게 반응하였다면, 실험처치 후의 태도변화는 위협소구와 불안감이 혼재된 효과라고 보아야 할 것이다. 이 경우 어떤 변수가 태도변화를 유발했는지 정확하게 판단하기 어려워 내적 타당도의 문제가 발생했다고 볼 수 있다. 표본에서 관찰한 결과가 어떤 특정 변수와 관련되어 있는지 아닌지를 확신할 수 없게 되기 때문이다(Smith, 1988, pp. 183~184).

(2) 외적 타당도

외적 타당도(external validity)는 '하나의 특정 실험에서 얻어진 연구결과가 다른 사람들의 모집단, 다른 상황, 다른 시간대 등에도 얼마나 잘 일반화될 수 있는가'에 관한 개념 (Cook & Campbell, 1979, p. 70)으로서 연구결과의 일반화가능성(generalizability)을 지향하는 의미다.

외적 타당도는 일반화가능성이 갖는 두 가지 측면에 따라 다시 두 가지로 나누어질 수 있다. 첫째, 표본 대 모집단(sample-to-population) 타당도는 표본의 결과를 모집단에 일반화할 수 있느냐에 관한 외적 타당도이다. 모집단의 특성을 잘 대표해 주는 표본을 선정할 때, 표본 대 모집단 타당도는 높아진다.[6] 따라서 무선표집 방법을 취했을 때 이 외적 타당도를 높일 수 있다.

둘째, 상황 대 상황(setting-to-setting) 타당도[7]는 연구상황(실험 또는 조사상황)에서 수집된 자료가 자연적인 상황(일상적 상황)으로 일반화될 수 있느냐에 관한 외적 타당도를 말한다. 일상적 상황에서는 관찰되지 않을 연구대상자들의 반응이 특정 연구상황에서 관찰될 가능성이 있기 때문에 제기되는 개념이다.

외적 타당도가 결여된 연구는 다른 상황에 적용 혹은 일반화될 수 없기 때문에 해당 연구가 나타내는 그 표본에서만 타당하다는 점에서(Wimmer & Dominick, 1994, p. 35) 분석결과를 해석할 때 주의가 요망된다.

2) 타당도를 위협하는 요인

주어진 연구설계가 검증하고자 하는 특정 가설을 제대로 검증하고 있는가를 확인하기 위해 연구자는 내적 및 외적 타당도를 위협하는 요인들의 효과를 이해하고, 이들을 통제해야 한다.

(1) 내적 타당도를 위협하는 요인

밝혀내고자 하는 인과관계에서 가장 개연성 높은 원인을 찾아내기 위해서는 수많은 대안적 설명을 검증하여야 한다. 연구설계의 내적 타당도를 위협하는 요인들은 바로 이 경쟁

---

6 가령 연구결과, 표본의 특성값인 통계량(statistics)이 모수의 특성값인 모수(parameters)를 잘 반영할 정도로 표집오차(sampling error)가 낮은 경우 표본 대 모집단 타당도가 높다고 말할 수 있다.
7 상황 대 상황 타당도는 연구상황이 일반화될 수 있는가에 관심을 두기 때문에 '환경 타당도'(ecological validity)라 부르기도 한다.

적 설명과 연관된다. 아래에서 이러한 경쟁적 설명들에 대해 자세히 언급하겠다. 특히, (1)에서 (4)까지의 설명은 〈보기 3-1〉을 예로 들어 설명하기로 한다.

보기 3-1 가상 시나리오

A는 오랜만에 고교 동창회에 갔다. 그런데 A는 그의 친구들이 A가 기억하고 있는 고교 시절 모습보다 훨씬 더 보수적으로 바뀌었음을 알게 되었다. 또 A는 그들의 태도를 현재 A 자신이 알고 있는 다른 친구들의 태도와 비교해 본 후 고교 동창들과 A의 현재 친구들 사이에는 확실히 차이가 있다고 결론지었다. 그렇다면 이 두 그룹의 친구들 사이에 발견된 차이의 원인은 무엇일까?

① 역사

〈보기 3-1〉의 의문과 관련해 변화하는 '경제적·정치적 상황'이 A의 고교 동창들을 더 보수적인 사람들로 만들었다고 설명할 수 있다. 이러한 설명을 역사(history) 요인이라고 한다(Wimmer & Dominick, 1994, p. 21). 역사요인은 연구가 진행되는 동안에 연구대상자의 주변 환경에서 일어나는 변화들로서, 연구대상자의 행위나 신념에 변화를 일으키는 우연적 사건을 뜻한다.

그러나 만일 고교 동창들의 태도와 A의 현재 친구들의 태도가 출발 당시 서로 동질적이었음을 확신할 수 있고 또 그 두 집단이 지속적으로 같은 역사적 상황에 노출되어 있었다는 것을 확신할 수 있다면, 역사요인이 A의 고교 동창들의 태도에 영향을 미쳤다는 설명을 제외시킬 수 있다.

② 성숙

〈보기 3-1〉의 의문에 대해서 '나이를 먹는 것'이 A의 고교 동창들을 더 보수적으로 만들었다고 설명할 수도 있다. 이러한 식의 대안적 설명을 성숙(maturation) 요인이라 한다. 여기서 성숙이란 연구가 진행되는 동안 연구대상자들의 신념이나 행위에 영향을 미치는 심리적·생리적 변화를 뜻한다.

연구가 진행되는 동안 연구대상자들이 피로해지거나 지루해지는 일이 빈번한데, 그 결과 대상자들은 연구의 초점과 관계없는 방식으로 응답하게 되고 따라서 연구결과를 혼란스럽게 만들 수 있다. 또 연구대상자들은 연구가 진행되는 동안 성장 또는 새로운 학습을 하게 되거나 경험을 확장되는 등의 정신적 변화를 겪을 수도 있다. 이러한 성숙효과는 시계열적 연구(longitudinal studies)에서 연구의 타당도를 위협하는 주요한 요인이 된다.

〈보기 3-1〉에서 만약 '나이를 먹는 것'이 A의 고교 동창들을 더 보수적으로 만들었다면, 이것은 A의 현재 친구들에게도 적용되어야 할 것이다. 그러나 A는 현재의 친구들이 과거에 얼마나 보수적 혹은 자유주의적이었는지를 모르는 상태이므로, 이 설명의 진위 여부를 판단하기는 어렵다.

③ 도구요인 또는 측정기구의 마멸

도구요인이란 조사과정에서 측정도구가 변질(instrumentation, instrument decay)되어 그 효과나 정확성이 감소된다는 것을 뜻한다. 예를 들어 연구과정 동안에 장비가 낡거나, 연구자가 좀더 경험이 쌓인다든지, 기록에 무관심해지는 것 등이 있다(Wimmer & Dominick, 1994, p. 32). 또 조사대상자가 측정도구에 익숙해지거나 실험목적을 알게 되었을 때에도 측정기준에 변화를 가져오게 된다.

앞의 예에서 실제적으로 변한 것은 A의 고교 동창들이 아니라 바로 A라는 설명 또한 가능하다. 만약 A가 변했다면 새로운 가치관에 의해 고교 동창들을 더 보수적 혹은 진보적으로 볼 수 있다. 이런 식의 설명은 바로 측정도구 자체의 속성이 변화했음을 가리킨다. 이 가능성을 배제하기 위해 A는 과거에 알았던 다른 사람들의 태도를 측정해 보아야 할 것이다. 만약 그들 모두가 예전보다 더욱 보수적인 것으로 드러난다면 변한 것은 그들이 아니고 A라고 설명할 수 있다. 만약 그들의 태도가 전과 다름없다면 도구요인의 설명을 제외시킬 수 있을 것이다.

하나의 종속변수를 측정할 때 서로 다른 측정도구(예를 들어, 조사대상자들의 '편견'수준을 측정하기 위해 각기 다른 질문지)를 사용하였다면 그 측정치들은 직접적인 비교가 불가능하다. 또 연구결과에서 조사대상자들의 편견이 감소한 것으로 나타났을 경우, 그러한 감소는 단순히 사전조사 때의 척도가 사후조사 때의 척도보다 더 민감한 것이었기 때문에 나타난 반응일 수도 있다. 어떤 측정이 연구자의 주관적 판단에 의해 이루어지는 경우, 연구자의 기준이나 능력이 연구가 진행되는 동안에 변화할 수도 있다. 모두 특정도구의 마모나 변질에 주의해야 하는 상황들이다.

④ 통계적 회귀

한 검사에서 극단적인 응답을 한 연구대상자들은 응답점수가 후속검사에서 표본이나 모집단의 평균으로 회귀(statistical regression towards the mean)하는 경향이 있다. 이는 최고치의 점수는 더 이상 올라갈 수 없고 오히려 하향하기 쉬우며, 최저치의 점수 또한 더 이상 내려갈 수 없고 상향하기 쉽기 때문이다. 예를 들어 수학을 못하는 사람들을 위해 고안된 새로운 교수법의 효과에 대해 검사할 때 연구자는 수학 성적이 아주 나쁜 학생들을 대상으로 선정하게 된다. 그러나 이런 경우 대상 학생들의 수학 성적은 더 이상 나빠질 수 없으므로 반드시 이 교수법의 영향이 아니더라도 수학 성적은 유지 또는 향상될 수 있다.

〈보기 3-1〉에서 A는 고교 동창들의 자유주의적 경향이 극에 달했을 시점에 이루어진 행동만을 기억하고 있기 때문에, 동창들의 현재 모습이 더 보수적으로 보일 수도 있다. 만일 그러하다면 고교 동창들의 이후 행동은 어떤 식으로든 보수적인 쪽으로 이동할 수밖에 없을 것이다. 이렇듯 변화가 통계적으로 평균치로 회귀하는 현상을 통계적 회귀라 한다.

⑤ 연구대상자 선정의 편견

둘 이상의 집단(실험집단, 통제집단) 간의 차이를 비교하는 실험에서 연구자가 각 집단에 본래부터 서로 다른 속성을 가진 실험대상자를 선정하거나 배치하였기 때문에 일어나는 내적 타당도의 저해요인이다. 동등한 속성을 지닌 피험자들이 두 집단에 무작위로 배정된 것이 아니라면 실험의 결과가 이런 피험자 선정 편견(selection biases)의 영향 때문일 가능성이 크다. 연구자는 무선할당(random assignment)을 통해 각 집단에 배치되는 실험대상자의 집단 간 동질성을 확보해야 한다.

⑥ 검사

검사(testing)와 재검사의 과정이 종종 실험대상자의 행위에 영향을 미쳐서 실험결과를 왜곡시킬 수 있다. 어떤 집단 구성원들의 태도를 측정하기 위해 질문지를 통한 검사를 하였다고 하자. 그런 다음 실험자극을 가하고, 그들의 태도를 재검사한다. 그런데 재검사를 할 때쯤이면 피험자들은 연구자가 측정하려는 태도에 대해 앞선 검사 때보다 민감해져 있고, 응답하는 데도 더욱 사려 깊어질 수 있다. 또 대상자들은 연구가 특정 태도를 측정하려 한다는 의도를 알아차리게 되므로 연구자가 원한다고 생각하는 응답을 하거나 자신을 잘 보이려는 쪽으로 응답을 하게 될 수 있다. 실험대상자에게 가해지는 사전조사와 사후조사가 유사할 경우 이런 경향은 더욱 그러하다. 사전조사는 실험대상자들을 민감화시키고 실험처치의 유형과 관계없이 사후조사 때의 점수를 변화시킨다.

⑦ 탈락

탈락(mortality) 요인은 실험대상자들이 여러 가지 이유로 연구에서 탈락되거나 불가피한 이유로 자연스럽게 빠지는 경우를 말한다. 실험대상자가 병에 걸리거나, 이사를 가게 되거나, 학교 또는 직장을 그만 두거나, 사망하여 연구에 더 이상 참여하지 못하게 되는 상황에 해당한다. 이는 표본의 사례수에 영향을 미치게 되어 연구의 외적 타당도를 낮추는 요인으로 작용하게 된다.

⑧ 인과적 시간순서

실험자극(독립변수)과 종속변수의 시간적 순서(causal time-order)가 모호하기 때문에 실험결과의 정확한 인과성 해석을 확신할 수 없는 경우도 있다. 이는 닭이 먼저냐 달걀이 먼저냐 하는 질문의 난점과 유사하다. 예를 들어 '축구팀 B 감독의 자율적 팀 운영'과 '높은 승률'의 관계를 조사해 보려고 할 때, 감독의 팀 운영이 높은 승률을 낳게 했는지 아니면 '높은 승률'이 감독으로 하여금 자율적으로 팀을 운영하게 했는지가 애매할 수 있다.

⑨ 실험처치의 확산 또는 모방(Diffusion or Imitation of Treatments)
실험집단의 성원과 통제집단의 성원이 서로 의사소통할 수 있을 때, 실험집단의 성원은 실험처치의 비밀스런 몇몇 요소를 통제집단에 전할 수 있다. 그런 경우 통제집단은 실험 자극의 영향을 받게 되므로 더 이상 진정한 의미의 통제는 이루어지지 않게 된다.

⑩ 보 상
때때로 연구자가 통제집단을 무의식중에 색다르게 다룰 수도 있다. 예를 들어 의약품에 대한 실험에서 내적 타당도 저해요인에 유의하지 않는 연구 보조원은 통제집단의 환자들에게 미안함을 느낀 나머지 특별히 정성어린 간호를 제공할 수 있다(compensation). 그러한 상황에서 통제집단은 더 이상 순수한 통제집단이라고 할 수 없다.

⑪ 보상을 위한 경쟁
실험자극을 받지 못하는 피험자들은 실험집단과의 경쟁(rivalry) 관계 속에서 다르게 행동하거나 과장되게 행동함으로써 자신들에게는 주어지지 않은 그 자극을 보상하려고 노력할 수도 있다. 예를 들어 학생들을 대상으로 어떤 수학 학습 프로그램의 효과를 측정할 경우 비교대상이 되는 통제집단은 '특별대우'를 받는 실험집단 성원들을 능가하고자 하는 심리에서 전보다 더 열심히 공부할지도 모르는 것이다.

⑫ 사기저하
실험상황에서 통제집단의 구성원이 느끼는 박탈감은 연구의 타당성을 저해하는 요인으로 작용할 수 있다. 교육 프로그램에 관한 실험에서 사기저하(demoralization)된 통제집단 성원들은 평소대로 생활하지 않고 문제적인 행동을 하거나 화를 낼 수도 있다.
　실험집단의 경우에도 실험처치가 바람직하지 못한 내용일 경우 실험대상자들 사이에 이러한 사기저하가 유발될 수 있다. 예를 들어 나쁜 작업환경이 공장 생산성에 미치는 영향에 관한 연구라든가, 부정적 교수법(선생님이 학생들에게 화를 내거나 꾸중하기 등)이 학습효과에 미치는 영향 등이 있다.

(2) 내적, 외적 타당도를 모두 위협하는 요인 [8]

① 반작용 효과

반작용 효과(reactivity effects)란 연구대상자가 자신이 측정되거나 관찰되고 있다는 것을 의식하고 행동하는 것을 의미한다. 예를 들어 가족 성원들이 그들 사이의 갈등을 해결하기 위해 어떠한 커뮤니케이션 전략을 사용하는가에 대해 연구한다고 가정하자. 연구자는 10가구를 선정하여 집안에 카메라를 설치한 후, 2주일 동안 집안에서 일어나는 가족 간 상호작용을 녹화한다. 그러나 이때 가족들이 카메라를 의식하여 그들의 커뮤니케이션 패턴을 변화시킬 수도 있다. 연구자가 관찰행위를 통해 비정상적인 커뮤니케이션 행태를 조장한 셈이 되는 것이다. 이러한 반작용은 변인들 간의 인과관계와 일반화에 문제를 가져오므로 내적·외적 타당도 모두에 대한 심각한 위협이 된다.

② 가설예측단서(수요 특성)

가설예측단서(demand characteristics)란 연구자(또는 연구 보조자)가 실험대상자에게 가설을 추측하는 데 도움이 되는 정보를 알게 모르게 전달해 주는 결과를 낳는 모든 상황적 단서를 말한다. 상황적 단서에는 루머, 실험대상자의 과거경험, 연구상황 그 자체, 연구자의 행위, 연구절차 등이 있다. 피험자가 연구가설을 알게 되었을 때에는 좋은 피험자로서 역할을 하려 애쓰거나, 반대로 연구가설과 반대되는 행동만을 보인다든지, 또는 그 가설과 무관하게 성실한 응답을 하려는 등의 의식적인 행동을 보일 수 있다.

③ 평가에 대한 우려(Evaluation Apprehension)

연구대상자들이 연구자에게 긍정적 이미지를 제공하려는, 또는 적어도 부정적 이미지는 제공하지 않으려 하는 욕구로 인해 일어나는 타당도 저해요인이다. 피험자들은 실험에 참가할 때 이른바 '사회적 바람직성'에 따라 주위에서 원만하게 수용되는 응답을 하고자 한다. 연구가설이 무엇인지 짐작하고 있는 경우 자신을 연구자나 동료 실험대상자들에게 더 좋게 보일 수 있다고 판단되는 행동을 택하기도 한다.

이는 수요 특성이라는 개념과 유사하지만 실험대상자들이 본질적으로 측정이나 검사당하는 것을 두려워한다는 사실에 초점을 두고 있다는 점에서 차이가 있다. 대부분의 사람들은 규범과 불일치하는 행위를 좋게 보지 않으며, 집단의 의견과 완전히 다른 의견을 가

---

8 스미스(Smith, 1988)는 내적 타당도와 외적 타당도를 모두 위협하는 요인으로 ① 수요 특성(demand characteristics), ② 평가에 대한 우려(evaluation apprehension), ③ 연구자 효과(researcher effects), ④ 검사에 대한 민감화(test sensitization)를 들고, 이들을 반작용 효과(reactivity effects)라는 하나의 유형 안에 묶었다. 반면, 윔머와 도미닉(Wimmer & Dominick, 1994)은 수요 특성과 평가에 대한 우려를 내적 타당도 저해요인의 하나로서 제시하고 있다. 여기서는 스미스(Smith, 1988)의 분류와 논의를 중심으로 내적, 외적 타당도를 모두 위협하는 요인에 대해 알아본다.

지고 있을 때조차도 집단을 따르려는 경향이 있다. 이때 연구자는 실험대상자들에게 그들의 개인적 반응이 중요하다는 것을 인식시킴으로써 이러한 수동성을 제거하고자 노력해야 한다(Wimmer & Dominick, 1988, p. 34).

④ 연구자 효과

연구자 효과(researcher effects)는 연구자 자신의 신체적·사회적·심리적 특성과 관련된 것으로서 두 가지 경우가 있다.

첫째, 성이나 인종과 같은 연구자의 사회생물학 특성이 연구대상자의 행위에 영향을 미치는 경우다. 예를 들어 피조사자들이 여성일 때, 남성 연구자는 여성 연구자보다 더 친근하게 여길 수 있으므로 더욱더 가설을 확증하는 응답을 얻을 수도 있다.

둘째, 연구자가 겉으로 드러내게 되는 사회적 승인을 위한 욕구, 연구대상자가 인지한 연구자의 불안심리 또는 심성이 따뜻한 정도, 연구대상자와 비교되는 연구자의 상대적 지위 등과 같은 연구자의 사회심리학 특성이 응답을 편향시킬 수 있다. 예를 들면 사회적 승인에 대한 욕구가 강한 연구자는 연구대상자들로부터 더욱 긍정적인 응답을 이끌어 내려는 경향이 있고 성품이 따뜻한 연구자가 차가운 연구자보다 더욱 빈번히 가설을 확증하는 응답을 얻어내는 경향이 있다.

⑤ 검사에 대한 민감화

검사절차로 인해 연구대상자들이 어떤 문제에 대해 평상시보다 더 주의 깊게 생각하게 되는 것을 검사에 대한 민감화(敏感化, test sensitization)라고 한다. 검사에 대한 민감화는 조사 대상자에게 설문지를 완성하거나 인터뷰에 응하도록 하는 연구와 관련되는데, 이러한 검사 도구들은 개인의 내적 인식(intrapersonal awareness)을 높이고, 응답자들로 하여금 그들이 평상시보다 훨씬 더 어떤 문제에 대해 주의 깊게 생각하도록 촉진할 수 있기 때문이다.

(3) 외적 타당도를 위협하는 요인

외적 타당도를 위협하는 요인은 표본 선정의 문제와 가장 관련이 깊다. 표본이 모집단을 대표하지 못하기 때문에 그 대표성을 확신할 수 없는 경우에는 일반화가능성이 낮다고 할 수 있다(Campbell, 1957, p. 54).

① 실험대상자 선정과 실험처치 간의 상호작용(Interaction of Selection and Treatment)

이 요인은 실험대상자 선정상의 잘못된 편견이 실험처치의 요인과 결합하여 연구결과를 왜곡시키는 것을 말한다. 예를 들어 금연에 대한 공익광고의 효과를 알아보려는 경우, 그 광고문을 읽은 실험대상자와 읽지 않은 실험대상자를 뽑아서 금연에 대한 태도를 측정할 수 있다. 이때 그 실험대상자들이 흡연자냐 아니냐는 속성이 문제가 되어 실험결과에 오차를 유발할 수 있다.

② 검사의 상호작용 효과(Interaction Effect of Testing)
사전검사는 실험변수에 대한 실험대상자들의 민감성(sensitivity)이나 반응성(responsiveness)을 증가 또는 감소시켜서 결과적으로 사전검사가 행해진 전집이 그렇지 않은 모집단을 대표할 수 없게 된다. 이러한 사전검사의 영향에 의한 외적 타당도의 저해요인을 검사의 상호작용 효과라고 한다.

③ 실험상황의 반동 효과(Reactive Effects of Experimental Arrangements)
인위적 실험상황이 자연상황을 대표할 수 없기 때문에 실험결과의 일반화가 제약되는 것을 말한다.

④ 다중실험처치 간의 간섭(Multiple-Treatment Interference)
동일한 실험대상자에게 여러 가지 실험처치를 할 때 하나의 실험처치가 다른 실험처치에 영향을 미쳐 결과적으로 외적 타당도가 저해되는 것을 말한다.

3) 연구설계의 타당도를 높이는 방법

(1) 내적 타당도를 높이는 방법
내적 타당도는 표본의 동질성을 향상시킴으로써 높일 수 있는데, 표본의 동질성을 높이는 가장 좋은 방법은 무선배치(random assignment) 방법이다.

무선배치(무선할당)는 선정한 연구대상을 실험처치 상황에 균등하게 노출시키기 위한 절차다. 모든 실험대상자들이 조건 A에 배치될 확률과 조건 B에 배치될 확률을 같게 만드는 것이다. 가외변수의 위협을 제거함으로써 연구자는 변수 사이의 인과관계를 분명히 할 수 있게 된다.

그러나 연구자는 실험대상자들을 각 집단에 무선배치함으로써 동질적 집단이 창출되었다고 가정하지만, 의도적으로 창출된 집단들이 실제로 다를 수도 있다. 무선배치를 통해 동질집단이 생성된다는 것은 보장된 사실이라기보다 하나의 가정일 뿐이다. 따라서 각 집단들이 유의미하게 다를 수 있는 확률은 작지만 연구자는 통계적 검증을 통해 무선배치의 효과가 확인된다는 사실을 밝힐 필요가 있다. [9]

---

9 예를 들어, 연구가설의 인과성 규명을 위해 독립변수의 조작처치 외에 종속변수에 영향을 미칠 가외변수(가령, 인구사회학 변수)의 영향력을 무선배치 과정에서 통제할 수 있다. 각 집단에 배정된 피험자들의 성, 연령, 학력, 수입 등이 동등하다는 것을 통계 검증으로 확인한다면 개별집단의 인구사회학적 동질성이 확보되는 셈이다. 실제로 자료분석에서 이들 변수는 상수로 처리될 것이므로 종속변수에 미치는 이들의 영향력도 사라지게 된다.

(2) 외적 타당도를 높이는 방법

외적 타당도는 표본의 대표성을 향상시킴으로써 높일 수 있다. 대표성을 지닌 표본을 추출하기 위해서는 단순 무선표집과 체계적 표집을 포함하는 여러 확률표집 방법, 곧 무작위 표집(random sampling) 방법을 선택하여 사용해야 한다. 만약 편의적 표집과 같은 비확률표집 방법을 사용한다면 모집단의 대표성을 보장할 수 없게 되어 외적 타당도가 떨어진 연구결과를 얻게 된다. 연구대상 집단이 모집단과 다를 수 있는 가능성은 통계 검증과정에서 확률수준으로 보고할 수 있다.[10]

---

10 통계학 관점에서 본다면, 최적의 표준오차(standard error)를 구함으로써 표집오차를 최소화하는 표집방법을 채택해야 한다는 것을 의미한다. 이때 연구자가 임의로 선택하는 적절한 신뢰수준(confidence level)에서 오차한계(limit of error)를 최소화하는 모수 구간을 추정하는 일은 확률표집 방법(probability sampling)을 전제할 때 그 성과가 가장 크다고 할 수 있다. 통계 분석과 관련된 자세한 논의는 이 책의 자매편인 《SPSS 명령문을 활용한 사회과학 통계분석》을 참고하라.

연구의 요소 04

1. 자료의 수집

자료의 수집이란 연구문제에 대한 해답을 얻거나 가설을 검증하기 위해 연구대상에 관한 정보를 일련의 숫자들로 전환하여 통계적으로 처리 가능하도록 가공하는 것이다. 조사자는 조사목적이나 자료의 특성에 따라 적합한 자료수집 방법을 선택해야 한다. 자료를 수집하기 위해서는 먼저 어떠한 자료가 얼마나 필요한가, 자료를 수집하는 데 필요한 비용은 얼마나 되며, 어떤 방법이 효율적인가 등을 충분히 고려해야 할 필요가 있다.

　조사자가 필요로 하는 자료는 성격에 따라 크게 1차 자료와 2차 자료로 나뉜다. 1차 자료란 조사자가 현재 수행중인 조사목적을 달성하기 위해 직접 수집한 자료를 말하는데, 연구대상을 관찰하거나 직접 사회조사를 실시하여 얻게 된다. 2차 자료는 조사목적에 도움을 줄 수 있는 기존의 모든 자료를 말한다. 2차 자료는 문헌조사나 관련기관에 자료를 요청하는 등의 방법으로 얻을 수 있다.

　또한, 자료는 정보원에 따라 자기보고 자료(self-report sources), 행동적 자료(behavioral sources), 생리학적 자료(physiological sources)로 나눌 수 있다.

1) 자기보고 자료

자기보고 자료는 연구대상자가 스스로 자신의 생각과 행동을 보고하도록 하는 것이다. 문자로 기록된 자기보고 자료를 얻기 위해서는 주로 서베이 질문지법을 이용하며, 음성정보로 된 자료를 얻기 위해서는 개별 면접이나 전화 인터뷰 방법 등을 이용한다. 조사자는 구두자료를 녹음하거나 또는 나중에 분석하기 쉽도록 사본형태로 옮겨서 보관한다.

(1) 개별 면접을 통한 자료수집

면접이란 면접조사자가 응답자로부터 연구문제에 대해 구두로 질문하고 대답을 듣는 자료 수집 방법을 말한다. 일반적으로 면접조사는 우편조사보다 응답률이 높을 뿐만 아니라, 면접조사자가 응답자와 직접 접촉하므로 이해하기 어려운 질문 등을 잘 설명해 주어 신뢰성 있는 대답을 얻을 수 있다. 또한 면접자가 응답자와 그 주변 상황들을 직접 관찰할 수 있으므로 입체적 자료를 구할 수 있다.

　그러나 다수의 조사원을 고용하여 면접조사를 실시할 경우, 서로 다른 조사원 사이의 편견이나 오류가 정보를 왜곡시킬 위험이 있다.

(2) 자기기입식 설문지를 통한 자료수집

설문지 조사방법이 위에서 살펴본 면접조사 방법과 다른 점은 설문지를 조사대상자들에게 배포하여 스스로 대답하도록 한다는 데 있다.

　설문지 조사방법은 다수의 응답자를 대상으로 비교적 짧은 기간에 적은 노력과 비용을 들여 자료수집이 가능하다는 장점이 있다. 또 우편을 통해 설문지 조사를 실시할 경우 응답자의 익명성이 보장되므로, 안심하고 자신에 관한 사실 및 의견을 솔직하게 표명할 수 있다. 그러나 설문지 조사방법은 문맹(文盲)인 사람을 대상으로 조사할 수 없으며, 가독력(可讀力)이 있는 일반 응답자라도 설문을 제대로 이해하지 못하면 올바른 응답을 할 수 없다는 단점이 있다.

2) 행동적 자료

행동적 자료는 언어적 또는 비언어적 행동을 관찰하여 수집한다. 행동적 자료를 수집하기 위해 사건이나 사람의 행동 중에서 조사목적에 필요한 것을 관찰하고 기록하여 분석해야 한다. 연구자는 대화, 공공연설, TV 프로그램 등을 기록하고, 오디오나 비디오 등을 사용하여 행동적 자료를 수집할 수 있다.

　행동적 자료는 사회조사에서는 잘 사용되지 않으며 주로 자기보고 자료의 보조자료로 사용된다. 예를 들어, 음료수 선호도를 조사하고자 할 때 조사자는 설문을 통해 자기보고 자료를 얻을 뿐 아니라 소비자가 어떤 음료수를 구매하는가를 직접 관찰함으로써 자기보고 자료를 보완할 수 있다.

3) 생리학적 자료

동공의 수축과 팽창, 심장박동수, 근육수축과 이완 등의 생리학적 자료는 사회적 상호작용의 일반적 형태를 측정하는 데 사용될 수 있다. 그러나 행동적 자료나 자기보고 자료만큼 자주 사용되지는 않는다.

생리학적 자료를 얻기 위해서는 첨단 과학기기가 필요하다. 예를 들어, 사이코갈바노미터(psychogalvanometer)는 어떤 사람에게 특정 제품이나 언어, 그림 등과 같은 자극이 주어졌을 때 그 사람의 감정 상태를 알아보기 위해 땀 흘리는 정도를 측정하는 기기이다. 아이카메라(eye camera)는 눈동자의 움직임을 측정하는 기기로서 신문, TV 등을 볼 때 어떤 순서로 보고 얼마 동안 보는가를 관측하여 관심 있는 것이 무엇인가를 측정하는 것이다. 퓨필로미터(pupilometer)는 동공의 크기 변화를 측정하여 응답자의 반응을 살피는 장치다(채서일, 1994, 322쪽).

2. 측 정

1) 측정의 개념과 성격

측정(Measurement)이란 "연구자가 일정한 규칙에 따라 어떤 사물이나 사건 혹은 속성 등에 수치를 배정하는 절차"다(Stevens, 1951, p. 1). 연구자는 측정을 통해 자료를 얻게 되며, 이러한 자료는 연구가설을 검증하는 데 사용된다.

측정을 할 때에는 먼저 측정대상이 되는 사물이나 사건을 선정하고, 측정에 필요한 양적·질적 분류방법을 선택해 연구대상물에 배정[1]해야 하며, 숫자나 수치를 배치하는 방식을 구체화한 규칙을 정해야 한다. 예를 들어 연속적 변수인 '설득력'을 5점 척도에 배치할 경우, 1에서 5까지를 각각 '매우 비설득적인', '약간 비설득적인', '보통 설득적인', '약간 설득적인', '매우 설득적인'에 배치하는 식이다.

만약 측정을 통해 실재(reality)를 경험적 수치로 바꾸지 못한다면 그 연구는 현실과 동떨어진 연구결과를 낳게 될 것이다. 따라서 측정의 절차는 연구자가 측정하고자 하는 실제 현상과 가능한 한 동형(同形)이 되어야 하는데, 이것을 현실동형의 원칙(reality isomorphism principle)이라 한다. 이는 측정척도가 측정하려는 현상의 구조에 상응하는 값을 포함할 때 가능하다.

---

1 배정(assignment)이란 '실제 개념을 그에 상응하는 수치와 체계적으로 결합시키는 과정'이라 정의된다.

현실동형의 원칙을 지키기 위해 연구자는 측정될 변인의 속성에 상응하는 숫자를 선택해야 하는데, 이러한 수적 체계를 측정수준(levels of measurement)이라 한다. 이 수준들은 비교적 간단한 '명목수준'에서부터 '서열수준'과 '등간수준', '비율수준'에 이르기까지 네 가지의 점진적 체계를 이루고 있다.

연구자는 측정을 통해 현상의 관찰을 쉽게 할 수 있고, 관찰한 자료를 계량적으로 분석할 수 있다. 또한 가설을 검증하여 객관적 결론을 내릴 수 있다.

2) 측정의 수준

측정의 수준(levels)을 논의하기 위해 먼저 모든 변인들이 가져야만 하는 두 가지 중요한 성질에 대해 살펴보겠다(Babbie, 1998, pp. 141~142).

첫째, 변수를 구성하는 속성(attributes)은 포괄적(exhaustive)이어야 한다. 변수가 유용성을 가지려면, 연구자가 하나의 관점에서 모든 사례를 분류할 수 있어야만 한다. 예를 들어, 연구자가 사람들의 '정당 가입 여부'를 조사하기 위해 '가입정당'이라는 변수를 'A당'과 'B당'의 두 가지로 개념화할 경우 문제가 된다. 왜냐하면 어떤 사람들은 A, B 외의 정당에 속해 있을 수도 있고 어떠한 정당에도 가입하지 않은 상태일 수도 있기 때문이다. 따라서 연구자는 속성을 포괄적으로 만들기 위해 '기타'와 '미가입' 등의 칸을 만들어 모든 대상자를 완전하게 포괄해야 한다. 어떤 연구에서도 연구자는 모든 관찰을 한 가지 분류 항목에 넣을 수 있어야만 한다.

둘째, 변인을 구성하는 속성들은 상호배타적(mutually exclusive)이어야 한다. 한 속성이 다른 속성과 교집합을 이루는 부분이 있어서는 안 된다. 예를 들어, '성'(性)을 '남성'과 '여성'으로 나눈다면, 둘 사이에는 겹치는 부분이 없어진다.

(1) 명목수준

명목수준(nominal level)은 가장 낮은 수준의 측정방식으로서 변인이 위에서 언급된 포괄성과 상호배타성만을 갖는 경우이다. 예를 들어 사람들을 그 출신지역에 따라 구분할 때 모든 대상자들은 경기도, 충청도, 경상도, 전라도 등의 지역에 속하게 될 것이다. 이때 변수는 출생지가 되고 속성은 경기도 출신, 충청도 출신, 경상도 출신, 전라도 출신 등이다.

명목수준의 측정에서 숫자나 다른 상징은 사람이나 사물 또는 특성을 분류하기 위해 사용된다. 이때 붙여진 숫자는 양적인 크기를 갖지 못하므로 산술적 계산을 할 수 없다. 예를 들어 남성과 여성을 조사하였을 때 남성에게 1, 여성에게 2라는 숫자를 배정하였다면, 이때 2는 여성 집단에 속함을 의미할 뿐, 1이라는 숫자의 두 배를 의미하는 것은 아니다.

(2) 서열수준

서열수준(ordinal level)은 측정 대상의 순위에 따라 수치를 부여하는 것을 말한다. 서열수준의 측정치는 두 등급 간의 차이가 얼마나 되는지에 대해서 구체적으로 지시해 주지 않고 단지 등급 간의 선후, 우열관계만을 가리킬 뿐이다.

예를 들어 조사대상자의 사회경제적 지위를 나누고자 할 때, 연구자는 하, 중하, 중, 중상, 상이라는 다섯 등급으로 나눌 수 있다. 이때 연구자는 하에 '1'을, 중하에 '2'를, 중에 '3'을 배정하여 수학적 의미를 부여할 수 있다. 3에 속하는 조사대상자는 2에 속하는 대상자보다 사회경제적 지위가 높다고 할 수 있지만, 두 등급 사이의 차이가 얼마나 되는지는 구체적으로 알 수 없다(Wimmer & Dominick, 1994, pp. 50~51). 서열화된 등급 간의 거리는 일정할 필요가 없기 때문이다. 서열척도는 변수 값들 간의 거리가 알려져 있지 않거나, 등간은 아니지만 등급을 매길 수 있는 변수를 측정하는 데 적합하다.

(3) 등간수준

어떤 척도가 서열척도와 같이 각 등급의 순위를 매길 수 있고 각 등급들 사이의 간격이 같을 때 그 척도는 등간적이라고 할 수 있다. 그런데 등간척도(interval level)에서 쓰이는 0은 임의로 선택한 것이며 변수의 값이 완전히 없는 것이 아니라 측정된 것 중 가장 작은 것임을 의미한다. 따라서 등간척도는 절대 영점(zero point)을 가지고 있지 않다. 그러므로 비례적 특성을 갖는 진술을 할 수 없다. 예를 들어 섭씨 40도와 50도의 차이는 섭씨 70도와 80도의 차이와 수치상 각각 10도씩으로 동일하다. 그러나 섭씨 0도는 단지 1기압 하에서 물이 어는 온도일 뿐이지 온도가 없는 절대 영점이 아니다. 따라서 섭씨 80도는 섭씨 40도의 두 배만큼 뜨겁다고 말할 수는 없는 것이다.

(4) 비율수준

비율수준(ratio level)으로 측정된 척도는 명목, 서열, 등간수준의 척도가 가지는 모든 속성을 다 가지고 있으면서 절대 영점도 갖는다. 따라서 절대 영점을 가지는 무게, 길이, 속도 등의 물리적 현상을 측정할 수 있다. 비율 척도로 측정된 자료는 수량적 비교뿐만 아니라 비율적 비교 판단, 즉 몇 배나 더 큰가 작은가 비교도 가능하다. 예를 들어 한 시간에 60㎞를 가는 말은 한 시간에 30㎞를 가는 말보다 두 배 빠르다고 말할 수 있는 것이다.

비율수준으로 측정된 척도는 모든 수치가 실제의 수치와 같다고 볼 수 있기 때문에 각 수치에 대해서 더하기, 빼기, 곱하기, 나누기 등의 사칙연산을 할 수 있다.

연구자는 자신의 목적에 맞는 측정수준을 선택하면 되지만 연구의 목적이 전적으로 명확하지 않을 경우에는 가능한 최고의 측정수준을 추구해야 한다. 낮은 수준의 측정을 그보다 더 높은 수준의 측정으로 전환할 수는 없기 때문이다. 예를 들어 연구자는 비율수준을 나중에 서열수준으로 낮출 수 있지만, 서열수준을 비율수준으로 전환할 수는 없다.

3) 측정의 신뢰도

어떤 측정방식이 유용한 것이 되기 위해서는 신뢰도(reliability)와 타당도를 갖추어야 한다. 신뢰도는 측정도구의 안정성(stability)과 내적 일치성(internal consistency), 그리고 등가성(equivalence)의 성질[2]을 근거로 한 것인데, 동일한 척도가 동일한 개인들에게 반복적으로 사용되어 거의 동일한 응답들을 산출해 내었다면 그 측정방식은 신뢰할 만하다고 할 수 있다. 신뢰도가 높은 측정도구를 사용한다면 조사자가 바뀌거나 여러 번 측정하더라도 언제나 결과가 일관되게 나타난다.

(1) 재검사법

재검사법(test-retest method)은 신뢰도를 측정하는 가장 기초적인 방법으로서 동일한 사람을 대상으로 시차를 두고 다른 시점에서 두 번 측정한 다음, 두 점수 사이의 상관계수(correlation coefficient)를 계산하여 신뢰도를 알아보는 것이다. 만약 상관계수가 1에 가까우면 A라는 시점에서 얻은 점수가 B라는 시점에서 얻은 점수와 유사하다는 것을 의미한다. 그러나 이 방법은 1차 실험과 2차 실험 사이의 시간간격이 너무 짧으면 처음의 측정이 두 번째 측정에 영향을 줄 수 있으므로 조심해야 한다. 또한 두 실험의 시간적 간격이 너무 길어도 좋지 않다.

(2) 대안형 검사법

대안형 검사법(alternative method, 동등형 검사법)은 동일한 대상에 대해서 비슷하지만 서로 다른 방식을 사용하는 두 가지 도구를 이용해 측정하고 그 측정된 점수 사이의 상관관계를 통해 신뢰도를 검증하는 것이다. 이 방법에서는 두 가지 방식 간에 유사성이 떨어질수록 신뢰도는 낮아진다.

---

2 안정성은 측정의 결과가 언제나 일관되게 나타나는 척도의 성질을 의미한다. 정밀한 자, 저울을 사용한 측정이 언제나 일정한 결과를 보여주는 경우를 생각해 볼 수 있다. 내적 일관성은 하나의 척도를 구성하는 여러 항목들이 측정 대상에 대해 일관된 측정 결과를 산출하도록 항목들 간의 유사성이 높아 의미의 차이가 없는 것을 말한다. 마지막으로 등가는 동일한 검사대상에 대해 두 가지 이상의 유사한 측정방식이 서로 비슷한 측정 결과를 도출하는 것을 의미한다. 내용분석의 '코더간 신뢰도'는 등가성 성질의 대표적인 예라 할 수 있다(Wimmer & Dominick, 1994, pp.50~51).

한편, 내용분석처럼 두 사람 또는 그 이상의 관찰자가 동일한 현상을 평가할 때의 신뢰도는 코더간 신뢰도(intercoder reliability)라고 한다. 예를 들어 두 연구자가 폭력에 대한 조작적 정의를 이용하여 TV 내용의 폭력행위를 밝히고자 할 경우 그들의 결과가 얼마나 일치하는가가 곧 코더간 신뢰도가 되는 것이다.

(3) 내적 일치도법

내적 일치도법(internal consistency method)에는 여러 가지 방식이 있다.

첫째, 반분법(split-half method)은 측정을 위한 항목들을 반으로 나누어서 점수화시키는 방법이다. 예를 들어 측정도구가 설문지라면 짝수번호의 설문과 홀수번호의 설문을 나누어서 점수화한 후 점수들 사이의 상관계수를 계산함으로써 신뢰도를 알 수 있다.

둘째, 크론바흐 알파 계수(Cronbach's α coefficient method)를 이용한 방법이다. 알파계수는 측정의 내적 일관성을 평가하기 위해 분산분석방법(ANOVA)을 사용한다. 이것은 1개의 측정도구에서 여러 쌍의 하부항목들을 무선적으로 선정하여 각 쌍들의 점수를 상호 연관시킨 후, 쌍으로 된 모든 하부항목 간의 상호관련성을 측정하여 측정도구의 내적 일치도 측정에 이용하는 방법이다.

셋째, 개별항목-전체항목의 평균(average item-total)을 이용하는 방법이다. 이것은 각 항목의 점수와 전체 점수의 상관계수를 합하여 평균을 내는 방식으로서 각 항목에 대한 점수와 총합점수의 일치도가 높을수록 그 측정도구는 신뢰도가 높다.

넷째, 항목 간 평균(average interitem)을 알아보는 방식이다. 이것은 각 항목과 다른 항목의 상관계수들의 합을 평균하는 방법으로 항목 간 상관도가 높을수록 그 측정도구의 신뢰도가 높다.

4) 측정의 타당도

연구대상을 측정할 때에는 반드시 타당도(validity)를 가져야 한다. 타당도란 측정의 목적을 정확히 이행하는가의 문제로서, 타당도가 높은 측정도구는 연구목적이 되는 대상만을 정확하게 측정한다. 측정에 관련된 타당도의 유형으로는 명목타당도(face validity), 공인타당도(concurrent validity), 예측타당도(predictive validity), 구성타당도(construct validity) 등이 있다.

(1) 명목타당도(내용타당도)

명목타당도는 측정도구가 측정하고자 하는 것을 얼마만큼 제대로 측정하는지, 다시 말해 측정도구가 충분히 구성체의 본질을 반영하고 있는지를 검사함으로써 알 수 있다. 예를 들어 기말시험 문제가 수업시간에 배운 것에 관한 것이 아니었다면, 그 기말시험은 내용타당도를 가지지 못하는 것이다.

명목타당도의 검사를 위해 측정도구가 구성체의 내용의 본질을 잘 나타내고 있는지, 표본을 측정할 도구가 고안되어 있는지를 먼저 고려해 보아야 한다. 그리고 전문가들에게 요청하여 측정도구의 내용이 실제로 구성체의 내용의 본질을 대표하는지의 여부를 판단하도록 해야 한다.

하나의 측정도구가 명목타당도를 가지고 있는지의 여부는 비교적 주관적인 판단에 달린 문제다. 따라서 주관성을 극소화하기 위해서는 특정 분야의 전문가들로 하여금 주어진 측정도구의 적합성을 독립적으로 판단하도록 해야만 하며 측정도구가 적합하다고 판단한 전문가들의 비율이 높을수록 명목타당도가 높다고 할 수 있다.

(2) 공인타당도

공인타당도는 측정도구가 얼마나 타당도를 지니고 있는지 기존의 기준과 비교함으로써 검증하는 것이다. 측정도구가 서로 다른 개인이나 집단의 특징을 잘 구별할 수 있어야 공인타당도가 높다고 할 수 있다.

공인타당도를 검증하는 방법으로는 인지집단 검사법(known-groups method)이 있다. 이것은 측정하고자 하는 개념에 대해 높은 경험적 지표를 나타내는 집단과 낮다고 알려진 집단에 각각 같은 측정을 실시하여 분명한 차이가 있으면 타당도가 있다고 보는 것이다. 예를 들어 미국 사람들의 정치적 보수성을 측정하기 위한 테스트를 개발하고자 한다면, 그 테스트는 진보적인 '민주당'과 보수적인 '공화당'의 구성원들을 구별해 줄 수 있어야 한다. 만약 그 측정이 두 집단을 잘 판별해 낸다면 그 측정도구는 공인타당도를 가진다고 할 수 있다.

(3) 예측타당도

예측타당도는 측정이 미래에 나타날 결과를 얼마나 정확하게 맞출 수 있는지에 대한 것이다. 예를 들어 예측타당도가 높은 운전면허 필기시험을 치른 수험자는 주행시험 점수도 높을 것이다.

예측타당도의 검사는 두 단계의 절차를 거치게 된다. 먼저 측정되는 개념(구성체)을 잘 설명하고 있는 행동을 택하고, 그 개념을 측정하기 위해 고안된 도구를 사용한다. 그 결과로 나타난 개인의 점수와 실제행동을 비교하는 과정을 거쳐 두 결과가 유사하면 예측타당도가 높은 것이다. 예를 들어 다가오는 선거에서 어떤 사람이 투표할 것인가를 예측하기 위한 측정에서 얻어진 점수는 실제의 투표행동과 비교하여 검증이 가능하다. 한 점수가 사람들이 실제로 투표할 것인지 안 할 것인지를 정확히 예측했다면 그 측정도구는 예측타당도를 가진다.

(4) 구인타당도(구성타당도)

구인타당도는 변인들 사이의 논리적 관계에 기초하며, 측정도구가 전반적인 이론적 틀에 비추어 적절한 관련성을 갖는가에 관한 타당도다. 구인타당도는 측정이 전체 이론적 틀 속에서 다른 개념들과 실제적으로나 논리적으로 관계되는 정도를 확인하는 것이다.

측정이 구성상의 타당도를 가진다는 것을 증명하기 위해서 연구자는 측정되는 속성과 다른 변인들 사이의 다양한 관계를 제시할 수 있어야 한다. 예를 들어 연구자는 어떤 TV 뉴스 프로그램에 대한 개인의 태도는 그의 시청량에 영향을 미칠 것이라고 기대할 수 있다. 만약 태도를 측정한 결과 시청빈도수와 높은 상관관계를 가진 것으로 나타났다면 측정도구가 타당도를 가진다고 할 수 있다.

상이한 측정도구에서 얻어진 동일 개념구성체에 대한 점수는 일치해야 하는데, 이를 수렴타당도(convergent validity)라고 한다. 또 상이한 개념구성체를 측정한 두 측정도구 간에는 불일치가 요구되는데, 이를 판별타당도(discriminant validity)라고 한다. 예를 들어 '소외'라는 개념구성체에 '무기력성', '무규범성', '무의미성', '고립', '자아소외' 등의 다섯 가지 차원이 있다고 하자. 수렴원리에 의하면 같은 무기력성을 재는 둘 이상의 측정도구의 점수는 높은 상관도를 유지해야 한다. 판별원리에 의하면 소외의 다섯 가지 차원이 정말 서로 다른 차원이라면 이들의 각 측정치들은 서로 상관도가 낮아야 한다.

구인타당도의 검사법으로는 수렴도 검사법(convergence technique)이 있다. 이것은 수렴의 원칙에 따라 둘 이상의 독립된 측정도구들이 유사하거나 수렴적 결과를 낳을 경우 동일한 구성체를 측정했다고 보는 방법이다. 검사과정은 먼저 연구자가 선호하는 측정도구를 포함하는 적어도 2개 이상의 서로 다른 측정도구의 구성체를 측정한 후, 각 측정도구에 의해 산출된 점수를 비교한다. 이때, 서로 다른 점수 간에 극히 정적인(+) 상관관계를 보이면 연구자가 선호하는 측정도구의 타당도가 높다고 할 수 있다.

(5) 신뢰도와 타당도의 관계

신뢰도와 타당도는 연관성이 있다. 신뢰도는 타당도를 부여하는 데 필요한 것이지만 충분조건은 아니다. 즉, 신뢰할 만한 측정이라고 해서 반드시 타당도를 가진다고 할 수는 없다.

〈그림 4-1〉은 표적판의 과녁을 맞히는 것에 비유하여 신뢰도와 타당도의 차이점을 나타낸 것이다. 〈그림 4-1〉에서 신뢰도는 일관성과 관련되기에 어디를 맞히는가에 상관없이 한 곳에 밀집되어 있느냐가 중요시될 것이다. 반면에 타당도는 정중앙에 맞을수록 높다고 할 수 있다.

측정에서 신뢰도가 떨어지는 것은 측정도구의 문제 같은 무선오차(random error)로 인한 결과로 볼 수 있으며, 타당도가 떨어지는 것은 체계적 오차(systematic error)에 기인한다고 할 수 있다.

그림 4-1 신뢰도와 타당도의 관계에 대한 비유

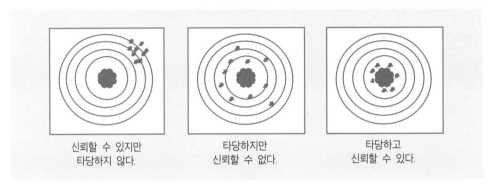

신뢰할 수 있지만   타당하지만   타당하고
타당하지 않다.   신뢰할 수 없다.   신뢰할 수 있다.

출처 : Earl Babbie, *The practice of social research*, 8th ed.(CA: Wadsworth, 1998), p.135.

3. 척 도

1) 척도의 개념

척도(Scales)는 한 변수에 대해 종합적으로 측정하는 것으로 하나 이상의 항목들을 이용하여 복합적 변수를 측정할 때 사용된다(Wimmer & Dominick, 1994, p. 53). 척도 점수는 다른 사람과의 비교에서 상대적 위치를 나타낸다. 예를 들어 '여자는 투표에 참여해서는 안 된다'는 항목에 동의하는 것은 '여자는 남자와 다르다'는 항목에 동의하는 것보다 훨씬 강한 성차별 의식을 보여준다.

〈그림 4-2〉는 척도구성의 논리적 구조를 나타낸 것이다. 〈그림 4-2〉는 정치적 참여도의 정도를 0에서 4까지의 척도로 구분해 놓고 있다. 투표참여에서 공직출마에 이르기까지, 정치적 행위들은 그 정도 면에서 매우 다르게 나타나고 있다. 더 높은 단계의 사람은 아래의 더 낮은 단계 역시 수용한다고 할 수 있다. 즉, 공직에 출마하는 사람은 단순히 투표만 하는 사람보다 훨씬 더 높은 정도의 정치행위를 하고 있다는 뜻이다. 이렇듯 척도는 여러 항목들을 종합적으로 측정함으로써 변수와 관련된 여러 차원을 측정하고 서열을 가릴 수 있게 해준다.

우리는 척도를 사용함으로써 다수의 변수를 하나의 점수로 산출하여 분석을 단순화할 수 있다. 또한 측정과정에서 발생하는 오차를 줄이고 분석에 사용된 최종 측정치의 신뢰도를 높일 수 있다. 사회과학자들이 개발한 척도에는 여러 가지가 있다. 이 중 단일차원과 다차원의 커뮤니케이션 구성체를 측정하는 데 유용한 도구로는 서스톤 척도(Thurstone scale), 거트만의 스캘로그램 척도(Guttman's scalogram scale), 리커트 척도(Likert scale), 그리고 오스굿의 의미분별척도(Osgood's semantic differential scale) 등이 있다.

그림 4-2 척도구성 논리(Scale-Construction Logic)

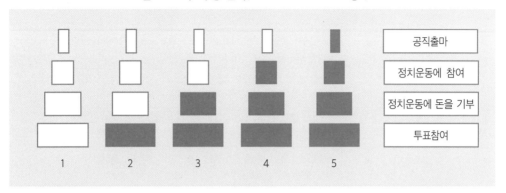

출처 : E. Babbie, *The practice of social research*, 8th ed. (CA: Wadsworth, 1998), p.168.

2) 척도의 종류

(1) 서스톤 척도

서스톤[3] 척도(Thurstone scale)는 어떠한 대상에 대한 가능한 많은 설명을 문장으로 만들어 놓고 일정수의 응답자들이 가장 많이 동의하는 문장을 찾아서 이 문장들을 이용해 대상들을 평가하게 하는 방법이다. 서스톤 척도는 측정항목들 간의 거리가 일정하다고 가정하므로, 태도의 차이 및 변화 정도의 비교를 가능케 해준다.

서스톤 척도를 개발하기 위해서 연구자는 먼저 측정되어야 할 개념이나 구성과 관련된 의견진술문을 많이 수집해야 한다(서스톤은 적어도 100개 이상을 권장한다). 그중에서 조사대상자들이 혼동하기 쉬운 것들은 제거한 다음, 여러 명으로 구성된 평가집단(judges)으로 하여금 이 진술문들을 자신들의 태도에 관계없이 각 문제에 대한 호감의 정도에 따라 11개의 범주로 등급을 판정하게 한다. 이러한 작업이 끝나면 연구자는 평가집단에 의해 배정된 점수의 평균값이나 중앙값에 따라 가장 호감적인 태도에서부터 가장 비호감적인 태도까지 서열을 매기게 되는데, 이러한 값들을 이용하여 20~30개의 항목을 가진 질문지를 구성한다.

각 진술문은 응답자가 동의 혹은 반대를 표시할 수 있도록 작성하여 표본으로 선정된 응답자에게 제시한다. 그리고 응답자들이 동의한 항목들의 평균값이나 중앙값이 점수로 계산된다. 모든 항목들에 동의하지 않는 응답자는 0점으로 처리한다.

---

3 서스톤(L. L. Thurstone, 1887~1955)은 미국 시카고에서 태어나 코넬대학과 시카고대학에서 심리학을 공부하였다. 그는 카네기기술연구소(Carnegie Institute of Technology, 1915~1923)와 시카고대학(1927~1952)에서 강의를 했으며 노스캐롤라이나대학(North Carolina, 1952~1955)의 심리측정연구소(Psychometric Laboratory) 소장을 역임하였다. 그는 지능검사의 이론과 실제를 연구하였고 통계기법 개발에 기여하였다.

표 4-1 남아프리카 원주민에 대한 태도

척도값	문항번호	
0.8	11.	이 땅에서 흑인을 억압하여 백인의 지위와 이익을 유지하기보다는 차라리 특권을 잃는 것이 낫다고 생각한다.
3.1	3.	흑인들에게 '흑인 법정'과 같은 제한을 두는 것은 정말로 그들을 경제적으로 착취하려는 것으로 보인다.
3.8	22.	이 땅의 백인사회는 선교사들이 흑인을 개화시키려 애쓴 노고에 대해서 큰 은혜를 입었다고 생각한다.
8.4	17.	원주민은 너무 어리석고 무책임해서 자신의 이익이 무엇인지도 알지 못한다고 생각한다.
8.6	15.	원주민은 신뢰하거나 책임을 맡길 수 없다고 생각한다.
10.2	2.	흑인, 검은 피부의 원주민과의 약속은 불안하고 역겹다.
10.3	1.	흑인은 백인사회의 '더러운' 직업에나 적당하다.

출처 : MacCrone, *Race attitudes in South Africa* (Oxford Univ. Press, 1937); L. H. Kidder, *Research methods in social relations*, 4th ed.(Holt, Rinehart & Winston, 1980), pp.212-213.

〈표 4-1〉은 맥크로네(MacCrone)가 남아프리카 원주민에 대한 태도를 측정할 때 사용한 척도를 나타낸 것이다.

서스톤 척도는 척도의 작성과정이 복잡하며, 척도치의 평균이나 중앙치가 개인의 태도점수가 되므로 태도유형이 다르더라도 같은 점수가 나올 수 있고, 사전평가자의 태도가 항목의 선정과정에 개입하여 측정값에 영향을 미친다는 한계가 있다. 또한 시간이 지남에 따라 변수의 지표들을 나타내는 질문 항목의 의미가 변할 수 있으므로 효과적인 서스톤 척도는 시기별로 갱신해 주어야 한다.

(2) 거트만 척도

거트만 척도(Guttman scale)는 한 가지 항목에 동의한 응답자가 그 항목보다는 약한 다른 항목들에도 동의하리라는 가정하에서 각 항목이 연속선상에 배열될 수 있다는 생각에 근거한다(Wimmer & Dominick, 1994, p. 53). 즉, 어떤 문제에 대하여 대부분의 사람들이 쉽게 받아들일 수 있는 진술문들로부터 시작해서 소수의 사람들만이 받아들일 수 있는 진술문들까지를 일직선상에 순위대로 배열해 놓음으로써 이를 통하여 개인의 태도를 측정할 수 있다는 것이다. 거트만 척도는 특정 진술문을 받아들이는 것을 보면 그 사람이 그것보다 받아들이기 어렵지 않은 것들은 모두 받아들인다는 것을 알 수 있기 때문에 누가척도(累加尺度)라고도 부른다. 이 척도에서는 특정 항목에 우호적인 대답을 한 응답자는 비우호적으로 대답한 응답자보다 더 높은 점수를 받게 되며, 이 점수는 우호-비우호적인 태도 척도 사이에서 개인의 위치를 나타낸다.

보기 4-1 만화 유통에 대한 태도를 측정하기 위한 거트만 척도의 예

일본만화의 국내유통에 관한 거트만형 태도 측정

1. 일본의 만화는 외설적이고 폭력적이다.
2. 어른들은 청소년들이 저질 일본만화를 보게 해서는 안 된다.
3. 관계당국은 저질 일본만화의 유통을 막아야 한다.
4. 저질 일본만화 유통업자들은 형사처분 등 엄한 처벌을 받아야 한다.

〈보기 4-1〉에서 4번 진술에 동의하는 사람은 1, 2, 3번 진술에도 동의할 것이다. 이 척도가 타당하다고 가정했을 때 2번 진술에 동의하는 사람은 1번 진술에는 동의하겠지만 3, 4번 진술에 반드시 동의하지는 않을 것이다. 따라서 각 점수는 독특한 응답의 유형을 나타내기 때문에 어떤 응답자가 긍정으로 답한 진술문의 숫자는 그 사람의 거트만 척도의 점수가 된다.

거트만 척도에는 다음과 같은 한계점이 있다.

첫째, 긍정의 정도에 따라 모든 항목(진술문)들을 완전히 일직선상에 배열한다는 것은 쉽지 않다.

둘째, 복잡한 대상에 대한 태도를 측정하거나 대상의 행위를 예측하는 데는 효과적이지 않다. 다시 말해 단일차원의 속성을 가지고 있지 않은 문제를 측정하기는 어렵다.

(3) 리커트 척도

리커트[4] 척도(Likert scale)는 매스 커뮤니케이션 조사연구에서 가장 보편적으로 이용되는 방식으로, 합산평가방식(summated rating approach)이라고 하기도 한다. 리커트 척도는 응답의 범주들이 명백한 서열을 가진다는 특징이 있다. 즉, 다양한 항목들이 상대적으로 가지는 강도(intensity)를 결정할 수 있도록 질문을 구성한다(Babbie, 1998, p. 183).

리커트 척도는 연구대상에 관한 일련의 긍정적이거나 부정적 진술들로 이루어진 5점 또는 7점의 정해진 선택지 중에서 하나의 답을 고르는 강제선택형 척도다. 조사 참여자는 전형적으로 '강한 동의'에서 '강한 반대'에 이르기까지 각각의 진술문에 동의나 반대의 정도를 질문 받는다. 이때 각 항목에 대한 응답은 호의와 비호의에 따라 점수를 얻게 되며, 이러한 점수들의 총합이 대상에 대한 개인의 태도로 해석된다.

리커트 척도의 작성절차는 다음과 같다(Kidder, 1980, pp. 215~216).

---

4 리커트(R. Likert, 1903~1981)는 와이오밍주 샤이엔(Cheyenne)에서 태어났다. 심리학자이며 경영이론가로서 미시간 대학에서 사회과학연구소(Institute for Social Research, 1949~1970)를 세워 소장으로 있으면서 대조직과 경영이론을 연구하였다. 그는 리커트 척도를 개발하여 확률표집의 기반을 닦고 조사방법론의 발전에 크게 기여하였다.

표 4-2 외국인의 방송 소유에 대한 의견을 측정하기 위한 리커트 척도의 예

배정된 점수	의견진술문과 반응 항목
	우리나라 사람만이 방송국을 소유하게끔 해야 한다.
5	아주 찬성
4	찬성
3	중립
2	반대
1	아주 반대
	외국인의 방송국 소유를 금지하는 것은 자유무역 정신에 위배된다.
1	아주 찬성
2	찬성
3	중립
4	반대
5	아주 반대

주 : 부정적 항목의 찬반의견에 배정된 점수는 태도 측정의 일관성 유지를 위해 역으로 주어졌음에 유의할 것.
1번 문장은 긍정적 항목이며, 2번 문장은 부정적 항목이다.

먼저, 호의/비호의를 분명히 나타내는 측정대상과 관련된 진술문들을 수집한다. 다음으로 전집을 대표하는 실험대상자 집단에 그 진술문들에 대한 견해를 질문하여 응답을 얻고, 응답에 일관성 있게 점수를 부여한다. 마지막으로 문항점수를 합산하여 총점과 상관관계가 확실하지 않거나 총점이 높은 집단과 낮은 집단 사이에 응답 차이가 없는 문항은 제외한다. 리커트 척도는 대개 ① 아주 찬성 ② 찬성 ③ 중립 ④ 반대 ⑤ 아주 반대의 형식으로 만들어지며, 이들 항목은 1점에서 5점 또는 5점에서 1점의 점수를 가진다.

〈표 4-2〉는 리커트 척도의 예다. 보통 리커트 척도는 서스톤 척도와 마찬가지로 엄격한 항목분석의 과정을 거치지는 않지만, 제대로만 구성된다면 서스톤 척도와 비교하여 다음과 같은 장점을 가진다.

첫째, 측정할 태도와 명시적으로 관련되어 있지 않는 항목도 사용 가능하다.

둘째, 일반적으로 척도를 구성하기가 쉽다.

셋째, 찬성/반대만을 묻는 서스톤 척도보다 신뢰도가 높다.

넷째, 한 항목에 대한 응답의 범위에 따라 더욱 정밀한 정보를 얻을 수 있다.

한편, 리커트 척도가 가지는 한계는 다음과 같다.

첫째, 서열척도(ordinal scale)의 한계를 지닌다.

둘째, 척도가 제공하는 개인 태도의 총점은 명확한 의미를 가지지 못한다.

(4) 오스굿과 탄넨바움의 의미분별척도

의미분별척도(semantic differential scale)는 오스굿,[5] 수시, 탄넨바움(Osgood, Suci, Tannenbaum)에 의해 고안되었다. 의미분별척도는 다차원적 개념을 측정하는 데 유용하게 사용되는 척도다. 어떤 대상이나 낱말이 개인에게 주는 의미를 측정하는 방법인데, 낱말·개념 등을 일정한 대칭적 형용사 쌍의 연속선상에서 평가하도록 하여 응답을 얻어낸다. 의미분별척도는 양극단 어디에도 속하지 않는 임의의 영점을 지니며, 각 척도상의 7개 지점 간의 간격이 동일한 등간척도다. 의미분별척도는 각각 측정된 차원에서 관련된 모든 척도 항목에 대한 응답을 합산하거나 평균함으로써 점수를 낸다. 일반적으로 가장 긍정적인 응답에는 7점을 주고 가장 부정적인 응답에는 1점을 준다.

오스굿 등은 어떤 개념의 의미는 세 가지 차원 즉 평가적 차원, 역동적 차원 그리고 행동적 차원으로 구성되는 의미 공간 중에 한 점으로 표시할 수 있다고 본다(Smith, 1988, pp. 61~62).

〈보기 4-2〉는 9개 척도로 된 전형적인 세 가지 차원의 구조를 보여주는 의미분별척도다.

보기 4-2 신문에 대한 태도를 측정하기 위한 의미분별척도의 예

A신문에 대한 평가를 위한 의미분별척도

지시 : 다음 문장에 따라 각 척도에 위치를 표시하여 문장을 완성하시오
단, 첫인상이나 즉각적인 반응을 기록하시오.

B신문에 비해 A신문은

1. 다정하다	·	·	·	·	·	·	친근감이 없다
2. 진실하다	·	·	·	·	·	·	허위적이다
3. 전통이 깊다	·	·	·	·	·	·	전통이 없다
4. 해박하다	·	·	·	·	·	·	무지하다
5. 적극적이다	·	·	·	·	·	·	소극적이다
6. 용기 있다	·	·	·	·	·	·	소심하다
7. 능동적이다	·	·	·	·	·	·	수동적이다
8. 자유스럽다	·	·	·	·	·	·	통제받고 있다
9. 대범하다	·	·	·	·	·	·	비겁하다

---

5 오스굿(C. Osgood, 1916~)은 매사추세츠주 서머빌(Somerville)에서 출생, 다트머스대학을 졸업하고 예일대학에서 철학 박사학위를 받았다. 그는 일리노이대학에서 언론연구소(Institute of Communications Research)와 선진연구센터 (Center for Advanced Study)의 소장직을 겸임하였으며, 언어심리학자, 비교문화심리학자로 이름을 떨쳤다.

의미분별척도는 다음과 같은 유용성을 지니고 있다.

첫째, 연구자가 측정하고자 하는 구성체와 관련된 차원들을 잘 알고 있을 경우에 적절하다.

둘째, 다차원적 개념을 측정하는 데 매우 유용하다.

셋째, 번갈아서 '긍정-부정'의 방향을 어긋나게 배치하여 응답자가 모든 척도에 같은 점수로 응답하려는 경향을 상쇄할 수 있다.

넷째, 특정 구성체가 실제로 다차원적인지 아닌지 그리고 다차원이라면 각 차원들이 어떠한 것인지를 판단하는 데 유용하다.

표 집   05

1. 표 집

1) 표집의 원칙

연구자가 연구문제를 설정하고 적절한 연구설계 방안을 선정한 후에는 조사대상에 포함할
사례를 결정해야 한다. 이상적으로는 모든 사례를 연구문제의 대상으로 포함시키는 것이
좋지만, 그렇게 하는 데 드는 비용과 노력이 엄청나기 때문에 전수조사는 사실상 어렵다.
그러므로 현실적으로는 연구대상의 범주에 속하는 사람이나 사례를 고른 후, 비교적 관리
하기 쉬운 표본을 대상으로 연구하게 된다. 이러한 표집과정은 표본조사뿐만 아니라 실험
법, 현지연구법, 문헌연구법 등에 모두 적용된다.

(1) 모집단과 표본

모집단(population, 전집)이란 연구의 대상이 되는 전체집단으로서, 연구자가 직접적인
방법이나 통계적 추정을 통해 정보를 얻으려 하는 대상집단이다. 센서스(census)는 이러
한 모집단 전체를 조사대상으로 하는 방식을 말한다. 그러나 실질적으로 모집단 전부를
조사하는 것은 시간과 자원의 제약 때문에 어렵다. 대개는 모집단으로부터 표본(sample)
을 추출해서 조사하게 된다. 표본이란 모집단을 대표하도록 선정된 모집단의 부분집합으
로서, 모집단에 대한 대표성을 가져야 한다. 표본이 모집단을 대표하지 못할 경우 조사한
결과를 일반화할 수 없기 때문에 연구목적에 적합하지 않을 수 있다.

(2) 표집의 기본개념

모집단에서 표본을 추출하기 위해서는 다음과 같은 개념들을 숙지하여야 한다.

먼저 연구자는 모집단을 이루는 개별요소를 추출하기 위한 표집단위를 정해야 한다. 표집단위는 요소들의 집합인데, 연구의 방향과 주안점을 고려하여 정한다. 예를 들어, 서울시에 있는 대학교의 '사회조사방법론' 과목을 수강하는 언론학과 학생들에 대한 자료를 수집하고자 할 때, 1차 표집단위는 언론학과가 있는 서울시내의 대학들이 되며, 2차 표집단위는 각 대학의 언론학과 학생들이 되고, 최종 표집단위는 언론학 전공 학생들 가운데 '사회조사방법론'을 수강하는 대학생들이 되는 것이다.

다음으로, 관찰단위와 분석단위를 결정해야 한다. 관찰단위는 자료수집의 단위로서 연구에 필요한 정보를 얻을 수 있는 개별요소 또는 요소들의 집합이고, 분석단위는 자료를 분석하는 단위를 말한다. 일반적으로 관찰단위와 분석단위는 일치하는 경우가 많지만, 때에 따라서는 개인을 관찰단위로 수집한 자료로부터 가족 또는 공동체, 조직체, 지역, 사회 전체의 특성을 집산해 분석하기도 한다.

마지막으로, 연구대상이나 표본단위가 수록된 목록인 표집틀(sampling frame)을 이용하여 표본을 추출한다. 예를 들어 언론학과 재학생을 표본단위로 추출할 경우, 재학생들의 이름과 학번이 기재된 학적부가 표집틀이 될 수 있다. 목록의 내용이 자연적인 집단, 구역, 학급 등일 때 이를 군집목록(cluster list)이라고 한다. 표본을 추출하는 표집틀이 모집단과 일치하지 않을 경우 추출된 표본은 모집단의 대표성을 상실하게 되는데, 이때 발생하는 오차를 표집틀 오차라고 한다. 예를 들어 전 국민을 대상으로 한 사회조사에서 전화번호부를 표집틀로 이용한다고 하자. 이때 전화가 없는 가구는 표본추출 대상에서 빠지게 되고, 전화를 2대 이상 보유하고 있는 가구는 중복 처리되어 오차가 발생한다. [1]

통계량(statistics)과 모수(parameters)는 통계적 연구를 일반화할 때 가장 중심이 되는 개념이다. 통계량은 표본의 속성을 수치로 나타낸 것이고, 모수는 모집단의 속성을 수치로 나타낸 것이다. 예를 들어 국민 전체의 평균연령을 알기 위해 표본을 정해 표본평균을 측정했다고 하자. 이때 표본의 연령평균값이 통계량이고, 인구센서스를 통해 실제로 국민 전체를 조사하여 얻은 연령평균값이 모수다. 그러나 일일이 가구소득을 조사하여 모수를 구했다고 하더라도 측정과정에서 오차가 발생할 수 있기 때문에 이것이 반드시 모집단의 실질적인 값이라고는 할 수 없다.

---

[1] 요즘처럼 집전화보다 휴대전화가 보편화된 상황에서 전화번호부를 이용한 표본조사는 표집틀로서 대표성이 상실되었기 때문에 표본의 조사결과를 모집단으로 일반화하기 어렵다.

2) 표집의 종류

연구설계에 따라 표본을 추출하는 것은 연구의 성과를 결정하는 중요한 작업이다. 성공적인 표본이란 모집단의 속성을 그대로 반영하는 대표성 있는 표본이다. 이를 위해서는 연구대상이 되는 모집단의 요소들이 표본으로 추출될 확률이 동등해야 한다. 그러나 확률(무선) 표집이 언제나 가능한 것은 아니며, 연구의 목적과 상황에 따라 비확률표집 방법을 사용해야만 하는 경우도 있다. 하지만 비확률표집 방법은 연구자가 인위적으로 표본을 선정하기 때문에 확률표집 방법에 비해 표본분석의 결과를 일반화시키기 어렵다.

(1) 확률표집 방법
확률표집이란 무작위 원칙(principle of randomness)에 의거해서 모집단으로부터 표본을 추출하는 것을 말한다. 무작위 원칙이 지켜지기 위해서는 우선 모집단을 구성하는 모든 사례의 추출될 기회가 균등해야 하며, 한 사례가 뽑힐 때 그것이 다른 사례의 표집에 아무런 영향을 미치지 않아야 한다. 또한 표집 도중에는 모집단에 아무런 변동이 없어야 한다.

단순 무작위표집(simple random sampling)은 확률표집 방법 중에서 가장 기본적인 유형이다. 단순 무작위표집의 절차는 일반적으로 다음과 같다(Smith, 1988, pp. 80~81). 첫째, 표집틀에 수록된 각 전집요소에 1부터 시작하는 일련번호를 부여한다. 둘째, 연구방법이나 모집단의 동질성 등을 고려하여 표본의 크기를 결정한다. 셋째, 난수표 목록을 준비한 후 상하 또는 좌우로 숫자를 선택하는 진행방법을 결정한다. 넷째, 준비된 난수표에서 첫 번째 숫자를 무작위로 정한 후 이후 추출될 숫자를 체계적으로 선택하여 표본을 추출한다.

단순 무작위표집은 모집단에 대한 사전지식이 필요 없고, 외적 타당도를 통계적으로 추론할 수 있으며, 비교적 자료의 분석이 쉽다. 그러나 이 표집방법은 난수표를 이용하므로 모집단 전체의 명단을 반드시 작성해야 하며, 더욱 세련된 다른 무작위표집 방법에 비해 표집오차가 높다는 단점을 가진다. 그리고 여러 단계에 걸쳐 표본을 추출하는 경우 의외로 비용이 많이 들 수도 있다.

체계적 무작위표집(systematic random sampling)은 최초의 표본단위만 무작위로 선택하고 나머지는 일정한 표집간격을 두고 추출하는 방법이다. 예를 들어 2,000명의 학생 중에서 200명의 인원을 표본으로 선정하고자 하는 경우, 2,000을 200으로 나눈 10 이하의 수에서 하나를 무작위로 선정하고, 일정한 표집간격인 10을 계속 더해가면서 표집한다. 이 때 표집틀 요소의 전체 수인 2,000명과 표본요소인 200명의 비율을 표집률(sampling ratio)이라 하고, 전체수를 표본요소로 나눠 얻어진 요소 간의 간격 10을 표집급간(sampling interval)이라 한다.

표 5-1 비비례 층화표집

		개신교	천주교	유대교	없음	기타	합계
모집단	실제 크기	6,500	2,500	350	300	350	10,000
	모집단 비율a	65	25	3.5	3.0	3.5	100
층화표본	유층표본 크기	100	100	100	100	100	500
	사형제도 찬성비율b	50	60	70	50	70	
모집단추론	크기 (a × b)	3,250	1,500	245	150	245	5,390
	집단추론 비율	32.5	15.0	2.45	1.5	2.45	53.9

출처 : Nan Lin, *Foundations of social research* (NY: Mcgraw-Hill, 1976), p.151.

체계적 표집은 전화번호부나 연감, 명부 등을 토대로 표본을 추출하는 매스미디어 조사에서 자주 사용된다. 체계적 표집은 단순 무작위표집에 비해 비용과 자원 및 노력을 절약할 수 있고, 표본선정이 더 쉬운 것이 장점이다. 그러나 대상이 되는 모집단 전체의 명단을 알고 있어야 하며, 표집요소 간 주기성이 일어날 수 있다는 단점이 있다. 여기서 주기성이란, 예를 들어 날짜를 표집할 때 7일 간격으로 체계적 표집을 하면 특정 요일만이 표본으로 뽑히게 되는 것을 말한다.

층화표집(stratified sampling)은 표본과 모집단의 동질성을 확보함으로써 가능한 표집 오차를 줄이면서 대표성을 강화시키는 방법이다. 모집단에 대한 지식을 이용하여 동질적인 하부집단별로 나눈 다음, 각 집단으로부터 무작위 표집을 한다.

예를 들어 교육방송의 영어회화 프로그램에 대한 반응을 조사한다고 하자. 영어회화 프로그램을 듣는 사람들이 그렇지 않은 사람들보다 교육수준이 더 높다고 가정할 경우, 모집단을 교육정도에 따라 중학교 졸업, 고등학교 졸업, 대학교 졸업 등으로 유층화시킨다. 그런 다음 각 층화된 집단이 모집단 내에서 차지하는 백분율에 일치하도록 표본을 무작위로 추출한다. 만약 대학교 졸업 정도의 교육수준에 해당하는 사람들이 전체의 60%였다면, 표본에서도 대학졸업자가 전체의 60%가 되도록 하는 것을 비례 층화표집(proportionate stratified sampling)이라고 한다.

크기가 작은 하부집단의 속성을 확보하기 위해서는 〈표 5-1〉처럼 비비례 층화표집(disproportionate stratified sampling)을 사용하는 경우도 있다. 이러한 경우 각 유층별로 같은 수의 표본을 추출한 후 모집단에서의 구성비율에 따라 각 층화표본의 상대적 크기를 계산하면 된다.

〈표 5-1〉에서 모집단의 실제 크기는 각각 다르다. 그러나 층화표본 수는 모두 100개로 동일하다. 따라서 층화표본을 통해 조사한 결과를 실제 모집단의 결과로 일반화하려면 약간의 수정이 있어야 한다. 층화표본을 통해 조사한 사형제도 찬성비율 결과에 각 집단의 모집단에서의 비율을 곱하여 나온 결과를 다시 표본의 수인 100으로 나누어 준다면, 원래 알고자 하는 모집단의 추론 비율을 추정할 수 있다.

층화표집은 제대로 실행된다면 관련된 변수의 대표성이 보장되고, 표집오차를 감소시킬 수 있으며, 동질적 집단에서 표본추출을 할 수 있다는 장점이 있다. 그러나 표본추출 이전에 모집단에 대한 지식이 필요하고, 층화가 너무 복잡하거나 잘못되었을 경우 오히려 표본오차가 커질 수 있는 것이 단점이다.

군집표집(cluster sampling)이란 모집단의 구성요소들이 군집화되어 있는 경우, 군집을 표본단위로 삼아 무작위 추출을 하고 추출된 군집 내에 있는 대상을 표본으로 추출하는 방법이다.

예를 들어 서울에 사는 사람들의 신문 읽는 습관을 분석하고자 할 때, 개별 조사대상자를 무작위로 표집하려면 시간이 많이 소요되고 절차가 매우 복잡하다. 이런 경우 군집표집방법을 이용해 서울시 몇 개 동을 추출하고 추출된 각 동에 속해 있는 모든 가구들을 표본으로 선정하면 된다.

군집표집은 표본단위가 군집이므로 군집을 잘 규정하면 비용이 절감될 뿐 아니라 군집의 특성을 평가하고 이를 모집단의 특성과 비교할 수 있다는 장점이 있다. 그러나 속성상 군집이 모집단을 대표하지 못할 수가 있고, 표집오차의 발생을 배제할 수 없다는 것이 단점이다.

그럼 층화표집과 군집표집은 서로 어떤 특성을 가지는지 비교하여 살펴보자.

그림 5-1 층화표집과 군집표집 간의 유사점과 차이점

층화표집	군집표집
• 전집의 각 요소는 하나의 유층에만 속한다.	• 전집의 각 요소는 하나의 군집에만 속한다.
• 각 유층 h는 nh개의 요소를 구성	• 1단계 군집표집: N개의 군집으로 구성된 전집
• 각 유층에서 SRS를 한다.	• 전체 군집에서 SRS를 하여, 각 군집 내의 전체 요소들을 관찰한다.
• 전집평균 추정치의 변량은 유층 내의 값들의 분산에 달려 있다.	• 군집은 표집단위이다. 더 많은 군집을 표집할수록 변량은 더 작아진다. 전집평균 추정치의 변량은 일차적으로 군집평균 간의 분산에 달려 있다.

출처 : Lohr, S. L., *Sampling: Design and analysis*(Pacific Grove, CA : Duxbury Press, 1999), p.133.

〈그림 5-1〉에서 보듯이, 층화표집에서 각 유층 내의 개별요소들은 유사성 혹은 동질성을 지니고 있어야 한다. 그러나 유층의 평균들 간에는 가능한 한 이질적인 것이 좋다. 반면 군집표집에서는 각 군집 내의 개별요소들은 이질적이어야 하고 군집의 평균들 간에는 동질성을 유지하는 것이 좋다.

다단계 군집표집(multi-stage cluster sampling)은 군집표집을 한 번만 하고 곧 개별요소를 추출하는 대신, 몇 단계로 군집을 무작위 표집한 다음, 그 안에서 마지막 표집단위로 개별요소를 무작위로 추출하는 방식으로서 전국 규모의 연구에서 많이 사용된다(Wimmer & Dominick, 1994, pp. 72~75). 다단계 표집은 군집표집 방법의 일종이지만 표집단위가 군집이 아니라 각 가구나 개인이며, 군집표집의 시행으로 인해 저지를 수 있는 표집오류를 감소시키고, 까다로운 표본추출 방법이 요구되는 상황에서도 사용할 수 있다.

예를 들어 '지상파 방송 3사의 메인뉴스 진행자에 대한 서울시 거주자의 호감도 평가'에 대해 조사한다고 하자. 첫 단계로 서울시를 한강을 중심으로 북동, 북서, 남동, 남서, 중부지역의 5개 지역으로 나눈다. 두 번째 단계로는 각 지역의 지역별 인구비례에 따라 표본의 수를 분배한다. 세 번째 단계로 각 지역에서 무작위로 1개의 구(區)를 추출하는데, 이때 주민의 소득 및 지위 등이 구 단위로 일부 편중된 분포를 보일 수 있음을 유의해야 한다. 이어서 구 안에 포함되어 있는 동(洞)을 무작위 추출함으로써 표집을 더욱 세분화시키는데, 마지막으로 '○○구 ○○동의 몇 번째 번지'하는 식의 기준이 설정되고 표집대상이 될 가정들을 구체적으로 선정한다.

표집대상의 가정이 선정되면, 각 가정 내에서 누구를 표집대상으로 할 것인지를 무작위로 추출해야 한다. 이때 조사 당시 우연히 전화를 받는 사람을 조사대상으로 하는 것은 인구 사회학적 변인이 편중되어 체계적 오차가 발생할 수 있다. 표집대상 가정에 전화를 거는 낮 시간대에는 각 가정의 가장 및 자녀들이 직장이나 학교에 가고 없을 수 있기 때문이다. 대개의 조사에는 인구학적 비율이 설정되어 있어 이에 따라 조사대상자의 일정 비율이 남성이나 여성 혹은 특정 연령에 속해 있어야 한다(Wimmer & Dominick, 1994, p. 74). 이와 같은 경우에 연구자는 난수표를 사용하여 설문지 응답자를 결정해야 한다.

〈그림 5-2〉의 난수표를 사용해 각 개인을 무작위로 선정하는 방법은 다음과 같다. 먼저 전화에 응답한 사람들에게 "댁에는 12세 이상의 가족이 몇 명이나 있습니까?"라는 식의 질문을 한다. 이때, 만약 다섯 명이라고 대답하면 난수표에 5라고 표시되어 있는 난을 찾아서 첫 번째 숫자인 '다섯 번째로 나이가 많은 사람'과 통화하고 싶다고 얘기한다. 전화통화를 끝낸 후에는 그 번호를 지운다. 만일 다음 조사 가정도 5인 가족이라면, 난수표의 두 번째 숫자에 따라서 '세 번째로 나이가 많은 사람'과 통화하면 된다. 이런 방식으로 계속 조사해 나간다(Wimmer & Dominick, 1994, p. 74).

표 5-2 난수표를 이용하여 무작위로 응답자를 선정하는 예

인터뷰한 사람	한 가정 내 사람의 수						
	1	2	3	4	5	6	7
	1	2	1	3	5	5	7
		1	3	4	3	2	6
			2	2	1	4	1
				1	2	6	4
					4	1	3
						3	2
							5

다단계 군집표집을 위해 개발된 무작위 계수통화(random digit dialing) 방법은 가구 내 최종응답자를 추출하는 과정에서 비확률표집 방법인 할당표집 방법(quota sampling)을 사용함에 따라 표집의 신뢰성이 저해되는 것을 막기 위해 개발되었다. 무작위 계수통화란 전화조사에서 전화번호부 인명부에 올라 있는 모든 가구들이 표본으로 선정될 확률이 동일하도록 전화번호를 추출하는 방법이다. 일반적으로 무작위 계수통화 방법에 의한 전화번호 추출은 최초에 무작위로 선출된 번호에 일정한 번호를 더해 나가는 방식이 사용되는데, 이에 관해서는 제 7 장에서 좀더 자세히 다루도록 하겠다.

(2) 비확률표집 방법

비확률표집 방법은 무작위 원칙을 적용하지 않고 표본을 추출하기 때문에 표본의 대표성이 없다. 하지만 확률표집 방법을 사용할 수 없는 불가피한 경우나 연구 특성상 특정한 대상을 표본으로 해야 할 경우에는 비확률표집 방법을 사용한다.

가용표집(available sampling)은 조사에 쉽게 동원할 수 있는 표본을 대상으로 한다. 예를 들어 연구자의 가족이나 친척, 친구, 이웃 등을 표본으로 이용하는 것이다. 이 방법은 설문지를 사전에 검사하거나 예비조사(pilot study)를 할 때 유용하지만 추출된 표본이 모집단을 반드시 대표한다고 보기는 어려우므로 외적 타당도를 지니지 못한다.

자원자 표집(volunteer sampling)은 자원해서 조사에 응하는 사람들을 표본으로 삼는 방식이다. 자진해서 응하는 사람들만을 표본으로 삼기 때문에 가용표집과 마찬가지로 수집된 자료에 따른 오류가 발생할 수 있으므로 과학적 표집방법이라 할 수 없다.

의도적 표집(purposivesampling)은 연구자가 연구목적이나 주관적 판단에 의해 표본을 선정하는 방법이다. 의도적 표집은 모집단 전체를 대표하도록 표본을 추출하는 것이 아니라, 모집단의 특정 부분을 대표할 수 있는 표본을 선정하는 것이다. 예를 들어 한 TV 네트워크의 뉴스보도를 연구할 때, 연구자는 다른 프로그램의 시청자를 배제하고 뉴스를 시

청하는 집단에만 초점을 맞추어야 한다. 이런 경우 연구자는 관련 집단에 대한 사례연구를 하게 되며 여기서 얻은 연구결과물을 목표 집단 이상으로 일반화하기 어렵다.

할당표집(quota sampling)은 사전에 이미 결정되어 있는 백분율과 일치하도록 표본을 추출하는 방법을 말한다. 예를 들어 VCR 소유자와 비소유자의 TV 이용의 차이를 연구한다고 하자. 전체 TV 소유자 가운데 40%가 VCR을 소유하고 있고 그들이 누구인가를 알고 있는 경우, 조사대상자의 40%는 VCR 소유자 가운데서 추출하고 나머지 60%는 비소유자 중에서 추출할 것이다.

할당표집은 대표성 있는 표본을 추출하기 위해 고안된 비확률표집 방법으로서, 연구대상 모집단을 관련된 하부항목들로 나눈 할당 매트릭스(quota matrix)라는 표집틀을 사용한다. 이와 같은 매트릭스를 구성할 때 연구자는 모집단을 성, 교육수준, 수입, 나이, 인종, 정치적 성향 등으로 층화시켜야 하며, 할당 매트릭스의 하부항목이나 각 셀(cell)에 들어갈 모집성원의 비율을 정확히 설정해야 한다. 일단 할당 매트릭스가 구성되면 각 매트릭스 셀에 해당하는 모든 속성을 가진 사람들로부터 자료를 수집하고 각 셀에는 모집단과의 비율을 반영한 가중치가 주어진다.

할당표집은 겉으로 보기에 확률표집 방법처럼 여겨지나 표본추출이 무작위성에 기초한 것이 아니므로 표본의 대표성이 떨어진다. 그리고 연구자가 모집단의 모든 속성을 알 수 없으므로 할당 매트릭스를 작성하기 어려워 초보적인 연구자가 실행하기 어렵다.

우연적 표집(accidental sampling)은 쇼핑센터 안으로 들어가는 사람들 가운데 열 번째마다 한 명씩 면접하는 식의 표집방법이다. 언뜻 보면 확률표집처럼 보이지만, 우연적 표집은 가장 비확률적인 표집방법으로서 연구자의 주관이 개입되고 오류가 발생하기 쉽다. 모집단을 구성하는 모든 사람들이 그 장소를 걸어갈 동등한 기회를 가지는 것은 아니기 때문에 우연적 표집으로 추출한 표본은 기본적으로 대표성이 없다.

판단 표집(judgement sampling)은 조사자가 모집단에 대한 지식이 많을 때에 유용하게 쓰일 수 있다. 예를 들어 언론학 교수가 언론학 전공 학생들을 대상으로 심리학 과목에 대한 태도를 조사한다고 하자. 이때 심리학과에서 개설한 과목을 수강했던 경험이 있거나 심리학을 부전공하는 학생들을 자신의 판단에 따라 추출하고, 다른 학생들은 표본에서 제외시킬 수 있다. 이 방법은 조사대상이 되는 모집단의 경계를 한정할 수 없을 때에도 가능하며 적은 비용으로 실시할 수 있어서 주로 예비조사에서 이용된다. 그러나 연구자들이 서로 다른 판단기준을 가지고 조사대상자를 선정할 소지가 있다는 단점이 있다.

눈덩이 표집(snowball sampling)은 연구자가 판단하기에 연구대상이 되는 특정 집단에 대해 가장 정확하고 많은 정보를 알고 있다고 생각되는 사람들을 표본으로 삼아 제보자의 목록을 만들어 가면서 그들로부터 또 다른 후보 제보자의 명단을 확보하는 방식으로 표본을 늘려 나가는 방법이다. 예를 들어 어떤 제한된 단체나 조직 내의 모든 사람들에게 그들과 관계하는 친구나 동료를 추천하게 하고, 그 친구나 동료들로 하여금 다시 또 다른 친구와 동료를 추천하게 하는 것이다. 이 방법은 불법체류자들, 범죄자 등을 표본으로 사용하고자 할 때 유용하다.

2. 표본의 기술(記述)

연구의 대상이 되는 모집단에서 표본을 추출하여 통계적으로 가설을 검증하기 위해서는 사회조사에서 표본이 가지는 성격을 알아야 한다. 연구자는 통계적 연구방법을 사용하여 추출된 표본이 나타내는 표집분포의 형태와 특성을 통해 모집단의 속성을 유추해 내는 것이다.

　　모집단을 구성하는 구성원은 연구대상에 따라 많을 수도 있고 적을 수도 있다. 우리나라 대학생이 모두 연구대상이 된다면 수백만 명의 학생이 모집단을 이루게 된다. 모집단의 크기에 관계없이 모집단의 구성원 수가 정해져 있는 모집단을 유한 모집단(finite population)이라 하고 정해져 있지 않은 모집단을 무한 모집단(infinite population)이라 한다(박정식·윤영선, 1997, 169쪽). 무한 모집단은 무한대의 실험이 행해질 때 가능한 모든 결과를 포함시켜 모집단으로 보는 경우다. 예를 들어 어느 공장에서 컴퓨터를 생산한다고 할 때, 그 공장의 생산능력은 연간 몇만 대의 컴퓨터로 규정되어 있어 유한 모집단으로 생각하기 쉽다. 그러나 끊임없이 부품을 공급한다고 하면 컴퓨터를 무한대로 생산할 수 있으므로 이런 경우 무한 모집단으로 간주하게 된다.

1) 표집분포

(1) 이산분포와 연속분포

연구주제에 따라 추출된 개별적 표본은 알려지지 않은 모집단의 속성을 추론하는 데 사용된다. 확률표집 방법을 통해 무작위로 추출된 표본은 일정한 분포(distribution)를 이루는데, 이러한 분포는 크게 이산분포(discrete distribution)와 연속분포(continuous distribution)로 나눌 수 있다.

　　이산분포는 수량적 표본이 이산변수인 경우에 나타나는 분포를 말한다. 이산변수란 일정 범위 내의 실수(實數) 사이에서 변수가 취할 수 있는 값의 수가 유한한 변수를 말한다. 예를 들어, 동전을 1000번 던질 때 앞면이 나오는 경우의 수를 변수로 설정한다면 이 변수가 취할 수 있는 값은 0~1000 사이의 정수로 제한되므로 이산변수이고 동전을 실제로 던져 앞면이 나오는 횟수가 그리는 분포는 이산분포가 된다. 이산분포의 종류에는 이항분포(binomial distribution), 포아송분포(Poisson distribution), 초기하분포(hyper-geometric distribution) 등이 있다. [2] 이 가운데 이항분포는 일상적인 상황에서 자주 볼 수 있는 변수의 분포로서, 어떤 실험을 하거나 또는 표본을 뽑을 때 그 결과가 상호배타적인 두 가지 사건으로만 나타나는 경우의 분포를 말한다. 예를 들어 동전을 한 번 던지는 실험에서의 실험결과는 앞면이 아니면 뒷면의 두 가지뿐이고, 주사위를 던져 1이 나타나는 경우를 성공이라 하고 그 나머지를 실패라고 정의한다면, 성공의 확률은 $\frac{1}{6}$이고 실패의 확률은 $1-\frac{1}{6}=\frac{5}{6}$이 된다. 이항실험의 결과인 이항분포는 선험적 분포라고 할 수 있다. 수십 차례 혹은 수백 차례에 걸쳐 실제로 시행해 보지 않더라도 시행횟수 n과 성공의 확률 p 값만 알면 그 분포의 모양과 확률을 알 수 있기 때문이다. [3]

연속분포는 수량적 표본이 연속변수인 경우의 분포를 말한다. 연속변수란 이산변수와는 달리 길이, 속도, 무게, 부피를 나타내는 단위처럼 어떤 범위 내에서 어떠한 값이라도 취할 수 있는 변수다. 예를 들어 자동차의 시속을 변수로 한다면 시속 60km와 시속 61km 사이에 발생 가능한 변수의 값은 무수히 많다. 따라서 정오에 서울시내의 한 지점을 지나치는 승용차들의 속도를 측정한다고 할 때, 수많은 측정값이 이루는 분포는 연속분포가 된다.

(2) 분포의 모양

① 균일분포와 편포

분포는 그 확률변수가 취하는 구간에서 각 사건의 발생확률에 따라 다양한 모양을 보인다. 가장 간단한 것으로 연속 균일분포(continuous uniform distribution)가 있다. 이는 확률변수가 취하는 모든 구간에서 각 사건의 발생확률이 일정한 것을 말한다. 예를 들어 주사위를 던질 경우 각각의 숫자들이 나타날 확률은 전부 동일하기 때문에 균일분포를 이룬다고 할 수 있다. 이 경우 주사위의 각 숫자는 정수이므로 이것을 그래프로 나타내면 〈그림 5-2〉와 같다.

연속 균일분포는 다음과 같은 예로 설명할 수 있다. 우리나라 성인 남자의 몸무게의 분포를 연속적 균일분포로 나타낼 수 있다고 가정할 때, 그 확률밀도 함수를 그래프로 나타내면 〈그림 5-3〉과 같다.

---

2 포아송분포란 이항분포의 특수한 형태로 모집단이 아주 크고 사건이 발생할 확률이 아주 작은 경우를 말한다. 또한 초기하분포는 표본이 복원되지 않는 추출, 곧 매 추출마다 성공확률이 일정하지 않은 경우 적용되는 확률모형이다.

3 이항확률 함수를 이용하더라도 시행횟수 n이 커지고 확률 p 값에 소수점 이하의 숫자가 많아지면 계산이 복잡해진다. 이때 미리 계산되어 있는 이항분포표를 사용하게 되는데, 이항분포는 n과 p의 값에 따라 모양이 달라지므로 표를 찾을 때에는 반드시 n과 p의 값을 알고 그에 해당하는 확률값을 찾아야 한다.

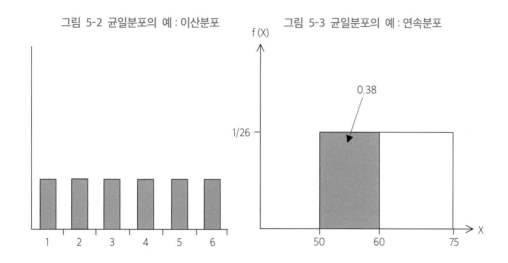

그림 5-2 균일분포의 예 : 이산분포

그림 5-3 균일분포의 예 : 연속분포

〈그림 5-3〉은 우리나라 성인 남자의 몸무게가 50kg에서 75kg까지의 균일한 분포를 보이고 있음을 가정한다. 몸무게를 가리키는 연속적 척도에서 전체사례의 발생확률 총합은 1이므로 한 사례가 뽑힐 확률은 $\frac{1}{(75-50+1)} = \frac{1}{26}$ 이 된다. 만약 50kg 이상 60kg 미만의 몸무게를 갖는 사람의 비중을 알기 위해서는 〈그림 5-3〉의 왼쪽 사각형의 면적을 구하면 된다. 왼쪽 사각형의 넓이는 $(60-50) \times \frac{1}{26} = 0.38$, 즉 몸무게가 50~60kg인 성인 남자는 전체의 38%가 된다.

편포(skewed distribution)는 분포의 모양이 X축 위의 어떤 점을 둘러싸고 점수들이 집중되어 있는 정도를 가리킨다. 이러한 집중이 척도의 낮은 끝 쪽을 향해 있어 곡선의 꼬리가 오른쪽으로 길게 끌리면 그 곡선을 정적편포(positively skewed) 혹은 우편포되었다(right skewed)라고 한다. 만약 곡선의 꼬리가 왼쪽으로 끌리면 부적편포(negatively skewed) 혹은 좌편포되었다(left skewed)고 한다.

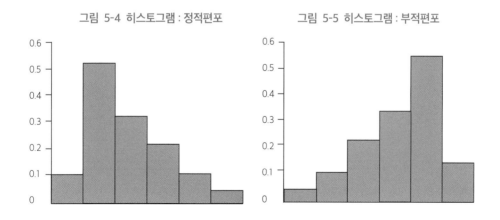

그림 5-4 히스토그램 : 정적편포

그림 5-5 히스토그램 : 부적편포

② 정규분포

정규분포는 연속분포 중에서 가장 널리 이용되는 분포로서 가우스 분포(Gaussian distribution)라고도 한다.[4] 정규분포는 표본을 통한 모수의 통계적 추정이나 가설검증 이론의 기본이 되며, 자연적 현상과 관련된 사상의 분포뿐 아니라 사회적으로 접하는 여러 자료의 분포도 정규분포와 비슷한 형태를 띠게 되는 것이 보통이다.

예를 들어 한국인의 지능지수(IQ)를 조사한다고 할 때 일부의 피험자를 표본으로 삼아 그들의 지능지수 분포를 빈도분포로 나타낸다고 하자. 측정된 피험자의 지능지수는 이산적인 척도에 의한 값이므로, 지능지수의 연속적인 값을 기입한 X축 위의 여러 점에 분산되어 표시될 것이다. 그러나 기입되는 빈도가 증가할수록 전체 피험자의 평균적 지능지수를 중심으로 종(bell)형의 분포모양을 가지게 된다. 연구자가 더 많은 피험자를 대상으로 빈도분포를 조사할수록 분포의 곡선은 완만한 종형에 가까워지게 되는데, 이로서 연구자는 한국인의 지능지수 분포 또한 이러한 표본분포의 모양과 유사할 것이라고 추측하게 된다. 이러한 정규분포의 개념은 자연과학뿐만 아니라 인문·사회과학에서도 널리 사용된다. 일반적인 정규분포의 함수모형은 〈그림 5-6〉과 같다.

정규분포의 함수곡선은 분포의 평균(μ)을 중심으로 하여 좌우대칭인 종모양으로서 분포가 가지는 평균 및 표준편차(standard deviation)에 따라 위치 및 모양이 결정된다. 정규분포는 확률의 함수이므로 곡선과 X축 사이의 전체면적은 1이 된다. 그러나 정규분포곡선은 X축과 맞닿지 않으며, 확률변수 X가 취할 수 있는 값의 범위는 좌우로 무한대이다.

그림 5-6 정규분포곡선

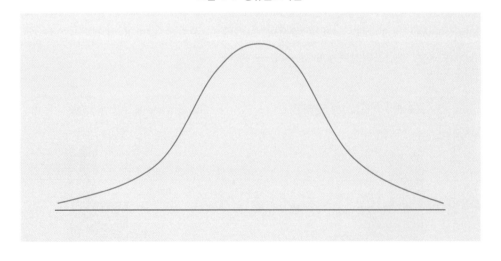

2) 표본평균과 중심극한정리

만약 전국 대학생의 지능지수를 조사하고자 할 때 우리는 다단계 표집 등의 방법을 통해 여러 개의 표본을 추출한다. 이때 무작위로 뽑힌 표본들은 각각의 평균을 가지는 연속분포가 되는데 이 평균값들을 분포로 나타낸 것이 표본평균의 표집분포(sampling distribution)다.

〈표 5-3〉은 A 대학교 학생 전체의 한 학기 성적을 조사하기 위해 100명의 A 대학교 학생을 표집하여 나타난 모든 성적(점수)과 각 성적별로 분포하는 학생수를 기록한 것이다. 〈그림 5-7〉은 이를 막대그래프로 표현한 것이다.

크기가 N인 모집단으로부터 추출된 모든 표본들이 무작위로 뽑혔을 경우 표본평균의 표집분포는 다음과 같은 성질을 갖는다.

첫째, 정상적으로 분포된 전집에서 추출된 표본들의 평균값의 표집분포는 정규분포를 이루는 경향이 있다. 표본이 클 경우 모집단이 정규분포가 아니더라도 표본평균의 표집분포는 정규분포에 가깝게 나타난다.

둘째, 표본의 평균값들의 평균은 이들 표본이 추출된 모집단의 평균값(μ)과 같다.

셋째, 표본의 크기를 크게 할수록 평균치 표집분포의 산포도(dispersion)는 그만큼 더 적어진다. 따라서 표본의 크기가 증가함에 따라 표본의 평균값들의 산포도가 감소하기 때문에 한 표본의 사례수가 크면 클수록 그 표본의 평균값은 모집단의 평균값과 가까워진다. 바로 이런 현상에 근거해 표본의 크기를 크게 할수록 표본의 오차가 적어진다고 할 수 있다.

표 5-3 빈도분포 : 100개 표본의 평균

성적(/4.0)	표본수
0.8	1
1.0	1
1.2	3
1.4	4
1.6	6
1.8	7
2.0	17
2.2	20
2.4	16
2.6	8
2.8	7
3.0	4
3.2	3
3.4	2
3.6	1

그림 5-7 막대그래프

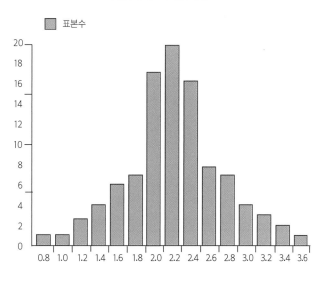

표본을 통해 모수를 추정하는 과정은 2개의 정리(theorem)에 근거한다. 첫째, 중심극한정리(central-limit theorem)다. 만약 모집단으로부터 일정한 사례수 N을 가진 무작위 표본을 반복해서 추출하면 그 결과로 얻게 되는 표본평균의 표집분포는 정규분포와 가까워진다. 중심극한정리에 의해서 모집단이 정규분포가 아니더라도 표본평균은 정규분포와 가까워지는 것을 알 수 있다. 모집단이 클수록 추출할 수 있는 표본의 수는 많아지는데, 표본 자체가 너무 크다면 실제로 표본평균들의 표집분포를 계산할 수 없는 경우도 있다. 그러나 중심극한정리는 모집단의 평균, 분산과 표집분포의 평균, 분산이 서로 어떻게 관련되어 있는지를 설명하고 있기 때문에 우리가 표집분포의 값을 안다면 모집단의 분포모양을 알 수 있다.

둘째, 많은 사례수의 법칙(law of large numbers)이다(Stempel & Westley, 1981, pp. 57~58). 많은 사례수의 법칙에 의하면 모집단의 평균을 알고 있을 때, 추출되는 표본의 크기를 크게 한다면 표본평균과 모집단 평균 사이의 차는 점점 작아진다. 즉, 우리가 모수를 모를 경우에도 표본크기를 크게 한다면 모집단의 평균을 추정하여 모수의 속성을 알 수 있다는 것이다.

중심극한정리와 많은 사례수의 법칙은 표집분포를 통해 모수를 추정하는 통계추론을 가능하도록 한다. 특히 통계추론에서 모집단이 정규분포가 아닐지라도 표본의 크기를 크게 함으로써 정규분포의 특성을 이용할 수 있다는 점은 매우 유용하다.

3. 표집오차와 표본의 크기

표본에서 나타난 결과를 전체 모집단의 상황과 비교함으로써 데이터의 정확성을 평가할 수 있다. 통계적 연구에서 거론되는 표집오차(sampling error)는 연구자가 표본을 분석함으로써 얻게 되는 통계량과 실제 모수 간에 차이를 말한다. 전체오차(total error)는 표집오차에 표본자료의 측정과정에서 빚어지는 측정상의 불일치인 측정오차(measurement error)와 연구자가 통제할 수 없는 무작위 오차(random error)를 더한 것이다.

1) 표집오차

표집오차는 표본에서 얻어진 측정치(통계량)와 모집단에서 얻은 측정치(모수)의 차이를 나타내는 통계수치를 말한다. 예를 들어 새로운 TV 프로그램에 대한 청년층 시청자의 태도를 조사하는 연구를 한다고 하자. 이때 전국 시청자의 태도를 조사하기 위해 표본을 선정해 그들만의 태도를 조사하고 이 결과를 모집단에 일반화시키게 된다. 그러나 표본의 측정치가 대한민국 청년층의 전수를 실제로 조사한 모수와 완전히 일치할 수는 없다. 표집오차의 수치를 계산함으로써 비로소 연구결과를 사실로 받아들일 경우 나타날 수 있는 불확실성에 대해 알 수 있게 된다.

(1) 표집오차의 계산

만약 어느 모집단에서 추출한 표집의 분포가 보통의 점수분포 또는 빈도분포의 형태라면 표집분포에서도 평균이나 표준편차 등 집중경향치와 산포도를 계산할 수 있다. 그러나 모집단이 클 때에는 표집분포의 평균과 표준편차를 실제로 계산하는 것은 거의 불가능하다. 예를 들어 10개의 사례로 구성된 전집에서 5개를 무작위 표집한다고 하더라도 모든 가능한 표본의 수는 252개($_{10}C_5$)나 되므로 일일이 표집분포를 만들어서 그 평균이나 표준편차를 계산한다는 것은 거의 불가능하다. 따라서 통계학자들은 한 모집단에서 일정한 사례수 N을 계속 표집해서 얻은 방법을 수학적으로 유도해 놓았다.

① 평균의 표집분포와 표준오차

평균의 표집분포란 특정한 모집단에서 동일한 크기로 가능한 모든 표본을 뽑아서 각각의 표본의 평균을 계산했을 때, 그 평균($\overline{X}$)들이 가지는 확률분포를 말한다.

예를 들어 어느 상자에 90, 60, 30이라고 쓰인 카드 3장이 있을 때 이 카드 중 차례로 한 장씩 두 장을 표본으로 뽑는 간단한 실험을 한다고 가정해 보자. 이때 모집단의 확률분포와 평균의 표집분포를 비교해 보자. 우선 모집단의 평균(μ)과 분산(σ^2)을 알아보면 평균은 60이고 분산은 600임을 비교적 쉽게 계산할 수 있다.[5]

세 장의 카드 중에서 한 장씩 두 장을 복원추출로 뽑을 때, 가능한 모든 표본평균을 표로 나타내면 〈표 5-4〉와 같다. 가능한 모든 표본평균들은 또한 이산분포를 보이는데, 〈그림 5-8〉과 같이 나타낼 수 있다.

표 5-4 가능한 표본과 표본평균

가능한 표본	표본의 평균 $\overline{X_i}$	가능한 표본	표본의 평균 $\overline{X_i}$
90, 90	($\overline{X_1}$) : 90	60, 30	($\overline{X_6}$) : 45
90, 60	($\overline{X_2}$) : 75	30, 90	($\overline{X_7}$) : 60
90, 30	($\overline{X_3}$) : 60	30, 60	($\overline{X_8}$) : 45
60, 90	($\overline{X_4}$) : 75	30, 30	($\overline{X_9}$) : 30
60, 60	($\overline{X_5}$) : 60		

---

5 모집단의 분산은 $(90-60)^2 \times \frac{1}{3} + (60-60)^2 \times \frac{1}{3} + (30-60)^2 \times \frac{1}{3} = 600$으로 계산된다.

표 5-5 가능한 표본의 표본평균의 분포	
$\overline{X_i}$	$P(\overline{X_i})$
30	1/9
45	2/9
60	3/9
75	2/9
90	1/9

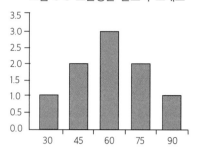

그림 5-8 표본평균 분포의 그래프

표본평균의 확률분포에서 평균을 $\mu_{\overline{x}}$ 라고 하고 분산을 $\sigma_{\overline{x}}^2$ 라 하면, $\mu_{\overline{x}}$ = 60이며 $\sigma_{\overline{x}}^2$ = 300이 된다. 즉, 표본평균의 표집분포를 나타낸 후, 그 평균을 구하면 이것은 모집단의 평균과 같다. 이는 모집단에서 표본을 추출하였을 때, 표본의 크기가 어떻게 달라지든지 언제나 일치하는 성질을 지닌다. 이를 수식으로 나타내면 다음과 같다.

$$\mu_{\overline{x}} = \mu_x$$

표본평균의 표집분포가 가지는 이러한 성질을 이용하면 우리는 한정된 표본을 가지고도 표집오차를 계산하여 모집단의 속성을 더욱 쉽게 추론할 수 있다.

그렇다면 모집단에서 표본을 추출했을 때 그 표본의 평균과 모수치의 차이를 어떻게 처리하여 표집오차를 구하게 되는 것일까? 평균이 μ인 모집단에서 표본을 선택하여 표본평균 $\overline{X}$를 계산하면 μ와 차이가 날 것이다. 각 표본으로부터 계산된 $\overline{X}$들은 μ에 대한 추정량이며 이 추정량과 모수 μ와 차이를 오차(error)라 한다.

$$\overline{X_1} - \mu = e_1$$
$$\overline{X_2} - \mu = e_2$$
$$\overline{X_3} - \mu = e_3$$
$$\vdots$$
$$\overline{X_n} - \mu = e_n$$

이때 μ는 일정하므로 평균($\overline{X}$)의 표본분포의 분산은 오차들의 분산과 일치한다. 이를 수식으로 표현하면 다음과 같다. [6]

$$Var\,(\overline{X}) = Var\,(\overline{X_i} - \mu) = Var\,(e)$$

---

6 통계학에서 분산(variance)은 Var, $Var\,\overline{X}$ 혹은 $\sigma_{\overline{x}}^2$로 표현한다.

표본평균의 표준편차 $\sigma_{\bar{x}}$를 평균의 표준오차(standard error of the mean, SE)라고 부르는 것은 바로 이 때문이다. 평균의 표준편차와 평균의 표준오차는 분포의 모양이 동일하며 단순히 명칭만 다른 것이다. 다시 말해, 각 분포의 표준편차는 서로 같은데 평균의 표준편차에서의 평균은 μ이고, 표준오차의 평균은 0이다. 왜냐하면 모집단의 평균과 표본의 평균이 일치할 때 오차는 0이기 때문이다.

평균의 표준오차는 모집단 표준편차를 표본수의 제곱근으로 나눈 것으로서 다음의 식으로 나타낼 수 있다.

$$\sigma_{\bar{x}} = \frac{\sigma}{\sqrt{n}}$$

그런데 실제의 연구에서 모집단은 무한 모집단이거나 그 크기가 너무 커서 모집단 표준편차를 알 수 없으므로 표준오차를 계산할 수 없다. 이럴 때 표본의 표준편차(s)를 사용하면 $\sigma_{\bar{x}}$의 값을 추정할 수 있다.

$$\sigma_{\bar{x}} = \frac{s}{\sqrt{N}}$$

(단, N ≤ 120일 때는 $s_{\bar{x}} = \dfrac{s}{\sqrt{N-1}}$ 를 사용)

모집단에서 추출된 표본이 표본평균을 가지는 것이 아니라 발생할 확률, 즉 백분율로 나타내는 경우에는 비율의 표준오차(standard error of proportion)를 사용한다. 이를 구하는 공식은 다음과 같다.

$$\sigma_{\bar{p}} = \sqrt{\frac{pq}{n}} = \sqrt{\frac{p(1-p)}{n}}$$

여기에서 p와 q는 표본에서 얻은 비율이며, q는 표본 전체에서 p를 제외한 부분, 즉 $(1-p)$를 말한다. 예를 들어, 표본 100명의 학생 중 80명이 특정 교육 프로그램을 시청하고 20명이 시청하지 않는다면 $p = 0.8$, $q = 0.2$가 되며 표준오차를 구하면 $\sqrt{\frac{.8(.2)}{100}} = 0.04$이다.

② 신뢰수준과 신뢰구간

표본의 평균이 모집단 평균(μ)과 정확히 일치하지는 않는다. 이 차이를 표집오차라 하며 우리는 이 차이를 가지고 모집단의 평균을 추정해야 한다. 마찬가지로 우리는 측정된 표본의 평균이 모집단의 평균을 어느 정도로 포함하는가를 신뢰수준(confidence level)과 신뢰구간(confidence interval)을 통해 나타낼 수 있다. 신뢰수준은 한 통계량을 통해 모수를 추정할 때 확률적으로 어느 정도 믿을 수 있는가를 나타내는 범위 즉, 확신의 정도를 말하는 것이고, 신뢰구간은 모수치가 통계량과 실제로 차이가 얼마나 나는지 나타내 주는 간격의 지수다.

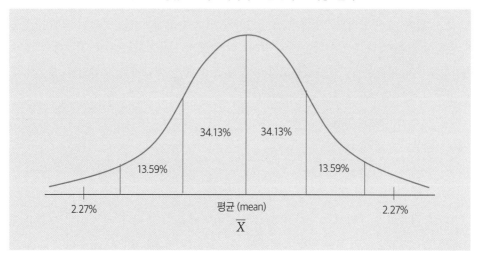

그림 5-9 정규분포곡선에서의 표준편차 단위당 면적

34.13% 34.13%

13.59% 13.59%

2.27% 평균 (mean) 2.27%

$\overline{X}$

예를 들어, 한 조사의 결과를 95%의 신뢰수준에서 검증할 때 신뢰구간이 12.5~13.5 라고 한다면 조사대상 모집단의 평균은 12.5에서 13.5 사이에 존재한다는 것을 95% 신뢰할 수 있다는 뜻이 된다. 이것을 바꾸어 말하면 모집단의 평균이 12.5~13.5 사이에 있다는 결과가 우연으로 밝혀질 확률은 5% 미만이라는 것이다. 이 5%의 오차확률이 걱정스럽다면 신뢰수준 99%의 신뢰구간을 구할 수도 있는데, 신뢰수준 99%의 신뢰구간은 신뢰수준 95%의 경우보다 더 넓어지게 된다.

신뢰수준을 기준으로 정규분포곡선의 면적을 알면 해당 신뢰수준에서 모집단의 평균이 위치할 수 있는 신뢰구간을 구할 수 있다. 〈그림 5-9〉에서 중앙평균을 기점으로 좌우 합해 95% 및 99%가 되는 구간을 표준편차의 단위로 나타냈을 때, 전체면적의 95%를 포함하는 구간은 ±1.96 × 표준오차(SE)이며, 99%를 포함하는 구간은 ±2.58 × 표준오차(SE)이다. 따라서 정규분포에 의해 95%와 99%의 신뢰도로 다음과 같은 모평균의 신뢰구간을 구할 수 있다.

공식 5-1

- 신뢰수준 95%의 신뢰구간 : $\overline{X} \pm 1.96 \dfrac{\sigma}{\sqrt{n}}$
- 신뢰수준 99%의 신뢰구간 : $\overline{X} \pm 2.58 \dfrac{\sigma}{\sqrt{n}}$

〈공식 5-1〉에서 알 수 있듯이 모집단이 클 경우 모집단 평균이나 표준편차를 구하기 어렵기 때문에 표본의 표준편차를 모집단의 표준편차 대신 사용할 수 있는데, 그러기 위해서는 표본의 수 n이 충분히 커야 한다.

한편, n개의 표본 중에 A라는 성질을 가진 것이 r개 있으면 표본의 비율 $p = \dfrac{r}{n}$이고, 이에 대하여 모집단의 성질 A를 가진 것의 비율, 즉 모비율의 신뢰구간은 다음과 같다.

공식 5-2

- 신뢰수준 95%의 신뢰구간 : $p \pm 1.96 \sqrt{\dfrac{p(1-p)}{n}}$
- 신뢰수준 99%의 신뢰구간 : $p \pm 2.58 \sqrt{\dfrac{p(1-p)}{n}}$

이 공식에서 알 수 있듯이, 표준오차가 작을수록 신뢰구간은 좁아진다. 또한 표본의 수 n이 커져도 신뢰구간은 좁아진다. 신뢰구간이 좁아진다는 것은 표본의 통계량이 그만큼 모수에 가까워지는 것을 의미한다.

③ 표집오차의 계산 실례

예 5-1

> S 시의 총 가구수는 4만 가구이다. 이 중 1,000가구를 표집해 가구당 평균 월 수입을 조사한 결과 50만 원이었고 표준편차는 3만 원이었다. 이때 S시 총 가 구의 평균 월수입을 추정하면 얼마가 되는가?

먼저 표본에서 나온 평균의 표준오차를 구해야 한다. 평균의 표준오차는 $\sigma_{\bar{x}} = \dfrac{\sigma}{\sqrt{n}}$ 이므로 다음과 같이 계산된다.

$$\sigma_{\bar{x}} = \frac{\text{표집된 1000 가구의 평균의 표준편차}}{\sqrt{\text{표집된 샘플의 수}}} = \frac{3}{\sqrt{1,000}} = 0.095$$

다음으로 1,000가구의 표본에서 나온 평균치는 50만 원이지만 전집에의 모수치(μ)는 얼마일 것인가를 표준오차에 기초하여 각 신뢰수준별로 추정하여야 한다. 이것은 아래와 같이 추정될 수 있다.

- 95%의 신뢰수준 : $\overline{X} \pm 1.96 \sigma_{\bar{x}} = 50 \pm 1.96 \times 0.095$
  $\rightarrow 49.814 < \mu < 50.186$
- 99%의 신뢰수준 : $\overline{X} \pm 2.58 \sigma_{\bar{x}} = 50 \pm 2.58 \times 0.095$
  $\rightarrow 49.755 < \mu < 50.245$

이상의 결과를 해석할 때 우리는 다음과 같은 결론을 내릴 수 있다. 즉, S시의 4만 가구를 모두 조사할 경우 그들의 평균 월수입을 95% 신뢰수준에서 추정하면 49만 8,140원보다는 많고 50만 1,860원보다는 적다. 또한 99%의 신뢰수준에서 추정하면 49만 7,550원보다는 많고 50만 2450원보다는 적다.

예 5-2

> B라는 지역에서 지역구의원 선거가 실시될 예정이다. K후보의 선거관리소는 B지역에서의 K후보에 대한 선호도를 조사하기 위해 500명의 표본을 추출하였다. 이들 중 60%가 K후보에 대해 지지한다고 하였을 때 B지역 전체에서 K후보에 대한 선호도는 얼마일까?

500명의 표본 중 60%가 후보자 K에 대해 선호경향을 보였다면 표준오차($s_{\bar{p}}$)는 다음과 같다.

$$\text{표준오차 } S_{\bar{p}} = \sqrt{\frac{(.60)(.40)}{500}} = .022$$

이 결과에 따라, 신뢰수준별로 신뢰구간을 계산하면 아래와 같다.

- 95%의 신뢰수준: $P \pm 1.96 s_{\bar{p}} = .60 \pm 1.96 \times 0.022$
$$\rightarrow 0.557 < \mu < 0.643$$
- 99%의 신뢰수준: $P \pm 2.58 s_{\bar{p}} = .60 \pm 2.58 \times 0.022$
$$\rightarrow 0.543 < \mu < 0.657$$

따라서 K후보를 지지하는 B지역 사람들의 비율은 95%의 신뢰수준에서는 55.7%와 64.3% 사이, 99%의 신뢰수준에서는 54.3%에서 65.7% 사이이다.

(2) 표집오차의 크기

우리는 표준오차의 크기가 표집오차의 크기를 좌우한다는 사실을 배웠다. 앞서 제시한 표준오차의 공식을 보면 알 수 있듯이, 표준오차는 모집단의 동질성(homogeneity)과 표본의 크기(sample size)라는 두 가지 변수와 관련이 있다.

〈공식 1〉과 〈공식 2〉에서 살펴본 것처럼 각 공식의 분자는 모집단의 동질성을 추정 가능하게 한다. 표본평균의 표준오차($s_{\bar{x}}$)는 무작위표본의 점수들이 표본평균과 얼마나 가까이 있는지 계산함으로써 동질성을 추정할 수 있다. 그리고 비율의 표준오차($s_{\bar{p}}$)는 무작위표본의 모든 응답자가 같은 응답을 하는 정도를 계산함으로써 동질성을 추정할 수 있다. 일반적으로 평균의 편차가 클수록, 그리고 주어진 표본 내에서 다양한 비율로 응답할수록(동질성이 작아질수록) 모집단은 더욱 이질적이 되고 그에 따라 표집오차가 더 커지게 된다.

각 공식의 분모는 표본의 크기(n)로 이루어져 있다. 이로써 우리는 표본의 크기가 커질수록 표준오차가 작아지는 것을 알 수 있다. 다시 말해, 표본의 크기가 크다는 것은 표본이 모집단을 대표할 확률이 더 커진다는 것을 의미한다.

우선 표집오차에서 모집단의 동질성이 커지는 경우를 보자. 〈예 5-2〉에서 K후보를 지지하는 B지역 사람들의 비율이 80%로 높아졌다고 가정할 때 표준오차는 .022에서 .018로 줄어든다.

$$\text{표준오차} \ \ S_{\bar{p}} = \sqrt{\frac{(.80)(.20)}{500}} = .018$$

이것을 가지고 99%의 신뢰수준에서 신뢰구간을 계산하면 다음의 결과를 얻을 수 있다.

$$\overline{X} \pm 2.58 s_{\bar{p}} = .80 \pm 2.58 \times 0.018$$
$$\rightarrow 0.754 < \mu < 0.846$$

즉, 표준오차가 줄어들게 됨으로써 신뢰구간도 이전에 비해 0.022 가량 줄어든다.

다음 K후보에 대한 지지율이 60%로 고정되어 있을 때, B지역 표본의 크기를 500에서 1,000으로 늘렸다고 가정하면 표준오차는 .022에서 .015로 줄어든다.

$$\text{표준오차} \ \ S_{\bar{p}} = \sqrt{\frac{(.60)(.40)}{1000}} = .015$$
$$\overline{X} \pm 2.58 s_{\bar{p}} = .60 \pm 2.58 \times 0.015$$
$$0.561 < \mu < 0.639$$

이 경우에도 신뢰구간이 0.516~0.639로서 이전에 비해 .036 가량 줄어든다. 이상의 결과를 볼 때, 표집오차는 표본의 동질성을 증가시키거나 표본자료의 양을 증가시킴으로써 줄일 수 있다.

2) 표본의 크기

(1) 표본크기에 영향을 미치는 요인

앞에서 설명한 여러 가지 표집방법을 사용할 때 과연 어느 정도 크기의 표본을 선택해야 하는지가 문제된다. 이에 대한 대답은 그리 간단하지 않다. 여러 종류의 통계처리 과정에 쓰이는 표본의 크기를 제시한 사례는 있으나, 개개의 조사방법이나 통계처리 과정에 쓸 수 있는 공식이나 방법은 존재하지 않는다.

그럼에도 표본의 크기를 결정하는 데 지침이 되는 몇 가지 일반적 원칙은 있다. 일반적으로 큰 표본을 사용할수록 더 바람직하다는 믿음은 그 원칙 가운데 하나다. 그러나 모집단을 대표할 수 없는 대표본은 소표본보다 의미가 없으므로 단순한 표본의 크기를 늘리기보다는 확률표집 방법을 이용해 표본의 질을 높이는 것이 더욱 중요하다. 이것은 신뢰성을 인정받는 여론조사라고 해서 항상 수만 명의 표본으로 조사하지 않는다는 사실을 보아도 알 수 있다.

표본의 크기를 정할 때에는 연구의 유형, 목적, 구조, 허용될 수 있는 오차의 양 등 연구 내적인 설계와 함께 시간·비용의 제약, 선행연구 등도 충분히 고려해야 한다(오인환, 1995; Wimmer & Dominick, 1994, p. 75). 연구대상이 되는 모집단의 크기, 신뢰구간, 신뢰수준, 모집단의 분산 등 통계적 유의성을 가지는 데 직접적으로 영향을 미치는 부분 또한 고려해야 한다. 예산의 제약이나 다른 이유로 적정한 수의 표본수를 확보하기 어려울 경우에는 판별분석 등을 통하여 최대한 오차요인을 보정(補正)하고, 연구의 한계점을 반드시 명시하여야 한다.

표본의 크기는 연구자가 선택하는 연구방법이 무엇인가에 따라 결정된다. 예를 들어, 포커스 그룹 연구방법을 사용할 경우 연구결과를 모집단에게 일반화시키는 것이 목적이 아니기 때문에 6~12명인 표본도 적당하다. 측정도구의 사전검사나 예비조사의 경우도 소표본을 이용한다.

표집방법도 표본크기에 영향을 미친다. 예를 들어 층화표집 방법은 단순 무작위표집 방법보다 소표본을 사용할 수 있다. 군집표집을 실시할 경우에는 훨씬 큰 표본을 사용해야 한다.

모집단의 요소들 간 동질성(homogeneity)이 높을 때에는 표본의 크기를 줄일 수 있다. 모집단의 동질성이 높을수록 모집단의 표준편차는 작아지며, 따라서 표집오차가 작아지기 때문이다.

연구대상의 변수의 수가 표본의 크기에 영향을 미치기도 한다. 일반적으로 다변량 연구(multivariate studies)는 단일변량 연구(univariate studies)보다 더 큰 표본을 사용해야 한다.

서베이 연구의 경우 질문의 내용이나 형식도 표본의 크기에 영향을 미칠 수 있다. 질문의 내용이나 형식이 복잡할 경우에는 무응답이나 잘못된 응답이 나올 가능성이 커지기 때문에 충분한 표본을 확보해야 하고, 오랜 기간 동안 진행되는 패널연구(panel studies) 등의 연구설계에서는 조사기간 중 조사대상자의 탈락을 고려하여 실제 조사에 필요한 것보다 여유 있게 더 큰 표본을 선택해야 한다.

그러나 현실적으로 표본의 크기를 결정하는 데 가장 영향을 많이 미치는 요인은 연구에 드는 조사비용과 시간이라고 할 수 있다. 어쩔 수 없이 작은 크기의 표본만으로 조사를 강행해야 할 경우에는 연구결과의 일반화에 신중을 기해야 한다.

연구자가 선택한 연구주제가 기존의 연구와 흡사할 경우, 그 연구를 통해 표본의 크기에 대한 지식을 얻을 수 있다. 만약 자신이 실시하려는 것과 비슷한 유형의 조사에서, 다른 연구자가 표본으로 400명을 정기적으로 사용하여 신뢰할 만한 결과를 얻었다면, 그 이상의 표본은 불필요할지도 모른다.

(2) 표본크기의 계산

표준오차의 크기는 표본의 크기와 밀접한 관련이 있다. 따라서 희망하는 신뢰수준에서 최소한으로 요구되는 표본의 수는 앞의 신뢰구간 산출 공식을 변형하여 구할 수 있다.

모비율을 μ_p, 표본비율을 p라고 할 때, 신뢰수준 95%의 신뢰구간 공식을 n을 중심으로 다시 정리하면 다음과 같다.

• 신뢰수준 95%의 신뢰구간: $p \pm 1.96 \sqrt{p \dfrac{(1-p)}{n}}$

$$\mu_p = p \pm 1.96 \sqrt{\frac{p(1-p)}{n}}$$

$$(\mu_p - p)^2 = (\pm 1.96)^2 \frac{p(1-p)}{n}$$

$$n = p(1-p) \frac{(1.96)^2}{(\mu_p - p)^2}$$

따라서 모비율과 함께 모비율과 표본비율의 오차($\mu_p - p$)가 주어지면 n을 구할 수 있다.

예를 들어, 수업료 인상에 대한 학생들의 태도를 조사할 때 60%의 학생들이 수업료 인상에 반대한다고 하자. 95%의 신뢰수준에서 ±3%의 오차를 감안할 때 표집해야 하는 최소한의 학생이 어느 정도여야 하는지를 다음과 같이 계산할 수 있다.

$$n = \frac{(0.6 \times 0.4) \times (1.96)^2}{(0.03)^2} = 1024$$

따라서 최소한 1,024명을 표집해야 유의적인 표본 통계량을 얻을 수 있다.

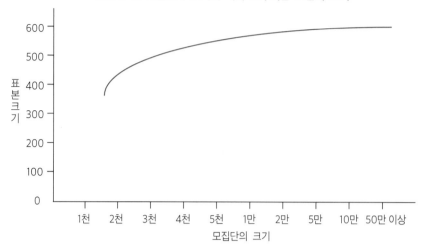

그림 5-10 모집단의 크기에 따라 요구되는 표본의 크기

주 : 95% 신뢰수준과 ±3%의 오차에서 모비율 (예를 들면, 선거에 출마한 두 후보의 지지율)이 거의
    50 : 50%로 가정되는 경우, 모집단의 크기에 따른 양쪽 중 한쪽의 우세를 판별할 수 있는 표본수.
출처 : Nan Lin, *Foundations of social research* (McGraw-Hill, 1976), p.160.

그러나 매스미디어 연구를 수행했던 학자들은 조사연구에서 축적된 자료를 통하여 연구
대상 모집단이 매우 크다면 표본의 크기를 산술적으로 늘린다고 해도 연구결과에는 큰 차
이가 없다고 주장한다. 〈그림 5-10〉은 신뢰구간, 신뢰수준, 모집단 분산이 일정할 때 모
집단 크기가 커짐에 따라 추출해야 하는 표본의 수를 대략적인 그래프로 나타낸 것이다.

〈그림 5-10〉에서 보면 모집단의 크기가 커짐에 따라 요구되는 표본의 크기가 커지기는
하지만 모집단의 크기가 10,000 이상일 때에는 거의 변동이 없음을 알 수 있다. 즉, 모집
단이 상당히 크면 표본의 수는 모집단 크기에 그다지 영향 받지 않는다.

모집단의 크기를 알 경우 위에서 얻은 결과를 더욱 정교화할 수 있는데, 일반적으로 다
음과 같은 공식을 따른다.

$$n' = \frac{n \times N}{n + N}$$

(n: 위의 계산식으로 얻은 표본크기, N = 모집단의 크기, n' = 최종 표본의 추정량)

수업료 인상에 대한 앞의 예에서 대학생 전체의 수가 10,000명이라고 한다면, 연구를
위해 필요한 표본의 수를 계산할 수 있다.

$$n' = \frac{1024 \times 10000}{10000 + 1024} = 928 \,(\text{명})$$

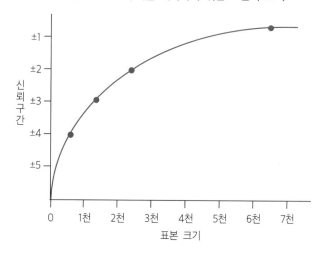

그림 5-11 모수치를 예측하기 위한 표본의 크기

모집단의 크기와 모분산이 일정할 경우, 표본은 신뢰수준에 비례하여 크게 잡아야 한다. 연구자가 높은 신뢰수준을 원할수록 필요한 표본수는 급격히 커진다. 〈그림 5-11〉은 모집단의 크기가 20,000이고 모분산이 일정하며, 모수치가 50% 정도의 비율로 나타날 것으로 가정되는 경우, 신뢰수준이 95%일 때 모수를 일정한 오차로 예측해 내기 위한 표본수를 나타낸 것이다. 〈그림 5-11〉에서 가로축은 표본의 크기이고 세로축은 신뢰할 수 있는 대역을 말한다(모수와의 차이, $\mu_p - p$가 1%, 2%, … 5%내에 들어가도록 하기 위한 표본수를 제시한다). 단순 무작위표집을 할 경우 모수와 ±5% 내의 차이를 허용할 경우 377명 정도의 표본만 있으면 되지만, ±1% 정도의 오차만을 추구한다면 그 20배에 가까운 6,489명의 표본이 필요한 것으로 추산된다.

분산 역시 표본크기 설정의 기준이 된다. 분산이 커서 이질적인 모집단일수록 표본의 크기가 커야 한다. 예를 들어, 선거에서 1위 후보와 2위 후보의 차이가 근소할 경우에는 클 때보다 훨씬 더 많은 표본을 취해야 한다. 따라서 1위 후보와 2위 후보가 50%선의 지지율에서 박빙(薄氷)의 승부를 벌일 경우 그 결과를 알기 위해서는 가장 많은 표본이 필요할 것이다.

이상의 요인들을 고려하여 표집을 한 결과가 오차범위 내의 근소한 차를 보이면 연구자는 통계적으로 유의미한 판단을 하기 곤란해진다. 예를 들어, 대통령 선거에서 선거당일 출구조사에서 한 후보의 지지율이 조사기관에 따라 95% 신뢰수준에서 65~68%를 가리키고 그를 추격하는 다른 후보의 지지율은 63~66%를 가리킨다면 오차범위 내에서 두 후보의 지지율이 겹치게 되므로 통계적으로 유의미한 판단을 내리기 어렵게 된다.

이상적인 결과를 위해서는 모집단을 대표하기에 충분한 조사대상을 표본으로 삼아야 한다. 그러나 현실적으로는 시간과 경제적 제약 때문에 이상적인 표본은 보기 드물다. 이런 경우 연구자들은 가중치(weight), 또는 표본의 균등화라고 알려진 통계 절차를 이용한다. 어떤 항목의 전체 조사대상자가 모집단에서 그 항목이 차지하는 비율에 미치지 못할 경우에는, 그 항목의 조사대상자 응답에 가중치를 주어서 그 부족분을 보충하는 것이다.

가중치를 주는 방법은 전체 인구에 대하여 대표성이 없는 표본을 조정하기 위해 방송 시·청취율 조사회사가 사용하는 방법이기도 하다. 예를 들어 전국에서 특정 통신서비스를 이용하는 인구에 대한 추정치가 18~34세의 남자가 41,500명이고 이 집단이 12세 이상의 모집단의 8.3%가 된다고 하자. 이들에게 설문지를 배포했는데 그중 950개가 회수되고 사용 가능한 것이었다. 연구자는 이 가운데 약 79개(950의 8.3%)가 18~34세의 남자들로부터 올 것으로 기대했지만 실제로는 63개 뿐으로 기대했던 수치보다 16개가 부족하였다. 따라서 이 부족을 조정하기 위해 가중치를 주는데, 그 공식은 다음과 같다.

$$가중치 = \frac{모집단에서의\ 집단점유율}{표본에서의\ 집단점유율}$$

위의 예를 적용해 보면,

$$가중치\,(남자\ 18 \sim 34) = \frac{0.083}{0.066} = 1.25$$

이것은 525명(41,500 ÷ 79) 대신에 각 설문지가 656명(525 × 1.25)을 나타내게 된다는 사실을 의미한다.

이상적 가중치는 1.00이며 이것은 그 표본이 집단을 적절히 대표한다는 의미다. 지나치게 많이 과표집될 경우는 가중치가 1보다 작게 될 것이다(Wimmer & Dominick, 1994, pp.304~305). 그러나 가중치를 주기 위해서는 조사대상자 한 명에 대해 어느 정도의 가중치를 주어야 하는지, 또한 그것이 대표성을 가질 수 있는지 하는 문제를 해결해야 한다. 드물게는 가중치를 부여하지 않을 때 더 정확한 결과가 나올 수도 있으므로 주의해야 한다.

실험 연구   06

1. 실험 연구의 본질

1) 정의 및 특징

실험 연구(experimental research)는 자연과학의 실험실 연구가 가지는 장점을 빌려 복잡한 인과관계를 논리적으로 밝힐 수 있도록 고안되었다. 다시 말해, 실험 연구란 실험실에서 연구가 이루어지는 것을 가정하고 엄격하게 상황을 통제한 상태에서 독립변수를 조작(manipulation)함으로써 그것이 종속변수에 미치는 효과를 측정·관찰·분석하는 방법이다. 독립변수를 조작한다는 것은 연구자가 체계적인 실험계획에 따라 실험변수와 통제변수를 설정하는 등 인위적 방법으로 처리하는 것이다. 실험 연구의 주목적은 실증적 자료를 통해 연구의 객관성을 최대한 확보하여 변수 간의 관계를 정확히 밝힘으로써 내적 타당도를 확보하는 데 있다.

실험 연구는 다른 연구방법에 비하여 다음과 같은 장점이 있다.

첫째, 변수 간의 확실한 인과관계를 밝히는 데 유용하다. 어떤 변수와 다른 변수가 높은 연관성이 있다고 추정됨에도 불구하고 인과관계 여부와 방향을 판단하기 곤란한 경우, 연구자는 실험 연구를 통해 통제된 상황에서 변수 간의 제반 관계를 검증할 수 있다.

둘째, 변수들에 대한 통제가 용이하다. 연구자는 주변의 상황요인이나 변수, 피험자에 대한 통제를 통하여 제3의 설명력을 제거함으로써 인과관계의 설명을 위한 내적 타당도를 높일 수가 있다. 특히 실험실 연구에서는 선택한 독립변수와 종속변수의 숫자와 유형을 마음대로 조절할 수 있을 뿐만 아니라 그러한 변수들의 조작까지도 통제가 가능하다.

셋째, 피험자에 대한 통제가 가능하기 때문에 피험자의 선택, 피험자들의 통제 및 실험집단으로의 배치, 실험처치 상황에의 노출 등을 연구목적에 따라 조절하는 것이 가능하다.

넷째, 다른 조사방법에 비하여 상대적으로 적은 경비로도 연구가 가능하다.

다섯째, 연구과정 및 상황에 대한 묘사가 명확할 경우 다른 연구자들이 되풀이해 연구할 수 있어 연구결과를 보충하거나 다시 검증할 수 있다. 따라서 반복연구(replication study)가 용이하다.

실험 연구는 이러한 장점에도 불구하고 다음과 같은 단점이 있다.

첫째, 실험상황의 인위성(artificiality)이다. 대부분의 경우에 실험실 상황은 자연상태가 아니라 인위적으로 통제된 연구상황이므로 거기서 도출된 연구결과를 현실에 그대로 적용시키는 것이 무리일 수 있다. 실험상황에서는 특정의 자극에만 노출되기 때문에 그 효과를 명확하게 규명할 수 있지만 실제상황에서는 서로 상반되는 자극들이 복합적으로 작용하기 때문에 그 효과를 알아내기가 어렵다. 연구설계의 외적 타당도가 떨어진다는 것이다. 이러한 실험실 상황의 인위적 문제를 극복하기 위하여 많은 연구자가 현장실험 연구방법을 채택하는 경향이 있다. 그러나 현장실험 연구는 자연적인 상황에서 연구가 이루어진다는 점에서는 큰 장점이 있긴 하지만 연구절차 과정에서의 인위적 통제는 피할 수 없는 한계점이 있다.

둘째, 연구과정에 연구자의 편견이 개입할 소지가 높다. 실제로 구체적인 예상결과를 기대하고 행하는 연구들은 그러한 기대치를 지니지 않고 시작한 연구들보다 연구결과가 기대치와 일치하도록 나타나는 경향이 있다.[1]

2) 연구 변수의 조작화

실험 연구를 통해 사회적 현상에 대해 고찰하려면 예상하는 인과관계의 원인이 되는 독립변수를 실증적 수준에서 구체적으로 명시할 수 있어야 한다. 변수를 조작화하는 이유는 명확한 인과관계를 밝혀내는 것인 만큼, 독립변수를 설정하는 것뿐만 아니라 관계의 본질을 흐리는 가외변수를 통제하는 것도 조작화의 한 과정이 된다.

(1) 독립변수의 조작화
피실험자에게 독립변수를 어떻게 정확히 제시할 것인지를 구체화하고, 명확하게 정의된 처치수준을 결정함으로써 독립변수를 조작화한다.

---

1 앞서 제 3장에서 다루었던 연구설계의 타당도 저해요인을 상기하라.

독립변수는 다음과 같이 나누어 볼 수 있다.

첫째, 연속변수와 비연속변수로 나눌 수 있다. 연속변수는 낮은 수준에서 높은 수준까지의 연속선상에서 변화하는 변수이고, 비연속변수는 각기 구별되는 단계로 변화하는 변수다. 예를 들어 '신체적 매력'이라는 변인은 연속변수로 볼 수 있으며, '성'(gender)은 비연속변수로 남, 여라는 고정된 범주를 가진다.

연속변수를 비연속변수로 전환할 때 다음 방식 중의 하나를 이용한다. 첫째, 인접해 있는 유사한 값들을 하나의 범주로 포함하여 집단화하는 방법이다. 예를 들어 두려움, 언어의 단호성 등은 '높다'와 '낮다'의 두 범주로 나눌 수 있다. 둘째, 존재의 유무에 따라 변인을 이분하는 방법이다. 예를 들어 신체의 매력은 '매력적이다', '매력적이지 않다'라는 두 범주에서 활성화된다.

둘째, 자극변수(stimulus variables)와 유기체변수(organic variables)로 나눌 수 있다. 자극변수는 각 처치수준에 노출된 조사대상의 외부에 존재하는 변수이고, 유기체변수는 피험자의 내부적 특성이다. 유기체변수는 실험자에 의해 조작되지 않는 것으로 조사대상의 본질적 속성을 발견하여 사용하는 것이다. 예를 들어 '정보원의 매력도에 따른 설득효과'에 관한 연구를 수행한다면 정보원의 매력도는 자극변수가 되고, 피험자의 성별 등의 요인은 유기체변수가 된다.

독립변수를 위와 같은 범주들로 구분할 때는 변수에 대한 충분한 지식과 개념 정의에 사용하는 용어에 대해 정확히 이해해야 한다. 독립변수를 설정하고 난 후에는 직설적 조작(straightforward manipulation)과 연출된 조작(staged manipulation)의 두 가지 방법을 사용하여 독립변수를 조작화한다. 직설적 조작이란 어떤 문서, 구두지시 혹은 기타의 자극을 연구자가 직접 피험자에게 제시하여 그 반응을 관찰하는 방법이다. 연출된 조작이란 연구자가 독립변수를 조작할 수 있도록 어떤 사건이나 상황을 만드는 방법을 말한다. 이 때 연구팀의 실제 구성원을 연구대상이 되는 피험자 대상자 사이에 집어넣어 그들이 마치 실제의 피험자처럼 행동하도록 하는 연구공모자(confederate)를 이용하는 기법을 주로 사용한다.

(2) 오염변수의 통제

피험자 집단들을 서로 동질적인 것으로 만들고 오염변수(confounding variable)를 통제하는 것은 궁극적으로 타당도를 확보하는 데 필수적이다. 오염변수를 통제하는 방법은 다음과 같다.

첫째, 둘 이상의 집단에 피험자를 무선적(無選的)으로 배치하는 무작위화다. 무작위화(randomization)란 모든 피험자들이 각 집단에 속할 확률이 서로 같게 만드는 것을 의미한다. 무작위화를 행할 경우 집단들의 속성이 대체로 비슷해지며 오염변수 또한 집단마다 같은 정도로 퍼져 결국 상쇄될 것으로 기대할 수 있다. 그러나 표본의 크기가 작으면 동질적이지 않은 집단이 생길 위험이 있다.

둘째, 변수들을 결합함으로써 변수의 속성에 맞는 피험자 집단을 구성할 수도 있다. 이것은 종속변수와 상관이 높을 것으로 판단되기 때문에 오염을 낳을 가능성이 있는 변수들을 기준으로 피험자 집단을 묶는 방법이다. 변수들을 결합하는 방법은 다음과 같이 세분화할 수 있다.

① 피험자 집단 간에 있을 수 있는 차이에 의하여 연구결과가 오염되지 않도록 하는 방법이다. 예를 들어 '컴퓨터 게임이 어린이들의 폭력성에 미치는 영향'을 연구한다고 하자. 우선 매우 폭력적인 컴퓨터 게임과 친화적 컴퓨터 게임의 두 가지 종류를 구분해 놓고 그것을 많이 사용하는 어린이 집단들을 두 집단으로 나누어 놓아야 할 것이다. 그런데 과거 연구를 고찰한 결과 어린이의 성별에 따라서 폭력성의 수준이 다르다는 것을 알게 되었다면 성별이 오염변수로 존재하기 때문에 컴퓨터 게임 자체에 의한 영향력을 살펴보기가 어렵다. 따라서 연구자는 남자 어린이 혹은 여자 어린이 집단만을 피험자 집단으로 삼아서 연구해야 성별이라는 오염변수의 영향력을 제거할 수 있을 것이다. 하지만 이러한 경우 성차(性差)로부터의 오염은 막을 수 있겠지만 당초의 모집단으로서 어린이 전체에 대한 일반화는 불가능하다.

② 피험자들을 무선배치(random assignment), 곧 무작위로 서로 다른 집단에 배치하기 전에 관심대상이 되는 어떤 변수에 대하여 비슷한 값을 지닌 사람들끼리 짝을 지어서 독립변수인 자극에 노출시키는 방법이다. 예를 들어 위의 컴퓨터 게임 연구에서 피험자 집단을 처치집단과 통제집단으로 나누기 전에 각 피험자가 내재적으로 지닌 폭력수준이 어느 정도인지를 사전조사를 통해 먼저 알아보고 조사결과를 토대로 폭력수준의 상, 중, 하의 세 집단으로 나눈다. 다음 각 집단의 구성원들을 처치와 통제집단으로 구분시킬 때 폭력수준의 정도에 따라서 똑같이 짝을 지어 하나씩 처치와 통제집단으로 구분시킨다. 이런 방법으로 각 수준에서 짝을 지어 통제와 처치집단으로 나누어 실험을 시행하게 되면 사전에 지니고 있는 폭력수준이 오염변수로 작용하지 못하게 될 것이다.

3) 연구의 절차

연구의 목적에 따라서 조금씩의 차이가 있긴 하지만 대부분의 실험 연구는 다음의 절차를 거치게 된다.

첫째, 실험실 상황에서 연구를 수행할 것인지 아니면 좀더 자연적인 상황에서 연구를 수행할 것인지를 먼저 결정해야만 한다.

둘째, 가설이나 연구문제의 성격, 조작과 측정대상이 되는 변수의 유형, 피험자의 이용가능성, 가용자원 등을 고려하여 연구의 설계방법을 정한다.

셋째, 각 변수의 개념을 명확하게 정의한다. 규명하려는 인과관계를 고려해 독립변수와 종속변수, 그리고 통제변수를 구분한다. 넷째, 연구상황에 맞춰 독립변수를 조작화한다.

다섯째, 피험자를 선정하고 실험상황 조건에 배치한다. 이때 연구의 외적 타당도를 높이기 위해서 연구대상이 되는 모집단으로부터 표본을 확률표집 원칙에 따라 무작위 표집하는 것을 기본으로 한다.

여섯째, 사전 예비연구(pilot study)를 실시한다. 예비연구는 본 연구에 들어가기에 앞서 적은 수의 피험자를 대상으로 예상된 연구를 성공적으로 수행할 수 있는지의 여부를 판단하는 작업이다. 연구에 핵심이 되는 조작된 독립변수가 기대한 만큼의 효과를 보여주는지, 만약에 아니라면 어떤 과정에 문제가 있는지를 본 연구에 들어가기에 앞서 사전에 검사해 볼 수 있는 가장 중요한 절차 중의 하나다.

일곱째, 본 연구를 수행한다. 연구자는 과정상의 오류 및 변수의 조작상태를 완벽하게 점검한 뒤에 본격적인 연구를 수행한다. 실험조작은 개인 혹은 집단단위로 시행되며 이들을 상대로 연구의 관심대상인 종속변수를 측정한다.

여덟째, 분석된 연구결과물을 해석한다.

2. 실험설계의 종류

구체적인 실험을 실시하기 위해서는 연구의 목적과 측정대상이 무엇인가, 얼마나 많은 독립변수와 얼마나 많은 수준(독립변수의 조작처치 수준)을 포함할 것인가, 바람직한 자료의 형태와 그것을 수집하는 가장 쉽고도 효과적인 방법은 무엇인가, 그 자료에 알맞은 통계분석에는 어떤 것이 있으며 연구비용과 연구의 수행에 필요한 시설은 어떠한가, 관련 분야에서의 선행연구는 어떤 것들이 있는가 등을 종합적으로 파악한 후 실험설계를 하게 된다(Wimmer & Dominick, 1994, p. 92).

실험설계의 방법은 피험자의 선정이 무작위화 과정을 거쳤는가의 유무, 처치집단과 그것에 대비되는 통제집단이 존재하는가의 여부, 그리고 측정이 처치 전후의 시간적 배열을 고려했는가 여부에 따라서 구분된다. 이러한 기준에 따라 전(前)실험설계, 진형실험설계, 유사실험설계를 비교해 보면 〈표 6-1〉과 같이 나타낼 수 있다.

표 6-1 실험설계들의 비교

	전실험설계	진형실험설계	유사실험설계
처치의 시기 및 대상의 통제	×	○	×
측정의 시기 및 대상의 통제	×	○	○
대상선정의 무작위화	×	○	×

1) 전(前)실험설계(Pre-Experimental Design)

이 설계방안은 피험자들이 무작위 배치되지 않고, 비교될 자료의 기준이 거의 없을 뿐 아니라 엄격한 실험적 통제가 거의 불가능하기 때문에 가외변수(내적 타당도 저해요인)가 개입되게 된다.

(1) 단일사례연구

단일사례연구(one-shot case study)에서는 한 집단에 실험처치를 한 후, 한 번 검사하므로 관찰을 비교할 기준이 없다.

그림 6-1 단일사례연구

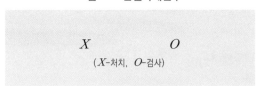

$$X \qquad O$$
(X-처치, O-검사)

예를 들어, "바이올린 연주를 배우면 사람은 침착해진다"라는 가정을 검증해 보고 싶다면 실험처치(X)는 '바이올린을 배우는 것'이 되겠고 그 사람의 침착성에 대해 평가하는 것은 검사(O)가 된다.

단일사례연구에서는 다음과 같은 타당도 저해요인이 개입할 소지가 높다.

첫째, 선정(selection) 요인이다. 바이올린을 배우는 사람들은 원래 침착했을 수가 있으나 연구설계에서는 그 사실을 미리 포착할 수 없다. 둘째, 역사(history) 요인이다. 검사 결과 관찰집단이 침착하다면 그것은 그들 자신으로부터가 아니라 시간이 지남에 따라 개입될 수 있는 특정한 경험 때문일 수도 있다. 셋째, 탈락(mortality) 요인이다. 즉, 피험자들이 침착하다고 측정된 이유가 바이올린을 배우다가 중단함으로써 관찰집단에서 빠진 사람들을 제외한 나머지만을 대상으로 관찰했기 때문일 수 있다.

(2) 단일집단 사전-사후검사설계(One Group Pretest-Posttest Design)

처치 전의 상태에 대한 관찰을 통해 O_1이란 판단의 기준을 하나 더 제시해 줌으로써 선정요인을 제거할 수 있다. 앞의 예에서 바이올린 연주를 배우기 이전에 관찰을 통해 피험자의 인성을 측정해 놓고 그것을 두 번째 관찰인 O_2의 결과와 비교할 경우, 바이올린을 배우는 기간 전후의 피험자들의 침착성 정도를 비교함으로 실험처치의 직접적인 효과를 파악할 수 있다. 그러나 이 연구설계에서는 단일사례연구에서 드러난 타당도 저해요인, 즉 역사요인을 배제할 수 없을 뿐 아니라 다음과 같은 요인을 배제할 수 없게 된다.

그림 6-2 단일집단 사전-사후검사설계

$$O_1 \quad X \quad O_2$$

첫째, 성숙(maturation) 요인이다. 이것은 피험자가 시간이 지남에 따라 자연히 침착해 질 수 있음을 의미한다. 또한 O_1과 O_2 사이의 기간이 길수록 실험처치의 결과가 성숙요 인에 의한 것이라는 설명력이 커진다.

둘째, 검사(testing) 요인이다. 사전검사(O_1)가 대상자를 민감하게 할 수 있다. 이 경우 에는 O_1과 O_2 사이의 기간이 짧을수록 검사요인의 설명력이 커진다.

셋째, 도구(instrument) 요인이다. 즉, O_1과 O_2의 서로 다른 실험처치 방법이나 다른 종류의 질문이 O_1과 O_2의 침착성 측정수준의 차이를 유발할 수 있다.

(3) 무처치집단 비교(Static Group Comparison)

이 설계방안은 무작위로 배치하지 않은 자연적으로 나누어진 두 집단을 비교하는 것이다. X와 O가 정적 혹은 부적 상관관계가 있는지, 그것이 약한지 혹은 강한지를 보여줄 수 있으나 이 상관관계를 곧바로 인과관계로 해석해서는 안 된다. 그러나 이 실험방안은 다 음과 같은 타당도 저해요인을 배제하기 어렵다.

그림 6-3 무처치집단 비교

$$G_1 \quad X \quad O_1$$
$$G_2 \qquad\quad O_2$$

첫째, 선정요인과 관계된 것으로 설계상 무작위 배치가 아니므로 집단 1과 집단 2는 실 험처치의 여부와 관계없이 이질적일 수 있다.

둘째, 탈락요인과 관계된 것으로, 어떤 특정 집단에 속한 성원과 비성원을 대상으로 삼 은 경우 그 집단의 참가자격이 탈락요인으로 작용할 수 있다.

셋째, 피험자가 두 집단에 무작위로 할당된 것이 아니라, 집단이 자연적으로 이미 주어 졌기 때문에 역사적 영향요인에 각기 다르게 노출되었을 위험이 있다.

표 6-2 전실험설계의 내적 타당도를 해치는 요인

	단일사례연구	단일집단 사전-사후검사설계	무처치집단 비교
역사(history)	O	O	O
성숙(maturation)		O	
검사(testing)		O	
도구(instrumentation)		O	
통계적 회귀(statistical regression)		O	
선정(selection)	O		O
탈락(mortality)	O		O
상호작용		'선택'과 '성숙'	'선택'과 '역사'

출처 : L. H. Kidder, *Research methods in social relations*, 4th ed.(NY: Holt, Rinehart & Winston, 1980), pp.44-46.

전실험설계에서 측정의 내적 타당도를 해칠 수 있는 요인들을 정리해 보면 〈표 6-2〉와 같다. 그러나 중개하는 타당도 저해요인의 종류가 많다고 해서 그 설계가 열등한 것은 아니다. 각각의 타당도 저해요인은 그것들이 실제로 변수 간 관계를 규명하는 데 개입되었음이 증명되기 전까지는 잠재적 요인일 뿐이다.

2) 진형실험설계

진형실험설계(true experimental design)는 크게 두 유형으로 나눌 수 있다. 단순실험설계는 하나의 독립변수에 대한 효과를 측정하기 위한 방안이고, 복합실험설계는 하나 이상의 독립변수에 대한 효과를 측정하며 각 독립변수가 다수의 처치수준을 포함하는 방안이다.

(1) 단순실험설계

• 사전-사후검사 통제집단설계

사전-사후검사 통제집단설계(pretest-posttest control group design)에서는 실험처치 전에 사전검사(pretest)를 실시한다. 사전검사를 통해 연구자는 비교집단 간 무작위화가 이루어졌는지 알 수 있으며 피험자들은 그들 자신을 비교할 수 있으므로 처치의 효과를 더욱 민감하게 검사할 수 있도록 한다. 반면 사전검사의 실시로 인해 피험자가 사전검사 항목을 기억함으로써 검사에 대한 민감도(test sensitization)를 유발시킬 수 있다는 단점이 있다.

그림 6-4 사전-사후검사 통제집단설계

$$\boxed{R} \quad \begin{array}{ccc} O_1 & X & O_2 \\ O_3 & & O_4 \end{array}$$

($\boxed{R}$ - 무선할당)

사후검사단독 통제집단설계

사후검사단독 통제집단설계(posttest-only control group design)는 '민감화'의 효과를 배제하기 위하여 사전검사를 일체 생략하는데 무작위화를 통해 두 집단이 서로 동질적이라고 가정할 수 있게 된다. 따라서 표본의 크기가 충분할 필요가 있다.

그림 6-5 사후검사단독 통제집단설계

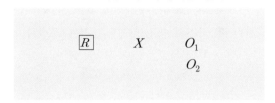

솔로몬 네 집단 설계

솔로몬 네 집단 설계(Solomon four-group design)는 앞의 두 설계를 혼합한 형태를 취하는데 이 설계로 실험자는 사후검사에서의 차이점이 실험처치에 의한 것인지 사전검사에 의한 것인지의 여부를 검사할 수 있게 된다.

그림 6-6 솔로몬 네 집단 설계

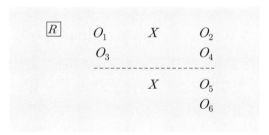

솔로몬 네 집단 설계는 네 가지 조사대상 집단을 필요로 한다(Solomon, 1949, pp. 137~150). 이 설계는 앞의 두 설계의 장점 외에도 실험자로 하여금 사전검사와 처치를 더한 조합과 그렇지 않고 양자 중 하나만 더하거나 양자 모두 배제한 조합이 다른 결과를 보여주는가를 알려준다. 그러한 조합의 효과가 통계적으로 구분될 경우, 통계적으로 유의미한 상호작용 효과가 발견되었다고 말할 수 있다.

또한 이 설계는 네 집단의 동등성을 확보함과 동시에 조사대상의 검사에 대한 민감화 효과를 제거한다는 장점이 있다. 따라서 지금까지 소개한 단순실험설계 중 가외변수의 영향력을 가장 널리 제거할 수 있는, 내적·외적 타당도가 높은 설계방안이라고 할 수 있다. 실험설계 중 $O_3 \sim O_1$에서 무작위화의 정도를, $O_6 \sim O_4$에서 '검사'의 효과를, 그리고 $O_5 \sim O_2$에서 검사와 처치의 상호작용을 계산한다. 그러나 솔로몬 네 집단 설계는 많은 대상자를 필요로 하고 설계비용이 많이 든다는 단점이 있다.

(2) 요인설계

요인설계(factorial design)란 둘 혹은 그 이상의 독립변수를 동시에 사용하여 그 결과를 분석하는 연구방법이다. 이때 조작 처치된 각 독립변수를 요인(factor)이라 부른다. 이 연구방법은 시간이나 돈과 같은 자원을 절약할 수 있을 뿐만 아니라 현실적으로 상호의존해서 나타나는 독립변수의 영향을 효과적으로 조사할 수 있다. 2 요인설계(two-factor design)는 두 가지의 독립변수, 예를 들면 〈표 6-3〉과 〈그림 6-7〉의 X와 Y가 조작화되는 설계방법을 말하며, 3 요인설계란 세 가지의 독립변수가 동시에 조작화되는 것을 말한다.

그림 6-7 2×2 요인설계

$$\boxed{R} \quad \begin{array}{ccc} X_1 & X_2 & O_1 \\ X_1 & & O_2 \\ & X_2 & O_3 \\ & & O_4 \end{array}$$

〈표 6-3〉은 두 가지 독립변수를 조합한 2×2 요인설계의 예다. 〈표 6-4〉는 2×2 요인설계에 둘 이상의 값을 가진 세 번째 독립변수를 덧붙인 것으로 상황의 수는 배로 증가한다.

예를 들어, 토론활동을 위주로 하는 소집단에서 토론자의 성별 및 행동성향이 그 토론자의 인기도와 어떤 관련이 있는지 알아보기 위한 실험을 한다고 하자(Kidder, 1980, pp. 32~34). 이 실험에서 맡은 연기를 해줄 연기자(연구보조자)들은 실험자의 요청에 따라 다른 사람들이 속해 있는 토론집단에 일원으로 참가했다. 연기자들은 다른 피험자들이 눈치채지 못하도록 미리 '순종적'이거나 '독단적'인 토론자를 연기한다. 네 집단에 배치된 연기자들로 하여금 독단적 남성, 독단적 여성, 순종적 남성, 순종적 여성 역할을 하도록 후, 토론이 끝날 무렵 집단의 각 일원들로 하여금 그들의 인기도를 점수로 부여하도록 했다.

표 6-3 2×2 요인설계

		요인 X : 연기자의 성별	
		남(X_1)	여(X_2)
요인 Y : 연기자의 행동	독단적 (Y_1)		
	순종적 (Y_2)		

표 6-4 2×2×3 요인설계

		요인 X : 연기자의 성별	
요인 Z : 연기자의 나이		남	여
요인 Y : 연기자의 행동	독단적	어린이	
		청소년	
		어른	
	순종적	어린이	
		청소년	
		어른	

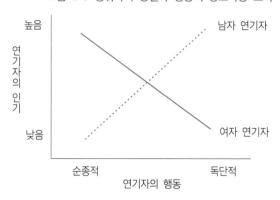
그림 6-8 행위자의 성별과 행동의 상호작용 효과

연구자는 연기자의 성과 행동을 각각 독립변수로 관찰했다. 그 결과 남성-여성, 독단적-순종적 성격의 독립변수 각각이 연기자의 인기에 미치는 영향은 없는 것으로 나타났다. 그러나 연기자의 성과 행동이라는 두 가지 독립변수를 조합해 보았을 때 독단적 남성을 연기한 토론자와 순종적 여성을 연기한 토론자는 인기가 있었던 반면에 순종적 남성을 연기한 토론자와 독단적 여성을 연기한 토론자는 인기가 없는 것으로 나타났다(〈그림 6-8〉).

〈그림 6-8〉은 독단적이거나 순종적인 행동이 한 집단 내 개인의 인기에 미치는 영향은 그 사람의 성이 무엇인가에 달려 있다는 것을 의미한다. 이처럼 조합된 두 변수가 각 개별 변수의 효과의 합과 다른 효과를 생산해 낼 때, 이것을 상호작용 효과(interaction effect)라 하고 개별 변수 각각의 분리된 효과를 주효과(main effect)라고 한다.[2] 이러한 주효과가 두드러지지 않을 때 두 변수 간의 상호작용은 괄목할 만한 효과를 일으킨다. 결국 요인설계의 장점은 실험 연구자로 하여금 주효과와 함께 상호작용 효과를 발견하게 해주며, 상호작용이 발견되지 않는다면 한 독립변수의 주효과를 다른 독립변수의 둘 이상의 값과 교차하여 일반화를 가능하게 해주는 데 있다.

요인설계는 실험대상자를 할당하는 방식에 따라 세 갈래로 나누어진다.

그림 6-9 독립집단설계의 예	
S_1 ⋯⋯ S_{10}	S_{11} ⋯⋯ S_{20}
S_{21} ⋯⋯ S_{30}	S_{31} ⋯⋯ S_{40}

(S-실험대상자)

그림 6-10 반복측정설계의 예	
S_1 ⋯⋯ S_{10}	S_1 ⋯⋯ S_{10}
S_1 ⋯⋯ S_{10}	S_1 ⋯⋯ S_{10}

(S-실험대상자)

---

2 상호작용은 다음과 같은 유형으로 나누어진다.
　① 서열적 상호작용 : 하나의 독립변수가 두 번째 독립변수의 한 처치수준에서만 유의미한 차이를 보일 때 발생한다.
　② 비서열적 상호작용 : 한 독립변수가 다른 독립변수의 모든 처치수준에서 유의미한 차이를 보일 때 발생한다.
　③ 대칭적 상호작용 : 한 독립변수의 효과가 다른 독립변수의 모든 처치수준에서 역으로 일어날 때 발생한다.
　④ 비대칭적 상호작용 : 한 독립변수의 효과가 다른 변수의 처치수준들에서 역으로 나타나지 않는 것이다.

그림 6-11 혼합설계의 예

$$
\begin{array}{ccc}
 & A & \\
 & a_1 & a_2 \\
b_1 & S_1 \cdots\cdots S_{10} & S_1 \cdots\cdots S_{10} \\
B & & \\
b_2 & S_{11} \cdots\cdots S_{20} & S_{11} \cdots\cdots S_{20} \\
\end{array}
$$

첫째, 독립집단설계(independent group design)다. 2×2 요인설계의 경우, 각 변수가 지닌 수준들로 이루어지는 4개의 셀(cell)에 피험자를 무선적으로 배치한다. 한 셀에 10명씩을 할당하기 위해서는 모두 40명이 필요하다.

둘째, 반복측정설계(repeated measures design)다. 이 경우는 독립집단설계와는 달리 하나의 집단에 대하여 측정을 거듭한다. 적은 수의 대상자만으로 분석이 가능한 대신 '검사'와 '민감화' 등에 오염될 소지가 있다.

셋째, 혼합설계(mixed independent groups / repeated measures design)다. 독립변수 A에는 처치수준에 상관없이 같은 실험대상자를, B에는 처치수준에 따라 서로 다른 실험대상자를 배치한다. 즉, 요인 A의 수준 a_1과 a_2의 대상자는 S_1부터 S_{20}까지 20명으로 같은 사람이지만, 요인 B의 수준 b_1에는 S_1부터 S_{10}까지, 수준 b_2에는 S_{11}부터 S_{20}까지, 말하자면 서로 다른 10명씩의 대상자가 할당된다.

3) 유사실험설계

유사실험설계(quasi-experimental design)[3]란 실험대상자를 실험집단과 통제집단에 무선으로 배치하기 어려운 경우에 실시하는 것으로, 실험처치 전 무선배치를 하지 않는다는 점이 진형실험설계와 가장 두드러진 차이점이다(Babbie, 1998, p. 340). 유사실험설계는 실험집단과 통제집단이 서로 동등하다고 가정할 수 없으므로 집단의 동등성을 보장받을 수 없으며, 결과로 나타난 차이가 실험처치에 의한 것인지 혹은 집단 간의 차이에서 연유한 것인지 정확히 분간할 수 없게 되어 내적 타당도가 상대적으로 낮은 실험방법이다. 하지만 유사실험설계는 자연적으로 나누어진 집단 간의 비교에 기초하여 이루어지므로 진형실험설계에 비해서 높은 외적 타당도를 보장받을 수 있다.

전(前)실험설계와 진형실험설계의 중간단계인 유사실험설계는 실행이 비교적 간편하기 때문에 실험적 방법을 통해 이론을 검증하거나 정보를 얻는 데 매우 유용하게 사용되지만, 자료의 해석에는 많은 신중을 기해야 하는 설계상의 결함을 가진다(Wimmer & Dominick, 1994, p. 98).

---

3 '유사실험설계' 또는 '의사실험설계'라고 부른다.

유사실험설계의 종류[4]에 대해서는 학자마다 약간씩 차이를 보인다. 여기에서는 시계열설계(time-series design), 사전-사후 비등가 통제집단설계(pretest-posttest nonequivalent control group design), 회귀불연속설계(regression-discontinuity design), 등가 시간표본설계(equivalent time-sample design)를 살펴볼 것이다.

(1) 시계열설계 (Time-Series Designs)

가. 틈입 시계열설계

틈입 시계열설계(interrupted time series design)는 전실험적 단일집단 사전-사후검사설계의 확장된 형태로, 내적 타당도를 해치는 몇 가지 오염요소를 제거할 수 있다는 장점을 지닌다. 특히 이 설계는 한 집단을 대상으로 주기적인 측정을 하는 것으로, 무작위화와 통제집단을 가지지 않는 일종의 패널조사(panel study)라고 할 수 있다.

그림 6-12 틈입 시계열설계

$$O_1 \quad O_2 \quad O_3 \quad O_4 \quad O_5 \quad X \quad O_6 \quad O_7 \quad O_8 \quad O_9 \quad O_{10}$$

만약 O_5와 O_6 사이에 차이가 있고, 이것이 처치(X)에 의한 순수한 결과인지 혹은 성숙요인에 의한 것인지 의심스러울 때, 실험처치 전후의 모든 간격의 변화를 조사하면 성숙의 경향을 알 수 있다. 즉, 실험의 과정 중에 성장요소가 있다면, O_1과 O_2 사이, 그리고 O_2와 O_3 사이 등 전체 시계열상의 모든 간격에도 차이가 나타날 것이다. 만약 차이가 O_5와 O_6 사이에서만 나타난다면 성숙요소가 없는 것이라 말할 수 있다(Kidder, 1980, p. 47~48).

때때로 한번 발생한 X의 효과가 일정 기간 혹은 계속하여 지속되는 경우가 있다. 예를 들어 인플루엔자 주사의 효과가 일정 기간 동안 나타나는 반면, 홍역접종의 효과는 영구히 지속된다. 이처럼 실험처치(X)의 한 시점 이후에 효과가 실험상황에서 지속적으로 나타나는 경우 시계열은 〈그림 6-13〉과 같이 도식화된다.

그림 6-13 틈입 시계열설계에서 실험처치 X가 지속적 효과를 가지는 경우

$$O_1 \quad O_2 \quad O_3 \quad O_4 \quad O_5 \quad XO_6 \quad XO_7 \quad XO_8 \quad XO_9 \quad XO_{10}$$

---

4 키더(Kidder)는 유사실험설계를 크게 두 가지로 전실험적 설계(pre-experimental design)와 유사실험설계로 나눈다. 마틴(Martin)도 유사실험설계에 전실험적 설계를 포함시키지만, 여기에서는 쿡(Cook)과 캠벨(Campbell)의 분류에 따라 전실험적 설계는 포함시키지 않기로 한다.

나. 복수 시계열설계

틈입 시계열설계에서 가장 문제가 되는 것은 역사(history) 요인이다. 실험처치 이후에 나타나는 변화가 다른 사건으로 인해서 발생할 수도 있다는 것인데, 이러한 역사요인은 실험의 내적 타당도를 저해하는 심각한 요인이 될 수 있다. 이에 대한 대안으로 복수 시계열설계(Multiple Time-Series Design)를 들 수 있다. 만일 실험처치가 어떠한 역사적 사건과 동시에 발생하였고 두 집단이 같은 사건에 노출되었다고 한다면 역사요인에 의한 영향은 O_5와 O_6 사이의 차이처럼 두 집단의 시계열 전체에서 함께 발견될 것이다.

그림 6-14 복수 시계열설계

$$O_1 \quad O_2 \quad O_3 \quad O_4 \quad O_5 \quad X \quad O_6 \quad O_7 \quad O_8 \quad O_9 \quad O_{10}$$
$$O_1{}' \quad O_2{}' \quad O_3{}' \quad O_4{}' \quad O_5{}' \qquad O_6{}' \quad O_7{}' \quad O_8{}' \quad O_9{}' \quad O_{10}{}'$$

예를 들어, 고속도로에서의 과속 방지 프로그램의 효과를 측정하기 위해서 새로운 프로그램이 시작되기 전후의 교통사고 사망자 수를 조사하였다고 하자. 조사결과 사망자 수가 감소하는 경향을 보였지만, 과거의 불안정한 증감을 보이는 사망자 수에 대한 자료로 미루어 보아 사망자 수의 감소가 교통 프로그램에 의한 것인지는 분명하지 않다. 이때에 프로그램이 실시된 지역 이외에 교통 사망자 수가 별다른 변화를 보이지 않은 인근 네 지역의 시계열 자료를 비교해 보면 교통 프로그램이 효과를 나타냈음을 알 수 있다. 이처럼 복수 시계열설계가 다른 유사실험설계와 다르게 지니는 특징은 바로 비교성(comparability)이다 (Babbie, 1998, p. 343).

다. 처치제거설계

어떠한 시간축을 중심으로 실시된 실험처치가 계속적인 영향을 미치고 있을 때, 실제로 그 실험처치의 영향으로 변화가 일어났는지를 측정하기 위해서 실험처치를 인위적으로 제거시킬 수 있다. 이를 처치제거설계(removed treatment design)(Cook & Campbell, 1979, pp. 120~124)라 하며 다음의 기호로 표현된다.

이 연구설계에서, O_2 전에 가해진 실험처치 X가 O_3 이후에는 제거된다. 즉, 이 연구설계는 O_1과 O_2의 차이와 O_3와 O_4 사이의 차이를 비교해서, 실제로 실험처치가 변화를 유발했는지에 대한 조사를 할 수 있다.

그림 6-15 처치제거설계

$$O_1 \quad X \quad O_2 \quad O_3 \quad \overline{X} \quad O_4$$

$(\overline{X} - 처치제거)$

라. 반복실험설계

실험처치의 효과가 연속적이지 않는 상황, 즉 일시적인 실험처치의 효과가 아주 미약하고 그 처치를 다시 했을 때 더 강한 효과를 발생시킬 수 있는 상황에서는 단일한 집단을 상대로 반복실험처치를 행할 수 있다.

반복실험설계(repeated treatment design)에서는 하나의 연구집단을 상대로 첫 번째 처치가 이루어지고 난 뒤, 처치의 효과가 사라지면 어느 정도의 시간이 지난 뒤 다시 처치를 가하여 그 변화를 살펴본다.

그림 6-16 반복실험설계

$$O_1 \quad X \quad O_2 \quad \overline{X} \quad O_3 \quad X \quad O_4$$

(2) 사전-사후 비등가 통제집단설계

만일 연구자가 무선배치와 통제집단을 사용할 수 없는 경우, 실험집단과 외적으로 비슷하게 보이는 자연상태의 통제집단을 찾아서 이를 실험에 사용할 수 있다(Babbie, 1998, p. 341). 이처럼 무선배치하지 않은 상태에서 동등하지 않은 통제집단을 사용한 사전-사후 비등가 통제집단설계(pretest-posttest nonequivalent control group design)는 무처치 집단 비교와 단일집단 사전-사후검사설계의 혼합형태라 할 수 있다. 이 설계에서는 한 집단을 실험처치에 노출시키고, 그런 다음 이 집단을 실험처치에 노출되지 않은 통제집단과 비교한다. 이미 존재하는 선택된 두 집단은 비슷하긴 하지만 동등하지는 않다. 그럼에도 불구하고, 실험집단과 통제집단을 사전검사를 통해 비교함으로 내적 타당도를 위협하는 많은 요소들을 배제시킬 수 있다(Kidder, 1980, p. 53).

그림 6-17 사전-사후 비등가 통제집단설계

Group 1 $O_1 \quad X \quad O_2$
Group 2 $O_3 \quad X \quad O_4$

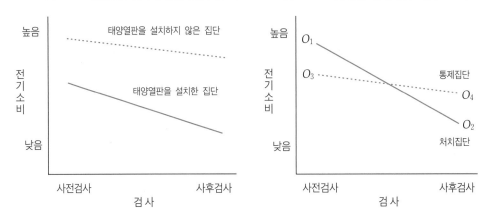

그림 6-18 태양열판 설치에 관한 집단 간 비교   그림 6-19 태양열판 설치 전후 집단 간 비교

예를 들어 태양열판의 설치가 사람들의 에너지 절약습관에 미치는 효과를 측정한다고 하자. 〈그림 6-18〉은 태양열판을 설치한 집단의 사람들은 그렇지 않은 집단보다 본래부터 에너지를 절약하는 경향이 있었음을 보여준다. 이 경우 사전검사가 없었다면 연구자는 사후검사에서 발견한 차이가 본원적인 집단 간의 차이인지, 실험처치의 효과로 인한 차이인지를 구별하기 어려웠을 것이다. 그러나 〈그림 6-19〉에서 보면 원래 에너지 소비가 더 많던 집단(O_1)이 태양열판을 설치한 후에는 전기소비량이 급속히 감소됨으로써 통제집단(O_4)보다 훨씬 더 에너지를 절약하고 있음을 알 수 있다.

(3) 회귀불연속설계

회귀불연속설계(regression-discontinuity design)는 무처치집단 비교의 확장된 형태다. 무처치집단 비교가 자연적으로 이미 존재하는 다른 두 집단을 선정하는 약점을 지니는 반면에 회귀불연속설계는 동시에 여러 집단을 비교함으로써 처치집단과 무처치집단의 차이를 검사해 선정요인을 어느 정도 배제시킬 수 있다. 또한 이미 존재하는 여러 집단 간의 차이에 대한 정보를 제공받을 수 있다. 시계열설계가 시간의 흐름에 따른 종단연구라 한다면, 회귀불연속설계는 집단 간 횡단 비교연구라 할 수 있다.

예를 들어 새로운 교육 프로그램의 도입이 어린이들로 하여금 학교에 대한 선호도를 증가시킬 것인가의 실험을 시계열설계와 회귀불연속설계에서 함께 살펴보면 그 효과는 비슷하게 관찰된다. 우선 시계열설계에서는 〈그림 6-20〉처럼 처치 이후에 어린이들의 선호도가 증가하는 것을 알 수 있다.

회귀불연속설계에서는 80점 이상의 어린이에게만 특정 프로그램을 실시해 통제집단(프로그램을 실시하지 않은 80점 미만의 어린이의 집단)과 비교함으로써 프로그램의 효과를 입증할 수 있다. 그래프가 새로운 프로그램을 실시한 80점 이상의 어린이들을 기점으로 증가하는 패턴을 보인다면 프로그램이 효과를 나타냈다는 것을 의미한다.

　이처럼 시계열설계와 회귀불연속설계는 동시에 서로 다른 측면에서 그 해석이 가능하다. 시계열설계는 시간적 흐름에 따라 실험처치 전후에 관찰된 정보를 알 수 있는 반면에, 회귀불연속설계는 특정 시점에서 여러 다른 집단들을 통해서 관찰된 정보를 제공한다.

그림 6-20 시계열설계를 통한 새로운 교육 프로그램의 학교 선호도에 대한 효과 측정

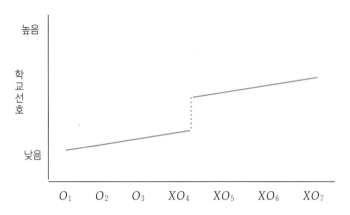

주: 한 어린이의 학교선호도에 관한 시계열설계이다.

그림 6-21 회귀불연속설계를 통한 학교 선호도에 대한 효과 측정

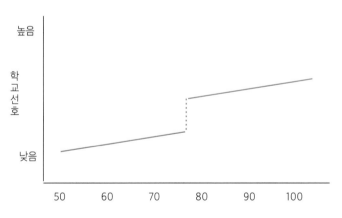

주: 학교선호도는 학업성적이 높을수록 높다고 보고 어린이를 성적에 따라 두 집단으로 나눈 후 성적이 좋은 집단에 새로운 교육 프로그램을 실시한 후 관찰하였다.

(4) 등가 시간표본설계(Equivalent Time-Sample Design)

이 실험설계의 주된 목적 역시 시계열 방안에서의 역사요인을 제거하기 위한 것이다. 〈그림 6-22〉에서 실험변수 X_1을 처치한 후의 관찰 O_1은 시간이 지난 후의 관찰 O_3과 비교할 수 있다. 실험변수가 더 많아진다면 비교되는 관찰의 수는 더 늘어나게 될 것이다. 등가 시간표본설계는 시계열 방안에 끼어드는 역사요인을 설계안에 포함시킨 것이라 할 수 있다(Campbell, 1988, p.152).

그림 6-22 등가 시간표본설계

$$[X_1 \to O_1] \to [X_0 \to O_2] \to [X_1 \to O_3] \to [X_0 \to O_4]$$

4) 기타 실험설계

(1) 원인-비교 상관연구(Causal-Comparative Correlational Studies)

두 자료의 상관을 분석하여 그로부터 인과관계를 규명하려는 연구로서, 독립변수와 종속변수의 구분이 없다는 특징이 있다. 예를 들어 'TV 공상과학물의 시청'과 '외계인의 존재에 대한 믿음' 간의 관계를 연구할 때, 다음 세 결론 중에서 하나가 나오리라고 예상할 수 있다.

첫째, A→B의 경우다. 즉, TV에서 공상과학 시리즈물을 시청하기 때문에 외계인의 존재를 믿게 된다는 것이다.

둘째, B→A의 경우다. 즉, 외계인의 존재를 이미 믿고 있으므로 공상과학 시리즈물을 시청한다는 것이다.

셋째, 가외변수의 개입이다. 즉, 불면증에 시달리느라 늦게까지 공상과학 시리즈물을 시청하며, 또한 잠을 이루지 못하여 공상을 즐기던 나머지 외계인이 존재한다고 믿게 되었다는 것이다.

(2) 사후역추적(事後逆追跡) 연구(Ex Post Facto Studies)

자료를 통해 분석이 가능한 종속변수로부터 거슬러 독립변수를 추정하는 것을 말한다. 만일 여름철 공상과학 시리즈물의 점유율이 높아졌다면 시리즈가 더욱 재미있어졌거나, 경쟁사의 프로그램이 흥미를 끌지 못했거나, 열대야 현상으로 말미암아 심야에 방송되는 납량물이 전반적으로 상승세를 타는 등의 여러 가지 이유가 있을 것이다. 그러나 이 연구방법은 실험전반에 관한 통제가 전혀 불가능하다는 단점을 지니고 있다.

3. 연구설계의 선택과 순서

특정 연구문제에 대한 최선의 연구설계를 선택하기 위해서는 연구영역에 관한 지식이 있어야 하고 상술한 여러 실험설계에 대한 지식이 필요하다. 가장 적합한 연구설계를 선택하기 위해서 연구자가 고려해야 할 문제들은 다음과 같다.

첫째, 계획된 실험설계가 실험처치의 효과와 오차에 대해서 타당한 추정량을 계산해 낼 수 있는 설계인가 하는 점을 고려해야 한다. 만약 그렇지 않다면 어디까지가 실험처치로 나타난 효과이고 어디까지가 오차에 의한 것인지를 구분할 수 없으므로 실험결과를 신뢰할 수 없다.

둘째, 자료수집 절차가 신뢰할 만한 결과를 낳을 것인지를 고려해야 한다. 표본의 수와 표집방법을 결정하는 것에서부터 실제 표집을 수행하는 과정에 이르기까지 여러 가지 오차요인이 발생할 수 있다. 그러므로 앞서 다룬 실험 연구의 갖가지 가외변수를 어떻게 통제할 수 있을 것인가를 고려하여 표집을 수행하여야 한다.

셋째, 계획된 실험설계가 통계적 가설을 검증하는 데 충분한 능력을 가지고 있는지를 고려해야 한다. 통계적 가설검증을 거쳐 내놓은 연구의 결과가 합리적인 것으로 인정받기 위해서는 이용한 통계방법의 용도와 장점, 한계를 고려하여 실험을 설계하여야 한다.

넷째, 실험상황의 제약 내에서 최대의 효율성을 얻을 수 있는 연구설계인지를 고려해야 한다. 사회과학에서는 인간을 대상으로 연구하기 때문에 원칙적으로 자연과학에서와 같은 실험실 연구는 거의 불가능하다. 다만 여러 가지 제약 내에서 처치의 효과가 가장 명백하게 나타날 수 있는 설계는 연구자의 경험과 능력에 따라 가능하다.

다섯째, 실험설계가 학계에서 사용되는 공인된 관례와 절차를 따르고 있는지를 고려해야 한다. 다른 조건이 동일하다면 연구자는 다른 연구의 결과와 자신의 결과가 비교 가능하도록 하여야 한다(Kirk, 1995, pp. 46~47). 한 연구는 동일 주제에 대한 선행연구와 이론적 맥락에서 이어져 있기 때문이다.

서베이 연구

1. 서베이 연구의 정의

서베이 연구는 설문지나 직접면접, 전화 등을 이용하여 응답자로 하여금 연구주제와 관련된 설문에 답하게 함으로써 체계적이고 계획적으로 실증적인 자료를 수집, 분석하는 연구조사 방법이다. 서베이 연구는 궁극적으로는 모집단 전체를 연구의 대상으로 하지만, 시간과 비용의 제약 때문에 모집단에서 추출된 표본을 대상으로 분석한 후 그것을 기초로 전체 모집단에 대하여 추론하게 된다. 일반적으로 서베이라고 할 때에는 표본을 대상으로 하는 표본 서베이(sample survey)를 지칭하며, 모집단 전체를 대상으로 하는 센서스(census)와는 구별된다.

서베이 연구는 다음과 같은 특징이 있다.

첫째, 표본으로부터 얻은 자료를 토대로 모집단의 성향에 대한 추론을 한다. 표집은 서베이 연구에서 가장 중요한 요소라고 할 수 있다. 표본의 대표성이 어느 정도인가에 따라 서베이 연구결과의 일반화 정도가 결정되기 때문이다. 따라서 서베이 연구에는 기본적으로 확률표집(probability sampling)의 원칙을 적용한다.

둘째, 응답자로부터 직접적으로 응답을 얻어낸다. 응답자는 질문지에 직접 응답하거나 연구자에 의해 고용된 조사원에게 응답하게 된다. 따라서 서베이의 성공여부는 응답자로부터 편견 없고 타당성 있는 응답을 얻어낼 수 있는 질문지나 조사원에 달려 있다고도 할 수 있다.

셋째, 분석단위가 개인이다. 비록 서베이가 집단이나 집단 간의 상호작용을 분석하기 위해서 사용될 수도 있지만 이 경우에도 설문에 응답하는 것은 결국 개인이다. 예를 들어 '이혼'(離婚)을 분석하는 서베이를 한다고 하더라도, 설문은 이혼하는 각 개인을 대상으로 작성해야 한다(Babbie, 1998, p. 256).

넷째, 규모가 너무 커서 직접적인 관찰이 불가능한 집단의 특성을 기술하는 데 적합하다. 또한 사람들의 태도와 관심사를 측정하는 데에도 유용하다.

2. 서베이 연구의 절차

서베이 연구의 절차는 연구문제나 연구자에 따라 다양하게 변할 수 있지만, 크게 연구설계, 표집, 설문지 작성, 자료수집, 자료분석, 보고서 작성의 여섯 단계를 거친다.

1) 연구설계

다른 모든 연구와 마찬가지로 서베이 연구도 연구설계(research design)로부터 출발한다. 이러한 연구설계 단계에서의 전반적 절차는 연구문제와 가설을 결정한 후 연구계획을 수립하고, 이것을 수정·완성하는 것이다. 서베이 연구에서는 실제 조사가 시작된 후에 연구를 변경하거나 수정하는 것이 매우 번거로울 뿐 아니라 잘못하면 연구 전체를 망칠 우려가 있기 때문에 연구설계 단계에서 어떤 서베이를 선택할 것인지를 미리 결정하는 것이 좋다.

서베이 연구는 현상에 대한 기술(description)과 설명(explanation)이라는 두 가지 기능을 수행한다. 이 두 가지 기능 중에서 연구자가 서베이 연구를 통해 어떠한 목적을 달성하고자 하느냐에 따라서 기술 서베이와 분석 서베이로 나눌 수 있다. 또한 어느 특정한 한 시점에서의 태도 측정에 초점을 맞추느냐, 아니면 다양한 시점에 따라 변화하는 추이에 초점을 맞추느냐에 따라 횡단 서베이와 종단 서베이로 나눌 수 있다.

(1) 기술 서베이와 분석 서베이

기술 서베이(descriptive survey)는 현재 상황이나 태도가 어떠한 것인지를 기술하기 위한 것이다. 따라서 기술 서베이는 현재의 상태에 대한 원인을 규명하기보다는 지금의 상황이 어떠한지를 가능한 한 객관적으로 보여주는 데 초점을 맞춘다. 예를 들어 수능시험제도에 대한 국민 전체의 만족도를 측정하기 위해 기술 서베이 연구를 실시한다고 하자. 이때 몇 명의 인원이 혹은 전체의 몇 %가 수능시험제도에 만족하고 있는가에 대한 추론을 할 수는 있지만, 왜 응답자들이 현재의 제도에 만족하는지 혹은 불만족을 표현하고 있는지에 대한 답은 얻기 어렵다.

기술 서베이에서 둘 이상의 집단을 동시에 기술하는 경우도 발생하는데, 이때 특정 속성이 2개 이상의 집단에서 공통으로 측정된다면 집단 간의 비교도 가능하게 된다. 예를 들어 가톨릭 집단과 비(非)가톨릭 집단의 낙태(落胎)에 대한 태도를 기술함으로써 두 집단 간의 차이를 비교할 수 있다. 기술 서베이의 분석은 주로 평균이나 비율과 같은 기초적 통계량을 이용한다.

분석 서베이(analytical survey)는 현상을 단순히 기술하는 데에 그치는 것이 아니라 그러한 현상이 나타나게 된 이유를 설명하기 위한 것이다. 연구자는 관심의 대상이 되는 변인에 관한 설명을 하기 위해 그 변수와 관련이 있는 다른 변수를 고찰하고, 변수들 간의 관계를 분석한다. 예를 들면 개인 소비성향의 차이가 발생하는 이유를 밝히기 위하여 소득수준과 학력수준을 잠정적 설명변수로 설정하고 연구를 진행할 수 있다. 이와 같이 설명을 목적으로 하는 분석 서베이에는 평균과 같은 단순한 통계뿐 아니라 회귀분석, 분산분석, 판별분석, 교차분석 등의 여러 가지 통계기법을 사용한다.

(2) 횡단 서베이와 종단 서베이

서베이 연구는 어떠한 현상에 대한 조사가 한 번에 이루어지는가 혹은 두 번 이상에 걸쳐서 이루어지는가에 따라 횡단 서베이(cross-sectional survey)와 종단 서베이(longitudinal survey)로 구분할 수 있다.

횡단 서베이는 어느 한 시점에서 상이한 특성을 가진 집단들을 측정·분석·비교함으로써 이루어진다. 따라서 횡단 서베이에서는 현재의 문제에 더 많은 주의를 기울인다. 횡단 서베이는 조사대상의 특성에 따라 집단을 분류하여 비교 분석하기 때문에, 종단 서베이에 비해 표본의 크기가 상대적으로 크다. 또한 많은 경우 측정된 결과를 직접적으로 이용하는 것이 아니라, 연령 등 인구사회학적 변수들과의 교차분석을 통해 결론을 이끌어 낸다. 예를 들어 매체별 소비시간을 분석할 때 연령별로 집단을 나누어 신문 읽는 시간과 TV 시청시간을 비교할 수 있다. 횡단 서베이는 주로 기술연구에서 사용한다. 횡단 서베이가 단 한 번의 시점에서 측정하기 때문에 인과적 과정을 고려해야 하는 분석연구에는 적합하지 않기 때문이다.

횡단 서베이의 예로 정태적 집단비교연구(static group comparison design)가 있다. 정태적 집단비교연구는 자연적인 상황에서 변수 X의 값(value)을 갖는 둘 이상의 집단을 비교할 때 사용한다. 여기서 X와 O 간에 관계가 있는지 조사하기 위해서는 비교집단의 O 값을 측정하는데, 이때 O_1과 O_2의 값이 다르다면 X가 O에 영향을 미친다고 할 수 있다. 이때 사용하는 정태적 집단비교연구의 연구설계는 〈그림 7-1〉과 같다.

그림 7-1 정태적 집단비교연구

$$\begin{array}{cc} X_1 & O_1 \\ \hline X_2 & O_2 \end{array}$$

(X-처치 O-검사)

예를 들어, 주말 드라마의 시청률에 성(性)이라는 변수가 영향을 미치는지 알아보고자 한다고 하자. 변수 X는 성(性)이고, 시청률은 O에 해당하므로 남성의 시청률과 여성의 시청률을 각각 조사하여 그 결과를 비교할 수 있을 것이다. 그러나 정태적 집단비교연구는 X가 O에 대해서 시간적으로 선행하는지를 증명할 수 없으며, X 외의 다른 변수가 O에 영향을 미칠 수 있기 때문에 연구결과를 해석할 때 주의할 필요가 있다. 정태적 집단비교연구 설계는 X와 O의 공변관계를 조사할 경우에는 적당하지만, 인과관계를 발견하고자 할 때에는 부적당하다.

종단 서베이는 여러 번의 조사시점에서 동일한 현상에 대한 측정을 되풀이함으로써 각 기간 동안에 일어난 변화를 측정하는 것이다. 종단 서베이는 횡단 서베이에 비해 작은 규모의 표본을 사용하지만, 여러 번에 걸쳐 측정하기 때문에 비용이 많이 들고, 표본의 이동성을 통제하기 어렵다. 또한 측정기간 동안 변인이 변질하여 연구의 내적 타당도가 결여될 가능성이 있을 뿐만 아니라, 시간의 경과함에 따라 측정하려고 하는 일반적 조건이 변할 수 있다.

종단 서베이로 얻은 자료는 주로 변화분석(turnover analysis)을 한다. 변화분석은 시간의 변화에 따라 연구문제와 관련된 각종 변수의 변화 상태를 도표로 작성하여 변화가 일어난 원인을 분석하는 기법이다.

종단 서베이의 대표적 유형으로는 경향연구(trend study), 동세대 연구(cohort study), 패널연구(panel study) 등을 들 수 있다.

경향연구는 같은 모집단을 대상으로 여러 시기에 걸쳐 표본을 선정·측정하여 어떤 경향성을 밝혀내는 연구다. 총체적 수준에서 모집단의 변화에 대한 정보를 제공하기 때문에 매스미디어 연구에서 가장 널리 쓰이는 종단 서베이 가운데 하나다.

예를 들어 12월에 대통령 선거가 있는 해에 유권자들의 대통령 후보 지지율을 경향연구를 통해 조사한다고 하자. 5월부터 11월까지 매달 유권자를 대상으로 표본을 선정하여 조사한 결과, 갑(甲) 후보의 지지율이 30%에서 40%로 증가하였음을 알 수 있었다. 이때 갑이라는 후보를 지지하는 사람들이 10% 증가하였다는 것은 대권주자에 대한 유권자들의 경향이 변화하였음을 시사한다.

경향연구는 집단의 태도나 행동변화를 기술하려고 할 때, 전쟁이나 정책의 변화와 같은 어떤 상황의 영향을 분석하거나 평가하려고 할 때, 일정 기간 내에 어떤 현상의 변천 경향 등을 알아보려고 할 때 적합하다. 또한 다른 목적으로 수집된 서베이 연구의 자료를 기본으로 경향을 파악할 수도 있다. 이것을 2차분석이라고 하는데, 2차분석을 통해 시간과 경비, 사회조사인력을 절약하면서도 장시간에 걸친 변화를 알아볼 수 있다.

그러나 경향연구는 표본이 조사시기마다 다르므로 총변화(gross change)는 알아볼 수 있으나 순변화(net change)를 알아보기 어렵고 변화의 역동성을 알 수 없다는 단점이 있다. 위의 예에서 5월 조사에서 갑 후보를 지지하였던 사람들이 11월에는 지지하지 않을 수도 있지만 경향연구에서는 유권자들의 그러한 개별적 변화상황까지는 알 수 없다. 경향연구에서는 전적으로 자료에 의존하기 때문에 사용하는 자료가 그 성공여부를 좌우한다. 만약 자료가 신뢰할 만하지 않다면 분석결과로 나타난 경향성은 오류일 가능성이 높다. 또한 일관성 있는 측정을 전제로 하기 때문에 서로 다른 질문이나 지표를 사용한 설문지들로부터 추출된 변화들은 비교할 수도 없고, 비교한다고 하더라도 잘못된 경향이 나타날 뿐이다.

동세대 연구는 동질적 집단에 속한 구성원들을 대상으로 경향연구를 행하는 것으로, 코호트 연구라고도 한다. '코호트'란 중요한 사건을 동일하게 경험한 개인들의 집단을 의미한다. 그러나 이러한 집단을 경험적으로 구성하는 것은 실제로는 거의 불가능하므로 통상 코호트는 '주어진 짧은 기간'에 같은 경험을 한 집단을 가리키게 된다. 가장 많이 쓰이는 코호트는 출생 코호트(birth cohort)인데, 같은 해 또는 주어진 5년 사이(가령 1970~1974년)에 태어난 사람들을 가리킨다. 이외에도 입학 코호트나 입사 코호트, 결혼 코호트, 이혼 코호트 등이 있다. 동세대 연구의 각 표본들은 그들이 속한 동세대 집단을 대표하기 때문에 동세대 집단이 어떻게 변화했는지에 대한 정보를 집단분석을 통해서 알아낼 수 있다. 그러나 특정 개인이 어떻게 변화했는지는 알 수 없다.

동세대 연구를 사용하면 종속변수의 변화가 성장에 따른 변화(연령효과, age effect)에 의한 것인지 측정시점과 관련된 효과(시기효과, period effect) 때문인지 알 수 있다.

〈표 7-1〉은 연령 코호트별 시사잡지의 구독률을 보여주는 것이다. 세로줄에 제시된 정보는 연령이고, 가로줄에 제시된 정보는 자료수집 연도를 나타낸다. 여기서 주의할 점은 두 시점 사이의 조사간격을 연령집단 간의 간격과 일치하게 해야 그 집단에 대한 추적이 가능하다는 것이다. 만약 일치하지 않는다면 코호트가 아닌 다른 집단의 결과를 측정하게 된다. 〈표 7-1〉을 통해 세 가지의 서로 다른 유형의 정보를 비교할 수 있다. 세로를 따라 분석하면 시기효과, 즉 측정시기에 따른 집단 간의 차이를 비교할 수 있고, 가로를 따라 분석하면 연령효과, 즉 시간의 추이에 따른 개별집단의 변화를 비교할 수 있다. 대각선으로 읽으면, 한 코호트가 시간의 흐름에 따라 어떻게 변해 가는지를 알아낼 수 있다.

표 7-1 시사잡지의 정기구독률

나이 \ 연도	1982	1986	1990
18세 이상 22세 미만	15	12	10
22세 이상 26세 미만	34	32	28
26세 이상 30세 미만	48	44	35

　동세대 연구는 한 집단의 행위를 역사적으로 파악하기에 적당한 방법으로 서로 다른 동세대에 속한 사람들이 일정 생활주기에 경험한 사항들을 역사적 맥락에서 쉽게 비교할 수 있다는 장점이 있다. 또한 동세대 연구는 동일 코호트 내의 다른 이들의 과거 행동과 비교를 통해 아직 특정 생활주기에 도달하지 못한 사람들의 앞으로의 행동을 합리적으로 예측할 수 있다. 또한 1차 자료나 2차 자료, 어느 것으로든지 연구가 가능하기 때문에 일반적으로 실험이나 서베이보다 비용 면에서 경제적이다.

　반면에 동세대 연구로는 연령, 집단, 시기가 발생시키는 특수한 효과를 통계분석만으로 찾아내기 어렵다. 또한 시간이 지남에 따라 그 집단을 구성했던 사람들이 죽음 등을 이유로 탈락하는 경우가 생기게 된다. 따라서 집단분석 결과가 해석되더라도 연령, 집단, 시기 이 세 가지의 기본효과는 서로 뒤엉켜서 나타날 수 있다.

　패널연구는 동일한 표본을 대상으로 상이한 시점에서 여러 번 측정하는 것을 말한다. 패널연구는 경향연구, 동세대 연구와는 달리, 하나의 독립변수에 대한 종속변수의 변화와 총체적 변화에 대한 자세한 정보를 동시에 얻을 수 있다. 〈표 7-2〉는 경향연구와 패널연구의 표본을 비교한 것이다.

표 7-2 경향연구와 패널연구의 표본 비교

	Time 1	Time 2	Time n
경향연구의 표본	표본 A	표본 B	표본 n
패널연구의 표본	표본 A	표본 A	표본 A

　패널연구는 같은 집단을 따라가며 조사한다는 점에서는 동세대 연구와 같다. 그러나, 동세대 연구의 경우, 표집을 매번 다시 해서 조사하는 데 반해 패널연구는 한번 표집해서 뽑힌 사람들을 계속 조사한다. 분석단위에서도 동세대 연구는 집단단위로 분석하는 반면에 패널연구는 개인단위로 분석한다. 따라서 동세대 분석에서 얻어진 해석과 패널연구에서 얻어진 해석 사이에는 큰 차이가 있을 수 있다. 〈표 7-3〉은 동세대 연구와 패널연구에 따른 개인단위 기술의 차이를 보여준다.

표 7-3 동세대 연구와 패널연구의 개인단위 기술 차이

A. 동세대 연구

응답	조사연도	
	1990	1991
찬성	500	500
반대	500	500
계	1000	1000

B. 패널연구

응답		1990년 조사		1991년 계
		찬성	반대	
1991년 조사	찬성		500	500
	반대	500		500
1990년 계		500	500	1000

〈표 7-3〉을 보면, 패널연구에서는 1990년 조사에서 찬성 측에 있었던 500명이 1991년의 조사에서는 반대 측으로 이동한 점을 밝힐 수 있는 반면, 동세대 연구에서는 이러한 변화를 파악하는 것이 불가능하다(오인환, 1992, 216쪽). 이러한 장점 때문에 패널연구는 TV 네트워크, 광고회사 및 마케팅 조사회사 등에서 연구에 많이 사용한다.

패널연구는 표본의 개개인을 대상으로 장기적 연구를 수행하기 때문에 모집단의 순변화 및 총변화 상황을 알아볼 수 있을 뿐 아니라, 연차적인 조사 때마다 새로운 질문을 추가할 수 있어서 각 응답자에 대한 정보를 누적해갈 수 있다. 또한 장시간에 걸쳐 변수들을 측정하기 때문에 상이한 변수들 사이의 원인적 순서를 확인할 수 있는 기회를 제공한다.[1] 동일한 응답자를 계속해서 접촉하게 되므로 이들로부터 비교적 솔직한 정보를 얻을 수 있다는 장점도 있다.

그러나 패널연구는 고정된 표본을 대상으로 종단적으로 행하는 연구이기 때문에 시간 및 비용이 많이 들 뿐 아니라 연구기간 동안 표본이 사망 등의 이유로 탈락할 수 있다. 또한 수차례에 걸친 면담의 부담 때문에 패널모집이 어렵다. 면접을 반복할수록 응답자들이 측정도구에 민감하게 되어 표본으로서 적절하지 않게 변할 수도 있다.

연구자들은 패널연구의 단점을 보강하기 위해서 통제집단 패널연구와 특수패널 연구설계를 고안하였다. 통제집단 패널연구는 검사효과와 감응효과의 부작용을 없애기 위해 통제집단을 추가하는 설계방안이다.

〈표 7-4〉에서처럼, A와 B의 표본을 따로 뽑아 놓고 A에는 시간간격을 주고 1차, 2차 조사를 모두 실시하고 B는 2차 조사만 실시한다. 이때, A와 B의 차이가 없다면 Time 1과 Time 2 사이의 차이는 시간경과에 의한 것이라고 할 수 있다.

---

1 질문지와 면접을 통한 표본조사는 한 시점에서 모든 변수가 동시에 측정되기 때문에 종속변수에 시간적으로 선행하는 독립변수를 발견하기 힘들다. 패널연구에서 인과관계를 분석하기 위하여 가장 중요한 요소는 적절한 조사시간 간격을 결정하는 것이다. 가령 TV 폭력물 시청이 공격적 행동을 유발하는 데 1년 이상이 걸린다면 6개월을 단위로 하는 패널연구는 어떤 효과도 찾아내지 못할 것이고, 공격적 행동 유발효과가 3개월 후에 사라진다면 측정 간격을 6개월로 한 연구에서는 어떠한 효과도 발견하지 못할 것이다.

표 7-4 통제집단 패널연구

Time 1	Time 2
표본 A	표본 A
	표본 B

특수패널 연구설계는 패널연구의 실행에 따르는 제약점을 고려하여 방법적으로 대체한 것으로, 회상패널(retrospective panel), 추적패널(follow-back panel), 포착패널(catch-up panel) 등이 있다.

첫째, 회상패널은 직업, 사건, 상황 등에 관하여 응답자에게 과거의 태도를 질문하고 이를 현시점의 변수들과 비교함으로써 한 번의 조사로 종단 서베이를 수행하는 것이다. 이 방법은 시간과 비용, 인력을 절약할 수 있기는 하지만 연구결과의 정확성에 문제가 있을 수 있다. 조사대상자가 과거를 온전히 기억한다는 것이 불가능할 뿐만 아니라, 특히 사회적으로 민감한 사안일 경우에는 사회적으로 인정받는 답만 할 수도 있기 때문이다.

둘째, 추적패널은 현재의 횡단 서베이 표본을 선택하고, 예전에 수행되어 보관된 자료 중에서 현재의 표본과 일치하는 자료를 이용하여 종단 서베이 연구의 형태를 갖추는 것을 말한다. 이 설계는 오랜 시간에 걸친 변화를 매우 짧은 시간에 검토할 수 있고 모집단이 작을 때에도 적용할 수 있다. 그러나 추적패널은 과거의 자료와의 비교에 의존하기 때문에 이 방법을 사용하는 연구의 범위가 제한될 수밖에 없다.

셋째, 포착패널은 과거에 실시되었던 횡단연구를 선택한 후, 현재 관찰할 수 있는 모든 분석단위를 찾아 수집하여 과거의 연구와 비교하는 것이다. 이 연구설계는 연구자가 기초 자료를 많이 확보하였을 때 유용하게 쓰일 수 있다. 보관중인 문서에서 연구자가 적절하게 사용할 수 있는 자료가 있다면, 과거의 조사결과와 현재의 조사결과를 비교함으로써 종단 서베이 연구의 형태를 갖출 수 있게 된다. 다만 측정의 일관성이 보장되지 않고, 첫 조사에서 측정된 변수들로 연구의 범위를 한정시킬 수밖에 없다는 단점이 있다.

지금까지 종단연구의 세 가지 유형인 경향연구와 동세대 연구, 패널연구를 살펴보았다. 패널연구를 통해서 가장 자세한 정보를 얻을 수 있겠지만, 실제상황에서는 연구의 편이성과 비용 등을 고려하여 적절한 연구방법을 선택하여야 한다.

2) 표 집

표집은 서베이 연구의 타당도, 신뢰도와 직결되는 부분이다. 대표성 있는 표본을 표집하기 위해서는 다음과 같은 절차를 밟아야 한다.

첫째, 모집단을 정의하고 표집요소를 분류해야 한다. 모집단이 잘 정의되면 개개의 연구문제에 대한 적절성이 높아진다. 표집요소는 주어진 모집단에서 연구대상이 되는 것을 말한다. 대부분의 서베이 연구에서는 개인을 표집요소로 인구통계적 특성·태도·행위 등에 대한 자료를 얻는다.

둘째, 표집틀을 확보해야 한다. 표집틀은 표본추출을 위한 모집단 요소의 목록이다. 표집틀은 모집단을 구체적으로 대표하는 것이기 때문에 모집단의 요소를 다 지니면서 다른 요소들은 포함하지 않아야 한다. 완전히 이상적인 표집틀에 접근하기는 어렵다고 하더라도, 가능한 최적의 표집틀을 얻어야 한다.

표집틀이 누락요소(missing elements), 이질요소(foreign elements), 중복요소(duplicate elements)를 지니고 있을 경우 표집틀 오차가 발생한다. 누락요소는 모집단의 구성요소임에도 불구하고 표집틀에 들어 있지 않은 요소를 말한다. 이때, 보조 표집틀을 사용하여 누락요소를 보강해야 하며 이것이 가능하지 않다면 누락요소를 배제시킬 수 있도록 모집단을 다시 정의해야 한다. 이질요소는 사망자나 다른 지역으로 이사해간 사람 등 모집단을 더 이상 구성하고 있지 않은 요소인데도 표집틀에 포함되어 있는 요소다. 이를 수정하기 위해서 최근의 자료를 사용하여 이질요소들을 제거해야 한다. 중복요소는 표집틀에 두 번 이상 포함되어 있는 모집단 구성원을 말한다. 최근의 자료나 모집단 요소를 자세히 검색해 봄으로써 중복요소를 제거할 수 있다.

셋째, 표집방법을 선정해야 한다. 특별히 의도적 표집을 요구하는 조사 이외에는 일반적으로 확률표집 방법을 사용해야 한다. 그러나 외적 타당도보다는 내적 타당도가 우선한다고 판단되는 경우 혹은 연구문제가 보편적이고 일반적인 과정이라 모든 모집단 요소들이 동일한 경우, 연구문제가 너무 독특하여 일반화가 불가능하거나 역사적으로 유일한 사건일 경우, 연구자의 시간적·경제적 자원이 부족할 경우에는 비확률표집을 사용한다.

넷째, 표본의 크기를 결정해야 한다. 표본이 모집단을 대표할 수 있을 만큼 충분히 크면서도, 대표하는 범위 내에서는 최소한이 되도록 결정해야 한다. 제 5 장에서 보았듯이 표본의 크기가 클수록 표집오차는 감소하고, 표본의 크기가 작아질수록 표집오차는 커진다. 모집단이 이질적이라면 표본의 크기를 크게 할수록 표집오차를 줄일 수 있고, 모집단의 동질성이 클수록 상대적으로 표본의 크기를 작게 할 수 있다.

3) 설문지 작성

조사대상자의 표집과정이 완료되면, 실제 연구문제에 대한 정보를 얻기 위해서 연구자는 자료수집 도구를 설계해야 하는데, 이러한 자료수집 도구를 설문지(questionnaires)라고 한다. 서베이 연구는 거의 대부분 설문지를 통해 이루어지므로, 설문지 작성은 서베이 설계에서 가장 핵심적인 단계라고 할 수 있다.

(1) 설문작성의 유의사항

서베이 연구에 적합한 구체적인 설문의 형태를 살펴보기에 앞서 설문지 작성 시 유의해야 할 일반적인 사항을 살펴보면 다음과 같다(Wimmer & Dominick, 1994, pp. 111~113).

첫째, 질문은 명확하게 해야 한다. 연구자 자신이 응답자의 입장에 서서 정확한 답변을 할 수 있도록 설문을 작성해야 한다. 설문을 정확하게 작성하려면 어려운 단어나 전문용어, 첫 글자만 따서 만든 약어 및 과장된 언어를 피해야 한다. 또한 설문을 구성하는 문장의 단어들이 이중적 어의를 내포하지 않아야 한다.

둘째, 질문은 가능하면 짧게 만들어야 한다. 응답자들은 서둘러 질문에 답하려는 경향이 있기 때문에 시간을 들여 정확하게 질문의 내용을 듣고 이해한 후 답변한다고 볼 수 없다. 따라서 질문에는 오해를 일으키지 않는 짧고 간결한 문장이 적합하다.

셋째, 연구의 목적을 항상 염두에 두어야 한다. 설문지에는 연구에 직접적인 관련이 있는 항목들만 포함시켜야 하며, 설문지를 길게 발전시킬 목적으로 문제를 첨가하는 것은 피해야 한다.

넷째, 이중질문(double-barreled question)을 피해야 한다. 이중질문이란 하나의 질문에 둘 또는 그 이상의 질문이 포함되어 있는 것을 말한다. 예를 들면 "KBS 다큐멘터리는 심층적이고 시사적인 프로그램입니다. 당신은 이것에 동의합니까? 반대합니까?"라는 설문문항이 있을 경우에, 응답자는 답변에 곤란을 겪게 된다. 프로그램이 심층적이지만 시사적이지는 않을 경우가 있기 때문이다. 따라서 이런 경우에는 질문을 두 문항으로 나누는 것이 바람직하다.

다섯째, 편견이 개입될 소지가 있는 단어나 어휘는 배제해야 한다. "시간이 나면 운동을 하십니까, 아니면 그냥 TV를 시청하겠습니까?"라는 질문의 경우, '그냥'이라는 단어에는 TV 시청이 바람직하지 못하다는 편견이 개입될 소지가 있다.

여섯째, 유도질문(leading questions)을 삼가 해야 한다. 유도질문이란 특정 어휘를 사용하여, 응답자에게 일정한 방향으로 응답을 하도록 만드는 질문을 말한다. "대부분의 한국인처럼 당신도 매일 뉴스를 보십니까?"라는 질문의 경우 응답자가 부정적인 대답을 한다면 곧 그가 대부분의 한국인과 다르다는 것을 인정하는 것이 되고 만다. 따라서 이러한 질문은 결과적으로 특정 응답을 유도하게 되는 것이다.

일곱째, 너무 상세한 정보를 묻는 질문을 사용하지 말아야 한다. "이번 주에 당신이 본 TV 광고의 수는 얼마나 됩니까?"와 같은 질문은 응답자가 자신이 시청한 광고의 횟수를 모두 기억하기 힘들기 때문에 대답하기 곤란할 것이다.

여덟째, 특별히 필요한 경우가 아니면 응답자를 당혹스럽게 하는 질문은 삼가야 한다. 예를 들어 수입정도, 성생활, 마약복용 등에 관한 질문은 응답자를 당황하게 하여 솔직한 답변을 하지 못하도록 한다. 이러한 경우 신상에 대한 비밀은 물론 가능하다면 익명성도 보장하도록 세심한 배려를 기울여야 한다. 가령 "당신은 동성애를 찬성하십니까?"라는 질문보다는 "동성애를 찬성하는 사람도 있고 반대하는 사람도 있는데 당신의 생각은 어떻습니까?"라는 질문이 좀더 적절한 표현방법이라고 할 수 있겠다.

(2) 조사 설문의 설계

① 조사 설문의 유형

설문은 내용에 따라 사실질문과 의견질문으로, 형식에 따라 폐쇄형 질문과 개방형 질문으로 구분할 수 있으며, 그 외, 부수질문과 여과질문이 있다.

사실질문과 의견질문은 설문의 대상과 내용 차이에 따른 구분이다. 사실질문은 응답자의 인구사회학적 속성에 관한 정보를 얻기 위한 질문을 말한다. 반면에 의견질문은 응답자의 내적 동기·의도·선호도 등에 관한 정보를 얻기 위한 질문으로서 응답자가 어떤 사안에 대해 동의하는 정도를 알아보기 위해 사용된다. 대부분의 서베이 연구에서는 연구문제나 연구가설의 속성에 따라서 사실질문과 의견질문 중의 한 가지를 사용하거나 두 가지를 혼합하여 설문을 작성하게 된다.

예를 들어 사람들의 TV 시청습관을 조사하고자 할 때는 사실질문을 많이 쓰고, 미디어 선호 유형에 대한 이유를 설명하기 위해서는 의견질문이 많이 사용될 것이다. 따라서 일반적으로 기술 서베이 연구는 사실질문을, 분석 서베이 연구는 의견질문을 더 많이 쓰게 된다(Smith, 1988, pp. 225~226).

보기 7-1 개방형 질문

• 당신은 어떤 종류의 영화를 좋아하십니까?
  _____
  _____

개방형 질문과 폐쇄형 질문은 설문의 유형 차이에 따른 구분이다.

개방형 질문은 응답자가 설문에 대해 자기 의견을 마음대로 진술하도록 한 것으로서 심층적 응답을 얻을 수 있고 예견하지 못했던 답변을 얻을 수도 있다. 또한 다른 변수와의 관계를 시사해 줄 수도 있기 때문에 예비자료를 획득하는 데 도움이 된다. 연구자는 조사대상자에게 어떠한 종류의 응답이 나올지 모르는 경우 개방형 질문을 이용하여 응답자가 자유롭게 답할 수 있도록 한 후에 이들로부터 얻은 일련의 응답 가운데에서 가장 자주 언급되는 항목들을 골라 선다형 질문, 또는 강제선택형 질문으로 정리해 본조사의 설문에 포함시킬 수 있다. 예비연구에서 개방형 질문을 사용하게 되면 가능한 모든 응답이 최종적 측정도구에 포함될 수 있으므로 일반적으로 시간과 자원을 절약할 수 있다. 그러나 개방형 질문은 응답을 정리, 분석하는 데 시간이 많이 걸릴 뿐 아니라 연구자의 주관적 판단이 개입할 위험이 있다.

이에 반해 폐쇄형 질문은 연구자가 제시하게 되는 일련의 응답 가운데에서 하나를 선택하게 되는 방법이다. 폐쇄형 질문은 쉽게 수량화가 가능하여 널리 이용되지만, 종종 일부 중요한 응답 항목을 누락시킬 수 있으므로 주의해야 한다. 응답자가 제시된 보기 이외의 의견을 가질 수 있으므로, 이를 방지하기 위해서는 반드시 '기타'라는 항목을 만들어서 응답자가 이를 표현할 수 있도록 해야 한다. 이러한 '기타' 항목은 개방형 응답처럼 처리하고 응답의 내용분석은 코딩 지침에 따른다. 예비조사나 서베이의 사전조사는 폐쇄형 질문이 지니는 문제점을 보완해 줄 수 있다.

보기 7-2 폐쇄형 질문

- 당신은 어떤 종류의 영화를 좋아하십니까?
  1) 코미디
  2) 액션
  3) 멜로
  4) 기타 _____

폐쇄형 질문과 개방형 질문은 나름대로의 장단점이 있다. 폐쇄형 질문은 응답자가 응답하기는 쉬운 반면, 연구자가 문항을 부주의하게 구성하면 응답자의 참된 태도나 행동을 파악하지 못하는 단점이 있다. 개방형 질문은 연구자의 편견을 어느 정도 줄일 수는 있으나, 응답자의 시간과 노력이 많이 든다. 어떠한 설문유형을 사용할 것이냐 하는 것은 문제의 성격에 따라 다른데, 사실자료를 포함하는 기술적 정보를 얻고자 할 때는 폐쇄형 질문이 적합하고, 설명적인 정보가 필요할 때는 개방형 질문이 더 적합하다(Smith, 1988, p. 226). 대개는 두 가지 질문 형태를 섞어서 사용하고 있다.

보기 7-3 여과질문과 부수질문

4. 당신은 VTR을 소유하고 계십니까?   예 ___ 아니오 ___
   ☞ '예'에 응답하신 분은 4-1번 질문에 응답하시고,
      '아니오'에 응답하신 분은 5번부터 답해 주십시오
4-1. 소유하고 계시는 VTR은 국산입니까? 외제입니까?   국산 ___ 외제 ___

부수질문은 응답자 중 일부 사람에게만 해당되는 질문으로서, 여과질문에 의해 지정된다. 〈보기 7-3〉을 보면 이해가 빠를 것이다. 〈보기 7-3〉에서 질문 4는 VTR을 소유하고 있지 않은 사람들을 걸러내어 불필요한 설문을 하지 않도록 하는 여과질문이다. 그리고 4-1번 질문이 응답자 중 VTR을 소유한 사람에게만 좀더 자세하게 질문하는 부수질문이다.

② 폐쇄형 질문의 종류

폐쇄형 질문은 다음과 같이 세분할 수 있다.

첫째, 이분법적 반응(dichotomous response)을 유발하는 형태가 가장 단순한 폐쇄형 질문이다. 정도를 나타내지 못하는 단점이 있지만 응답자의 대답을 쉽게 도식화할 수 있다.

보기 7-4 이분법적 질문

- 다른 신문들도 A 일보처럼 완전한 가로쓰기를 해야 한다.
  _____ 찬성
  _____ 반대
  _____ (무(無)견해)

둘째, 선다형 질문은 여러 가지 응답 문항 중에서 하나를 선택하게 하는 것이다. 포괄적(exhausted)이며 상호배타적(mutually exclusive)으로 작성해서 응답자가 단 하나의 응답만 선택할 수 있도록 해야 한다.

보기 7-5 선다형 질문

- 가장 즐겨보는 공중파 TV 뉴스는 무엇입니까?
  _____ KBS
  _____ MBC
  _____ SBS

- 잡지사에서 일한 지가 몇 년이 됩니까?
  _____ 1년 미만
  _____ 1년~6년 미만
  _____ 6년 이상
  _____ 기타

셋째, 평가척도형(rating scale) 질문은 매스미디어 연구에서 널리 사용되며 수평·수직적 배열의 어느 쪽도 가능하다.

• TV 오락 프로그램이 너무 많다.
_____ 절대 찬성 (5로 코딩)
_____ 찬성 (4로 코딩)
_____ 보통 (3으로 코딩)
_____ 반대 (2로 코딩)
_____ 절대 반대 (1로 코딩)

• B 일보의 한총련 보도에 대한 당신의 의견은?
공정하다 _ _ _ _ _ 공정하지 못하다.
　　　　(1) (2) (3) (4) (5)

넷째, 의미분별척도형 질문은 인물, 개념 혹은 어떤 대상에 대한 의미를 평가하는 데 자주 이용되며, 7개의 척도점을 2개의 극단을 표현하는 형용사의 중간에 놓는다.

• 당신은 '정보화 사회'라는 용어를 어떻게 인식하십니까?
좋다 _ _ _ _ _ _ _ 나쁘다
즐겁다 _ _ _ _ _ _ _ 슬프다
재미없다 _ _ _ _ _ _ _ 재미있다
지루하다 _ _ _ _ _ _ _ 흥미롭다

다섯째, 순위 매기기형(rank ordering technique) 질문은 연구자가 몇 개의 개념이나 문항에 대한 상대적인 인식에 관심을 갖고 있을 때 적합하다. 그러나 대상이 12개 이상이 되면 순위결정 기법을 쓰는 것이 적당하지 않은데, 등급을 매기는 과정이 지루해질 수 있고 또 지나치게 세밀한 구분이 되기 때문이다. 더구나 순위배열 자료(rank ordering data)는 통계분석을 할 경우에도 제약이 따른다.

• 다음에 제시된 기업명 중에서 명망도가 높다고 생각되는 순서대로 순위를 매겨주십시오 (명망도가 가장 높은 기업에는 1을, 그다음에는 2의 순으로 하시면 됩니다.)
_____ 기아
_____ 대우
_____ 롯데
_____ 삼성
_____ 한화(한국화약)
_____ 현대
_____ LG

여섯째, 연명부(checklist) 질문은 흔히 예비연구에서 최종연구에 쓰일 설문을 다듬기 위해 사용된다. 이 유형의 질문에 대한 답변 가운데 빈도수가 많은 응답을 골라 선다형 질문을 만들고 전혀 응답이 없는 항목은 제외시켜 본 연구를 실시한다.

보기 7-9 연명부 질문

• 새 자동차를 구입한다면 어떤 것을 찾겠습니까?
  (해당사항에 모두 응답해 주십시오.)
  ＿＿ 에어백(air-bag)이 부착된 것
  ＿＿ 사이드미러(side rear-mirror)의 자동조절이 가능한 것
  ＿＿ 자동 변속기
  ＿＿ 자동 잠금장치
  ＿＿ ABS 제동장치
  ＿＿ 원격 시동장치
  ＿＿ 스테레오 사운드
  ＿＿ 기타 ＿＿＿＿＿＿

일곱째, 빈칸 채우기형(fill-in-the-blank) 질문은 특수한 경우 사용되는데, 조사대상자가 상업광고의 내용을 얼마나 기억하고 있는가를 검사하는 데 주로 이용된다. 응답자는 광고를 접한 후, 설문지의 빈칸을 기입하게 된다.

보기 7-10 빈칸 채우기형 질문

• 새로 나온 S사의 비디오 제품의 이름은 ＿＿ 이며, 그 특성은 ＿＿ 과 ＿＿ 이다.

이 밖에 응답자가 생각하고 느끼는 것을 더욱 용이하게 기술할 수 있도록 독창적이고 교묘하게 개발된 설문방법이 많이 있다. 예를 들어, '감정 온도계'라는 것을 이용하여 자신의 호감도에 대해서 온도계상의 수치에 표시하도록 하기도 하고, 어린이를 대상으로 조사할 때는 숫자를 기입하는 것이 어렵다는 것에 착안해서 얼굴 표정을 그린 그림을 이용하여 해당사항에 표시하게 하기도 한다.

③ 설문지 설계
좋은 설문지를 만들기 위해서는 다음의 사항에도 유의해야 한다.
첫째, 인사말에 주의를 기울여야 한다. 설문지를 어떠한 형태로 만드느냐 하는 문제와 마찬가지로 질문을 어떤 식으로 진행하는가 하는 것 역시 응답률에 많은 영향을 준다. 응답

률을 높이기 위해서는 응답자에게 조사의 목적이나 필요성에 대해 설득력 있는 인사말을 하는 것이 필요하다. 이때 인사말은 짧고, 사실적 표현을 써야 하며, 위협적이어서는 안 된다. 표현도 신중성, 중립성, 명확성을 고려해야 한다. 또한 읽는 이가 불쾌함을 느끼지 않도록 해야 한다. 그러나 응답자에게 연구의 목적이나 가치 등에 대해 일일이 설명할 필요까지는 없다.

둘째, 지시사항을 주의 깊게 작성하여야 한다. 설문지에 응답하는 데 필요한 모든 지시사항은 응답자나 면접자를 위해 명확하게 서술되어야 한다. 특히 우편 서베이와 자기기입식(self-administered) 설문은 응답자가 서베이와 관련된 궁금한 점에 대해 질문할 수가 없으므로 더욱 중요하다. 또한 응답자가 응답하는 데 필요한 절차와 관련된 지시사항은 글자 형태를 다른 활자로 하거나 화살표 및 밑줄 등을 이용하여 쉽게 눈에 띄도록 해야 한다.

지시사항 중에서도 서두진술은 설문의 성격을 설명하고 응답요령을 일러주는 것으로, 면접조사나 전화 서베이에서는 구두진술의 형태로, 우편 서베이에서는 겉봉투에 써 놓는 것이 좋다. 서두진술은 설득적이어야 하고 조사의 중요성과 간단함을 강조해야 한다. "이 설문작성에 소요되는 시간은 ○○분 정도입니다"라는 문구는 서두진술의 한 예다. 서두진술은 조사연구의 후원자나 담당자, 조사의 성격과 목적, 자료가 쓰이는 곳, 응답에 대한 신뢰성(비밀의 보장), 일반적인 응답방법 등을 포함해야 한다. 또 개개의 질문에 대한 명확한 응답요령을 알려주어야 하는데, 질문의 성격에 따라 한두 가지의 보기를 실제로 보여줌으로써 응답요령을 더욱 분명히 해줄 수 있다.

셋째, 질문 순서에 신경을 써야 한다. 질문의 순서가 잘못되면 선행된 질문이나 답변에 영향을 입어 응답에 편견이 생길 수 있다. 일반적으로 처음에 나오는 질문이 쉬울수록 조사가 수월해진다. 연구자는 가끔 연구문제와 관련이 없는 예비질문을 넣어 응답자가 대답하는 것에 익숙해지도록 하기도 한다. 사적(私的)이며 민감한 반응을 보일 항목은 설문지의 끝부분에 배열하여 사전에 조사원과 응답자 간의 친밀감을 형성한 뒤 질문할 수 있도록 한다. 또 질문이 일반적 내용으로 시작하여 구체적으로 옮겨가는 합리적 순서로 구성하여야 한다. 비슷한 주제는 한데 묶고 상이한 부분으로 서베이가 이행될 때는 명확하고 합리적이어야 한다.

넷째, 레이아웃(layout)도 소홀히 해서는 안 된다. 설문지의 인쇄나 겉모양이 어떠한가도 서베이의 중요한 요소로서 교정을 잘못 보거나 글자 모양이 좋지 않으면 설문지 회수율이 현격히 떨어진다. 질문의 각 항목은 적정한 간격을 두고 보기 좋게 배열되어야 한다.

보기 7-11 잘못된 레이아웃과 잘된 레이아웃

잘못된 레이아웃
• C 일보에 광고가 너무 많다.
  당신은 이에(절대 찬성 _____ 찬성 _____ 모르겠다 _____ 반대 _____ 절대 반대 _____) 합니까?

잘된 레이아웃
• C 일보에 광고가 너무 많다.
  _____ 절대 찬성
  _____ 찬성
  _____ 모르겠다
  _____ 반대
  _____ 절대 반대

다섯째, 설문지의 길이에도 유의해야 한다. 긴 설문지는 응답자에게 지루함을 주고 응답 완성도를 떨어뜨리게 된다. 짧은 설문지일수록 높은 완성도를 확보할 수 있다. 연구의 예산이나 서베이의 목적, 연구문제의 유형 등 여러 가지 상황에 따라 결정해야 한다. 특히 전화면접은 묻는 설문에 대해 끊지 않고 끝까지 응답자가 답하도록 해야 하기 때문에 더욱 세심한 배려가 요구된다.

4) 자료수집

앞의 과정이 끝나면 실제 조사원들이 현지에 나가서 실사(實査)를 하게 된다. 이때 예비조사를 통해 설문지를 최종 점검한 후 실제 조사에 착수하는 것이 좋다. 또한 조사원들로 인하여 생겨나는 오류나 착오가 서베이 연구의 결과에 많은 영향을 미치므로 조사원의 선정과 훈련에 많은 관심을 기울여야 한다.

(1) 자료수집 방법의 선택

자료수집 방법에는 각종 구두자료나 서면자료를 직접 구하거나 서베이 등을 통해 수집하는 방법이 있다.

설문지를 통해 자료를 수집하기 위해서는 우편 서베이와 구두 서베이의 방법을 이용한다. 우편 서베이는 고안된 설문지를 응답자에게 우편으로 전달한 후 회송받는 방법인데 일반적으로 대(大)표본을 대상으로 한다. 구두 서베이는 응답자에게 전화를 걸거나 직접만나 정보를 얻는 방법으로서 직접면접은 표본이 적을 때, 전화면접은 표본이 클 때 적절하고, 개방형 질문을 포함한 조사에 유용한 방법이다.

① 우편 서베이

우편을 이용한 서베이는 표본으로 선정된 개인들에게 설문지를 보내 응답자 자신이 질문에 답변한 후 이를 다시 우편으로 반송하도록 하는 방식으로 실시된다. 우편 서베이는 비록 많은 사람들이 열의를 가지지 않고 응답하거나 그대로 방치해 두는 경우가 있지만 다른 방법에 비해 최소의 시간과 비용으로 광범위한 자료를 수집할 수 있다는 장점을 지닌다. 우편 서베이 방법의 일반적 절차는 다음과 같다(Wimmer & Dominick, 1988, p. 122).

1. 표본을 선정한다. 가장 흔히 이용되는 방법은 영리적 목적으로 회사가 만들어 놓은 우편 인명부(mailing list)[2]를 이용하는 것이다.
2. 설문지를 작성한다. 우편을 이용한 서베이에서는 조사원이 응답자에게 도움을 줄 수 없기 때문에 간결하고 체계적이어야 한다.
3. 소개의 글을 작성한다. 이때 설문의 목적이나 중요성을 설명하는 간단한 인사말을 첨가함으로써 응답률을 높일 수 있다.
4. 요금별납 할인우편을 이용한다. 여기에는 설문지, 소개의 글, 회신용 봉투를 동봉한다.
5. 설문지를 우송한다.
6. 회신율을 검토한다.
7. 후속 독촉편지(follow-up mailings)를 보낸다. 가령, 설문지를 우송한 지 2주일 후 첫 번째 독촉서를 보내고 필요하다면 두 번째 독촉서는 또다시 2주일이 지나고 보내는 것이 좋다.
8. 자료를 도표화하고 분석한다.

우편 서베이는 다수의 훈련된 조사원을 동원할 필요가 없기 때문에 비교적 적은 비용으로 넓은 지역을 포괄할 수가 있으며, 전문적 수취인 명부를 이용하여 고도로 세분화된 수용자들을 선택적으로 표집할 수 있다. 응답자들은 시간적 여유를 가질 수 있고, 익명성이 보장되기 때문에 민감한 질문에도 솔직하게 답변할 수 있다. 또한 조사원의 편견을 제거할 수 있는 장점이 있다.

그러나 조사원이 따로 설문에 대해 설명할 수가 없기 때문에, 응답자들이 설문을 잘못이해하는 경우가 종종 생겨나기도 한다. 또한 질문에 답한 사람이 연구자가 실제로 응답을 듣고자 했던 표본인지를 알 수 없으며, 회수율 역시 20~40%로 낮기 때문에 연구결과의 타당성에 회의를 갖게 한다.

---

2 여러 회사가 소비재 상품회사, 광고주, 조사회사에게 제공할 목적으로 표본명부를 특별히 준비하고 있으며, 어떤 회사들은 그 외의 이유로 특수한 명부를 이용하기도 한다. 이들 명부들이 중요하게 이용되는 경우가 바로 데이터베이스 마케팅이다. 여기서는 제조업자, 도매업자, 소매업자들이 필요로 하는 소비자들의 명부를 구입하여 직접 우편(DM)이나 텔레마케팅을 이용한다.

② 구두 서베이

구두 서베이에는 전화 서베이와 직접면접이 있다.

직접면접은 일반적으로 조사원이 응답자의 집이나 작업장으로 방문하여 응답자와 직접면접을 통해서 자료를 수집하는 방법이다. 조사자는 토론한 주제나 문제에 대해 설명하고 토론 및 면접의 형식을 통해 주제에 대한 질문이나 토론을 이끌어가며 응답자의 반응을 기록해야 한다.

직접면접은 구조화된 면접과 비구조화된 면접으로 나눌 수 있다. 구조화된 면접은 조사원이 사전에 결정된 순서대로 표준화된 질문을 하는 것으로, 도표화하거나 분석하기는 쉽지만 심층적이고 광범위한 자료수집이 어렵다. 비구조화된 면접은 조사원이 필요한 정보를 얻기 위해 어떠한 질문을 더 할 것인가에 대한 재량권을 가지는데, 심층적 자료를 구할 수 있으나 분석이 어렵다는 단점이 있다.

직접면접은 가장 융통성이 있는 자료수집 방법으로서 상세한 질문을 할 수가 있고 면접을 하면서 관찰도 가능하다. 또 친밀함을 형성하여 민감한 문제를 알 수 있으며 응답 대상자를 확인, 통제할 수 있다. 또 일단 면접에 응하기만 하면 도중에 그만두는 경우가 별로 없으므로 안정적으로 자료를 수집할 수 있다는 장점을 지닌다. 반면 직접면접은 교통비, 인건비 등의 비용이 많이 들 뿐만 아니라, 조사원의 편견이 개입되기가 쉬워서 적절한 감독이 필요하다. 또한 면접시간에 따라 편중된 조사대상자를 만나게 되는 경향이 있다. 최근에는 직접면접방식이 발달되어 자기기입식 면접을 응용하는데, 여기에는 현장 서비스나 혹은 조사기관에 의해 초청된 응답자가 개인용 컴퓨터로 대답하는 방법 등을 예로 들 수 있다.

전화를 이용한 서베이는 우편을 이용한 서베이와 직접면접의 중간형태로 볼 수 있다. 전화를 이용하면 우편 서베이보다는 관리하기가 용이하고 응답률도 높지만, 가능한 질문의 종류와 설문의 문항수가 제한되며 비용은 우편 서베이와 직접면접의 중간 정도이다. 전화 서베이에서는 조사원의 수행능력이 중요한데 조사원의 말투가 어떠한 형태로든지 응답자의 답변에 영향을 주어서는 안 된다. 따라서 조사원에 대한 적절한 훈련과 교육이 필수적이다. 전화 서베이의 일반적 절차는 다음과 같다(Wimmer & Dominick, 1988, pp. 125~126).

1. 표본을 선정한다.
2. 설문지를 구성한다. 간결하고 직설적인 응답 항목으로 구성한다.
3. 조사원용 지침서를 준비한다. 서베이에 필요한 기술적 문제에 대한 안내는 물론, 질문은 어떻게 하고 응답을 어떻게 기록할 것인가에 대한 전반적인 지침을 마련한다.
4. 조사원을 훈련시킨다. 설문지를 상세히 주지·숙달시킨 후 면접과 유사상황을 만들어 그룹을 지어 연습하게 할 수 있다.

5. 자료를 수집한다. 자료의 수집은 지정된 한 장소에서 할 때 감독하기도 쉽고 가장 효과적이다. 작업 완성률도 이 단계에서 확인 검토해 보아야 한다.
6. 필요한 전화면접은 다시 시도한다. 서베이 도중에 통화중이었거나 여러 상황으로 답변하지 않은 조사대상자들에게는 나중에 다시 전화를 걸어 면접한다. 각 표본에 대한 상황은 일일이 기록해 두어서 참고한다.
7. 결과를 확인해 본다. 모든 설문이 끝난 후 작은 표본을 골라 응답 내용이 정확히 기록되었는지 확인해 보아야 한다. 처음 서베이를 할 때, 나중에 다시 전화할지도 모른다는 것을 주지시켜 두 번째 통화에 대한 혼동을 없앨 수 있도록 한다.
8. 자료를 도표화한다. 완성된 면접, 초기의 거절수, 질 낮은 응답, 통화중, 언어 장애, 무응답, 혼선, 중지, 연결이 안 되는 경우 등의 사항에 대해서 응답률을 계산해 본다.

전화 서베이를 할 때의 표본은 보통 무작위 계수통화(random digit dialing)를 통해 선정된다. 제5장에서도 언급했듯 무작위 계수통화는 전화번호부에 올라 있는 모든 가구들이 표본으로 선정될 확률이 동일하도록 전화번호를 추출하는 방법이다. 충남대 신문방송학과에서는 미국 가정을 대상으로 한 트로달(Trodahl)과 카터(Carter)의 무작위 선정표를 우리나라 실정에 맞도록 수정해 CNU(Chungnam National University) 선정표를 고안하였다(양승목·김현주·조성겸, 1991). CNU 선정표는 한국의 대가족 비율이 미국보다 높다는 현실을 감안해서 모든 가족 구성원의 선정확률이 무작위로 같아지도록 최종응답자를 추출하는 방법을 고안한 것으로서, 가구 내 성인의 수와 남성의 수를 기준으로 14가지 유형을 제시하였다. CNU 선정표에 의한 무작위 확률표집은 최종응답자를 추출하기 위해 할당표집을 사용함으로써 표집오차와 체계적 오차가 개입될 가능성을 줄이고 조사시간을 단축해 조사경비를 절감할 수 있는 장점이 있다. [3]

무작위 계수통화를 통해서 표본을 선정한 후에는 흔히 CATI(Computer-Assisted Telephone Interviewing)라고 불리는 방식을 통해서 전화를 건다. 이 방식에 따르면 컴퓨터가 무작위 계수통화를 통해 전화번호를 고른 후 직접 전화를 건다. 전화가 걸리면, 비디오 화면에 나타난 인사말과 질문에 따라 조사원은 인사하고, 질문하게 된다. 그리고 응답자의 답은 즉시 중앙 컴퓨터에 입력되어 저장된다. CATI를 이용하면 자료를 수집과 동

---

3 CNU 방식은 다음과 같이 이루어진다. 우선 전화번호가 무작위 추출된 가구에 전화를 걸어 연구의 취지를 밝히고 가구 내 성인의 수와 남자의 수를 물어본 다음, CNU 선정표에 따라 일치하는 유형을 찾는다. 그다음 선정표에서 지시하는 차례의 남성 혹은 여성이 면접에 응해 줄 것을 정중히 부탁하고, 해당자에게 설문을 실시한다. 예를 들어, 전화가 연결된 가구가 5명의 식구 중 총 3명이 성인이며 남자가 1명일 경우, CNU 선정표에 따라 우선적으로 성인 남성에게 설문을 실시한다. 만약 똑같은 가족구성을 가진 가구가 있다면 조사원은 선정표를 보고 다음 순위인 나이 많은 여성과 통화하면 된다.

시에 분석이 가능해진다(Babbie, 1998, pp. 270~271). CATI는 조사원이 설문을 제공하고 응답을 받는 단말기만 있으면 되기 때문에, 관련된 새로운 소프트웨어가 개발된다면 많은 서베이에서 이 기법을 이용하게 될 것이다.

전화 서베이는 비교적 비용이 저렴하고 복잡한 수송비용이 없으며, 재통화가 용이하여 응답률이 높을 뿐 아니라 우편 서베이와 비교할 때보다 상세한 질문을 할 수 있으며 설문 실시 동안 발생하는 오해를 명확히 해줄 수 있다. 또한 매우 신속한 결과를 도출할 수 있다. 응답자의 얼굴이 보이지 않으므로 자유롭게 마음속에 품고 있는 생각을 말할 가능성도 있다.

그러나 응답자들은 거추장스러워 할 수도 있고, 시각적 설명을 동반하는 질문을 할 수 없다. 또한 표본추출 상에서 오류가 발생될 소지가 있다. 전화를 소유하지 못한 사람이나 전화번호부에 실리지 않은 사람 또는 전화번호를 2개 이상 가진 사람 등을 고려할 수 없기 때문이다.

표 7-5 CNU 선정표

<table>
<tr><td colspan="2" rowspan="2"></td><td colspan="4">성인수</td></tr>
<tr><td>1명</td><td>2명</td><td>3명</td><td>4명 이상</td></tr>
<tr>
<td rowspan="5">남
자
수</td>
<td>0명</td>
<td>• 여자</td>
<td>• 나이 많은 여자
• 나이 적은 여자</td>
<td>• 제일 나이 많은 여자
• 둘째로 나이 많은 여자
• 제일 나이 적은 여자</td>
<td>• 제일 나이 많은 여자
• 둘째로 나이 많은 여자
• 셋째로 나이 많은 여자
• 제일 나이 적은 여자</td>
</tr>
<tr>
<td>1명</td>
<td>• 남자</td>
<td>• 남자
• 여자</td>
<td>• 남자
• 나이 많은 여자
• 나이 적은 여자</td>
<td>• 남자
• 제일 나이 많은 여자
• 둘째로 나이 많은 여자
• 제일 나이 적은 여자</td>
</tr>
<tr>
<td>2명</td>
<td></td>
<td>• 나이 많은 남자
• 나이 적은 남자</td>
<td>• 나이 많은 남자
• 나이 적은 남자
• 여자</td>
<td>• 나이 많은 남자
• 나이 적은 남자
• 제일 나이 많은 여자
• 제일 나이 적은 여자</td>
</tr>
<tr>
<td>3명</td>
<td></td>
<td></td>
<td>• 제일 나이 많은 남자
• 둘째로 나이 많은 남자
• 제일 나이 적은 남자</td>
<td>• 제일 나이 많은 남자
• 둘째로 나이 많은 남자
• 제일 나이 적은 남자
• 제일 나이 적은 여자</td>
</tr>
<tr>
<td>4명
이상</td>
<td></td>
<td></td>
<td></td>
<td>• 제일 나이 많은 남자
• 둘째로 나이 많은 남자
• 셋째로 나이 많은 남자
• 제일 나이 적은 남자</td>
</tr>
</table>

(2) 응답률의 문제

응답률이란 선정된 표본의 전체 요소수에 대한 응답된 요소수의 비율을 말하는 것이다. 보통 종단조사는 횡단조사보다 응답률이 떨어지는 경향이 있다.

표본의 대표성을 저하시키는 무응답에는 전체 무응답과 항목 무응답이 있다.

전체 무응답은 조사대상자가 전혀 아무런 응답도 하지 않은 경우다. 이는 연구자가 조사대상자의 위치를 모르거나, 응답자가 응답을 거부할 때, 조사대상자의 개인사정(질병·문맹 등)으로 응답이 불가능할 때, 조사원의 실수로 수집된 자료를 분실했을 때 발생한다. 집단 간 비교연구를 하는 경우 특정 집단이 다른 집단보다 무응답률이 월등히 높을 때는 표본의 대표성을 치명적으로 저하시키게 된다. 일반적으로 응답률이 60~70%이상이면 대표성을 부여할 수 있으나 50% 이하이면 대표성을 부여할 수 없다고 본다.

항목 무응답은 전체 질문요소 중에서 일부요소에 대해 응답하지 않은 경우이다. 응답자가 개인적으로 민감한 문제에 대해 응답을 회피하거나, 질문이 애매하게 잘못되어서 응답하지 않게 되는 경우에 일어난다.

5) 자료분석

(1) 통계적 통제와 정교화 모델

서베이 연구가 실시되어 자료가 모이면, 그 자료를 분석하기 쉽도록 편집과 코딩을 하게 된다. 이때 연구의 목적이나 자료의 종류에 따라 여러 가지 통계분석 방법이 사용된다. 서베이 연구는 통제되지 않은 자연적인 상황에서 실행하는 것이기 때문에 인과관계를 설명하기 위한 서베이 연구인 경우 내적 타당도가 문제될 수 있다. 서베이 연구는 실험 연구처럼 정확한 인과관계를 측정할 수는 없으나 변수를 추가함으로써 종속변수의 변화나 차이에 대한 다양한 대안설명을 배제할 수 있는데 이런 일련의 과정을 통계적 통제 (statistical control) 라고 한다. 통계적 통제는 현상에 대한 여러 가지 대안적 설명이나 오차를 제거하여 연구의 내적 타당도를 높이기 위한 방법으로 이용된다.

서베이 자료를 분석할 때 발생할 수 있는 여러 가지의 문제점을 보완해 주는 것으로 정교화 모델(elaboration model) 이 있다. 정교화 모델은 먼저 연구문제로 제기된 두 변수 간의 관계를 설정하고 여기에 통계적 통제를 가하는 정교화 과정을 거침으로써, 두 변수 간의 인과관계가 의사관계(spurious relationship) 가 아닌지 의심스러울 때 관계의 정확한 메커니즘을 밝힐 수 있는 것이다(Babbie, 1998, pp. 416~433).

(2) 정교화 모델의 예

정교화 모델은 2차 대전 이후 라자스펠트(P. Lazarsfeld)가, 2차 세계대전 중에 이루어진 스투퍼(Samuel Stouffer)의 연구결과를 바탕으로 발전시킨 것이다. 스투퍼는 군사 사기에 영향을 미치는 요인들을 찾아서 다음과 같은 3개의 가설을 세웠다.

- H_1 : 진급은 병사의 사기에 영향을 미치기 때문에 진급률이 낮은 부대에서 복무하는 병사들은 더 사기가 낮을 것이다.
- H_2 : 남부에서는 인종차별이 심하므로, 남부출신의 흑인 병사보다 북부출신의 흑인 병사가 더 사기가 높을 것이다.
- H_3 : 교육수준이 높은 병사들이 교육수준이 낮은 병사보다 자신이 징집된 것에 대해서 불만이 더 많을 것이다.

    그러나 조사결과 그의 가설 중 어떤 것도 검증되지 않았다. 다시 말해서 진급률이 낮은 부대에서 복무하는 병사들의 사기가 더 높았고, 남부출신의 흑인 병사들의 사기가 더 높았으며, 교육수준이 낮은 병사들의 불만이 오히려 더 많았다. 스투퍼는 이러한 결과가 나온 원인을 준거집단(reference group)과 상대적 박탈감(relative deprivation)으로 설명하였다. 즉, 병사들이 절대적이고 객관적인 기준으로 자신의 위치를 평가하는 것이 아니라, 그들 주변의 다른 사람들을 통해서 자신의 상대적 위치를 평가한다는 것이다. 병사들은 자신의 위치와 주변사람들의 위치를 비교했고, 자신이 공정하지 못한 대우를 받고 있다고 생각하면 병사들의 사기가 저하되는 것이었다. 스투퍼는 이렇듯 조사 결과에 미친 영향을 설득력 있게 설명했지만, 준거집단이나 상대적 박탈감이라는 요인이 연구설계에서부터 계획된 것이 아니었기 때문에 그는 자신의 설명을 뒷받침해 줄 경험적 증거를 가지고 있지 않았다.

    라자스펠트와 켄달(Kendall)은 스투퍼의 자료 중에서 세 번째 가설에서 제기된 문제를 가지고 정교화 모델을 발전시켰다. 〈표 7-6〉은 스투퍼의 가설과는 달리, 병사들의 교육수준과 징집의 불만 사이에 어떤 다른 관계가 내재되어 있음을 암시한다.

    라자스펠트와 켄달은 스투퍼의 설명에 따라 병사들의 교육수준과 '주위 친구들 중 징병이 유예된 사람이 있는지의 여부'가 유의적 관계가 있다는 것에 착안하여 세 번째 가설을 설명할 수 있는 다른 사회적 변수의 존재를 연구에 포함시키고자 하였다. 스투퍼의 서베이 자료에 따르면 교육수준이 높은 병사들 중에서는 19%만이 친구 중에 징병이 유예된 사람이 있지만, 교육수준이 낮은 사람들 중에서는 79%나 징병유예된 친구가 있었다. 이렇게 교육수준이 낮은 병사들의 친구 중에 징병이 유예된 사람이 많은 이유는 교육수준이 낮은 사람들이 대개 농업이나 공업에 종사하고 있었고, 전시에는 이러한 산업분야가 중요시되어 군대에 징집하는 대신에 일을 계속하도록 하였기 때문이다.

표 7-6 교육수준과 징집수용 사이의 관계

	높은 교육수준	낮은 교육수준
징병이 유예되어서는 안 된다	88%	70%
징병이 유예되었어야 했다	12	30
	100	100
	(1,761)	(1,876)

표 7-7 징집유예된 친구의 유무에 따른 교육과 징집수용 사이의 관계

	징병유예된 친구 있음		징병유예된 친구 없음	
	높은 교육수준	낮은 교육수준	높은 교육수준	낮은 교육수준
내가 징집된 것은 옳은 일이다.	63%	63%	94%	95%
나도 징집유예되었어야 옳다.	37	37	6	5
	100	100	100	100
	(335)	(1,484)	(1,426)	(392)

출처 : R. Merton & P. Lazarsfeld, eds., *Continuities in social research* :
Studies in the scope and method of "The American Soldier"(The Free Press, 1950)를 수정.

라자스펠트와 켄달은 스투퍼의 자료를 조정하여 〈표 7-7〉과 같은 결과를 제시하였다. 〈표 7-6〉에 따르면 교육수준이 높을수록 자신의 징집을 더 잘 수용한다는 결론을 내리게 된다. 그러나 〈표 7-7〉은 교육수준이 징집의 수용과는 아무런 관계가 없다는 것을 보여 준다. 징집이 유예된 친구가 있는 병사들은 교육수준이 높은 집단과 교육수준이 낮은 집단 모두 각 37% 이상의 응답자가 자신도 징집되지 말았어야 했다고 응답했다. 교육수준 그 자체는 징집의 수용에 유의미한 영향을 미치지 않은 것이다. 교육수준과 관련이 있는 것은 병사의 친구 중에 징집이 유예된 사람이 있는가 없는가이다. 교육수준이 높은 사람들은 징집이 유예된 친구가 있을 가능성이 적기 때문에 자신이 징집된 것이 불공평하다고 생각하지 않는 것이다.

이 결과가 교육수준과 징집의 수용 사이의 관계를 부정하는 것은 아니다. 교육수준이 높을수록 자신의 징집을 잘 수용하는 것은 사실이다. 그러나 이 관계의 본질은 제 3 의 변수로 해석해야만 한다.[4] 친구의 징집유예라는 제 3 의 변수는 교육수준이 높을수록 본인의 징집을 잘 수용한다는 원래의 관계를 부정하는 것이 아니라 그 관계가 어떤 식으로 작동하는지 그 메커니즘을 구체화시켜 주는 것이다.

라자스펠트와 켄달의 연구를 통해 두 변수 사이의 관계가 사실은 제 3 의 변수에 의하여 영향을 받은 것일 수 있다는 사실을 알게 되었다. 이 연구와 비슷한 다음 사례를 통해서

---

4 이러한 제 3 의 변수를 통제변수(control variable) 혹은 검사변수(test variable)라고 하고, 두 변수가 각각 통제(검사) 변수와 맺는 상관관계를 부분상관관계(partial relationship)라고 한다.

정교화 모델에 대한 개념을 좀더 확실히 할 수 있을 것이다(Kidder, 1980, pp. 70~74).

독서에 영향을 미치는 변인에 대해 연구한다고 가정해 보자. 연구자는 도서관의 대출 자료를 가지고, 최근에 책을 대출한 사람들을 우선 나이와 교육수준을 기준으로 나누어 보았다. 나이는 45세 이상과 미만으로, 교육수준은 중졸집단, 고졸집단, 대졸 이상 집단으로 구분하였다.

〈표 7-8〉과 〈표 7-9〉를 보면, 나이와 교육수준은 모두 독서율과 상관관계를 보인다. 그런데 여기서 연구자는 나이와 교육수준은 상관관계가 없을까 하는 의문을 갖게 된다. 교육수준이 시대변화에 따라서 점점 높아졌다는 것이 상식이기 때문이다.

〈표 7-10〉을 보면 연령대별로 교육수준에 많은 차이가 있음을 알 수 있다. 그렇다면 연령대가 높을수록 독서율이 낮았던 것은 연령대가 높을수록 교육수준이 낮았기 때문일 수도 있다. 이를 확인하기 위해 연구자는 정교화 모델을 사용하여, 교차분석을 시도했다.

〈표 7-11〉을 보면, 제 3 변인이 뚜렷해진다 〈표 7-8〉에서는 연령대에 따라 독서율이 다르게 나타났었다. 그런데 〈표 7-11〉에서 가로줄, 다시 말해 연령대별로는 거의 차이가 없는 것으로 나타난다. 그러나 세로줄, 다시 말해 교육수준에 따라서는 각 단계별로 30% 가량의 큰 차이를 나타난다. 여기에서 연구자는 독서율에 실제로 영향을 미치는 변인은 교육수준이며, 연령대와 독서율이 상관관계를 가지고 있는 것처럼 보였던 것은 교육수준과 연령대가 상관관계를 가지고 있었기 때문이라는 결론을 내리게 된다. 다시 말해 연령대와 독서율은 의사관계를 가지고 있었던 것이다. 정교화 모델은 이처럼 두 변수 사이의 정확한 메커니즘을 밝히는 데 기여한다.

표 7-8 연령대별로 본 독서상황

나이	최근 독서를 한 사람의 비율	사례수
45세 이상	37%	867
45세 미만	49%	983

표 7-9 교육수준별로 본 독서상황

교육수준	최근 독서를 한 사람의 비율	사례수
중졸	14%	546
고졸	47%	955
대졸이상	75%	349

주: 표 제시 방법에 주목할 필요가 있다. 전체사례수와 독서를 한 사람의 비율만 밝힘으로써 독서하지 않은 사람의 비율과 그 사례수, 독서 한 사람의 사례수도 계산해낼 수 있다. 가장 단순한 방식으로 필요한 모든 정보를 제공하는 것이 좋은 표 제시방법이다.

표 7-10 연령대별 교육수준

연령	교육수준			전체 사례수
	중졸	고졸	대졸 이상	
45세 이상	45%	39%	16%	867
45세 미만	16%	63%	21%	983

표 7-11 연령대와 교육수준으로 본 독서상황

교육수준	연령	
	45세 이상	45세 미만
	최근 독서를 한 사람의 비율(빈도)	
중졸	14%(389)	15%(157)
고졸	47%(338)	47%(617)
대졸 이상	74%(140)	76%(209)

6) 보고서 작성

지금까지 살펴본 모든 과정이 끝나면 마지막 단계로서 연구보고서를 작성하게 된다. 보고서는 다른 사람들이 알아보기 쉽게 간결하고 명확하게 써야 한다. 연구보고서에 일정한 틀이 있는 것은 아니지만 일반적으로 연구문제, 연구방법, 연구결과, 결과에 대한 논의 그리고 요약 및 결론으로 구성된다. 그리고 부록으로 설문지를 첨부하는 것이 통례다.

3. 서베이 연구의 장점과 단점

1) 서베이 연구의 장점

실험 연구와 비교해서 서베이 연구의 장점은 다음과 같다.

첫째, 규모가 큰 모집단의 특성을 묘사하는 데 유용하다. 질문지를 잘 작성하고 확률표본추출을 한다면 모집단의 특성에 대해 다른 어떤 조사방법보다 광범위한 정보를 얻을 수 있다. 서베이 연구를 통해 연구자는 많은 변수(인구학적 속성 및 생활양식에 관한 정보, 태도, 동기, 의도 등)를 조사할 수 있다.

둘째, 많은 사람들을 대상으로 체계적 자료를 구할 수 있다.

셋째, 일괄적인 질문지를 사용하므로 객관적으로 측정할 수 있다.

넷째, 비교적 타당성이 높은 정보를 얻을 수 있다. 특히 확률표집 방법을 사용하면 적은 숫자의 표본으로부터 얻은 자료로 정확한 정보를 얻을 수 있다.

다섯째, 인위적으로 구성된 실험실이 아닌 현실적 상황에서 이루어지기 때문에 현실의 상태를 비교적 정확하게 반영하는 자료를 얻을 수 있다.

여섯째, 연관성이 있는 여러 연구주제에 필요한 자료를 한 번의 조사를 통해 얻을 수 있어 한 번의 조사로 여러 주제에 대하여 연구할 수가 있다.

일곱째, 비교적 공간적 상황에 구애받지 않고 실시할 수 있다.

2) 서베이 연구의 단점

그러나 서베이 연구 역시 완전한 연구방법이 될 수 없고, 다음과 같은 한계가 있다.

첫째, 설문을 모든 응답자들이 이해할 수 있게 구성하기 때문에, 소수의 집단을 대상으로 하는 질문이 누락되어 복합적 연구주제에 대해서 피상적 결과가 나타나기 쉽다.

둘째, 좀더 큰 사회적 맥락들을 거의 다루지 못한다. 이는 서베이 연구의 분석단위가 개인이라는 점과도 무관하지 않다. 개인들을 위주로 사회를 설명하려는 설명방식들이 지니는 약점들을 서베이 연구도 그대로 가지고 있는 것이다.

셋째, 처음의 연구설계가 변하지 않고 끝까지 유지되기 때문에 현장연구에 비해 돌발적 연구상황에 유연하게 대처할 수 없다.

넷째, 사회적 행동(action)을 측정하지 못한다. 서베이 연구에서 어떤 사람이 보수적 성향을 보였다고 해서 그 사람이 보수적 행동을 하리라는 보장은 없다. 서베이 연구는 오직 과거 행동에 대한 회상의 기록들이나 미래에 대한 가설적 행동에 관한 기록들을 수집할 수 있을 뿐이다.

다섯째, 태도를 측정한다는 것 자체가 태도에 영향을 미칠 수 있다. 그 이전에는 특정 주제에 대해 아무런 견해가 없다가도, 그 주제에 관해 어떻게 생각하느냐는 질문을 받게 되고 나서야 그 문제에 대해서 생각해 보고 의견을 형성하게 될 수 있다.

여섯째, 많은 중개변수와 가외변수의 통제가 불가능하기 때문에 변수들 간의 관계를 규명하는 데서 내적 타당성이 결여될 수 있다.

일곱째, 모든 사람이 의견을 가지고 있고, 모든 의견이 똑같은 무게를 지니며, 물을 만한 가치가 있는 질문에 관한 동의가 이루어졌다는 등의 전제를 바탕으로 하고 이루어진다. 그러나 이러한 전제 그 자체가 논쟁거리가 될 소지가 있다.

서베이 연구는 일반적으로 신뢰도는 높은 반면 타당도는 낮다. 서베이 연구의 형식, 그 중에서도 설문지 형식의 인위성으로 인해 어떤 이슈에 대해 사람들이 실질적으로 가진 의견을 제대로 반영하지 못하기 때문이다.

어떤 이슈에 대해 사람들의 의견은 서베이의 설문지에서처럼 '매우 찬성, 찬성, 반대, 매우 반대'로 정확하게 구분되지 않기 때문에 이러한 강제적인 구획은 명목적인 것일 수 있다. 하지만 서베이 연구는 모든 응답자에게 일률적으로 설문을 제시함으로써 연구자의 편견과 같은 요소를 제거할 수가 있기 때문에 신뢰도가 높다. 또한 설문을 조심스럽게 작성하게 되면 응답자가 지닌 신뢰도 저해요인도 감소시킬 수 있다(Babbie, 1998, p. 274).

4. 온라인 서베이 연구

인터넷으로 구성되는 사이버 공간은 사회조사의 기법에 대해 새로운 가능성을 열어 주고 있다. 우리나라 사이버 공간의 크기는 매년 급속하게 증가하고 있으며, 이 공간 내에서 이용자들은 실시간의 쌍방향 대화에서부터 전자우편, 게시판에 이르기까지 다양한 커뮤니케이션을 행하고 있다.

온라인 서베이 연구는 사이버 공간 내에서 이루어지는 조사로, 응답자가 웹 브라우저나 전자우편, 여론조사 포럼난 등을 통해 설문에 응답하고 그 내용이 조사기관의 서버 컴퓨터에 전달됨으로써 이루어진다.

1) 온라인 서베이 연구의 유형

온라인 서베이 연구는 조사대상자를 어떻게 구축하고 선정하느냐에 따라 다음과 같은 세 가지 유형으로 구분할 수 있다.

(1) 회원조사

회원조사(member survey)는 인터넷의 특정 사이트에 소속된 가입자의 데이터베이스(DB)를 표집틀(sampling frame)로 사용하는 방식이다. 따라서 회원조사가 잘 이루어지기 위해서는 회원이나 가입자 DB가 잘 구축되어야 하며, 전체 회원 중 표본을 선정하는 방법은 확률표집과 비확률표집 두 가지 모두 가능하다.

확률표집은 말 그대로 전체 표집틀 내에서 무작위 원칙에 의거하여 표본을 추출하는 것을 말한다. 따라서 표본추출을 위해 등록된 회원정보를 토대로 대표성 있는 조사대상자를 선정하고 이들에게 전자우편이나 전화를 이용하여 조사에 참여할 것을 유도해야 한다. 확률표집 방법은 조사대상자의 대표성 문제를 해결할 수 있다는 장점이 있으나, 표본구성을 하기 위해서는 다소의 시간과 노력이 요구된다.

비확률표집은 가입자의 데이터베이스를 표집틀로 한다는 점에서 확률표집과 동일하지만 응답자 표집방식이 회원의 자발적 참여에 의지하는 편의표집에 의거한다는 점에서 차이가 있다. 조사의 공지는 게시판 등을 통해 이루어지고 이 정보에 접한 회원은 자발적으로 조사 포럼에 들어가서 응답하는 방식이다. 따라서 이 방법은 회원 중 적극적 방문자의 비중이 높아질 수 있다는 한계가 있다.

확률표집이든 비확률표집이든 회원조사는 응답자에 대한 신분확인이 가능해 한 응답자가 중복해서 설문에 응하는 중복 응답자 문제를 해결할 수 있고, 비응답자에 대한 분석도 이루어질 수 있다는 장점이 있다.

(2) 방문자 조사

방문자 조사(visitor survey)는 온라인의 특정 사이트에 질문지를 공개하거나 질문지에 대한 링크를 만든 후 그 사이트에 들어온 방문자들이 자발적으로 조사에 참여하게 하는 방식이다. 따라서 표집방법은 편의 표집방식에 의거하지만, 특정 사이트의 회원이 아니라는 점에서 회원조사의 비확률표집 방식과는 차이가 있다. 방문자 조사의 대표적인 예는 언론사의 웹사이트에서 일상적으로 실시하는 간이조사를 들 수 있다.

방문자 조사에서는 인터넷 사용자들의 참여를 유도하기 위해 어떤 경로를 이용하여 어떤 방식으로 설문 참여를 유도하느냐가 상당히 중요한 문제가 된다. 방문자 조사에서 주로 사용하는 경로는 많은 사용자들이 이용하는 검색엔진이나 언론사와 같은 사이트이며, 설문 참여를 유도하기 위해 게시판이나 관련 커뮤니티 공간에 설문을 공지하는 방법이 주로 사용되고 있다.

방문자 조사는 조사기간이 짧고 조사절차가 간편하다는 장점이 있지만 질문지의 길이가 짧아야 하고 미응답자의 분석이 어려워 대표성의 한계가 있다는 점이 단점으로 작용한다.

(3) 패널조사

패널조사(panel survey)는 온라인 조사의 단점으로 지적되는 조사대상자의 대표성 문제를 해결하기 위해 오프라인 상황에서 대표성 있는 표본을 구축, 패널을 구성하고 이 패널을 토대로 온라인에서 조사를 실시하는 방법이다. 패널조사는 장기적이고 반복적인 조사를 수행하기 위해 구성되는 경우가 많고, 컴퓨터나 인터넷 자체에 대한 이용행태를 파악하기 위해 많이 활용된다.

패널조사는 대표성 있는 표본을 구성할 수 있다는 점에서 장점이 있으나, 패널구성을 위해 많은 시간과 비용이 필요하다는 단점이 있다.

2) 온라인 서베이 연구의 장점과 단점

(1) 온라인 서베이 연구의 장점

이상의 온라인 서베이 연구는 일반 서베이 연구와 비교할 때 다음과 같은 장점을 지닌다. 첫째, 온라인 서베이 연구의 가장 큰 특징은 무엇보다 편리한 조사방법에 있다. 자료수집 기간이 일반 서베이 조사방법에 비해 단기적일 뿐 아니라 코딩, 펀칭 등 데이터 입력작업을 거치지 않고 곧바로 분석작업을 시작할 수 있기 때문에 자료처리 과정이 상당히 단축된다. 최근에는 데이터 입력작업뿐 아니라 분석까지 자동으로 처리해 주는 소프트웨어가 개발되어 자료처리 과정은 더욱 짧아졌다.

둘째, 조사비용이 절감된다. 구체적으로 온라인 서베이의 분석비용은 일반적 방문면접에 비해 10분의 1 수준이다. 일반 서베이는 조사과정에만 샘플당 1만~2만 원이 들어가지만 온라인 서베이는 1천~3천 원이면 통계분석까지 해줄 수 있다. 전화조사에 비해서도 5분의 1에 불과하다. 별도의 조사인력이 필요 없어 조사원 교육비 등 부대비용도 줄어든다.

셋째, 기존 조사방법으로는 하기 힘든 동영상 이미지, 사운드 등 멀티미디어적 설문조사를 가능하게 한다. 예를 들어 가전업체가 텔레비전에 대한 소비자 의식을 조사할 경우 텔레비전의 사진이나 동화상을 참고자료로 띄울 수 있고, 제품을 소개하는 말(음성)이나 음악도 덧붙일 수 있다. 이는 기업의 CI 조사나 BI 디자인 조사, Package 디자인 조사, CF 조사 등에 유용하게 활용될 수 있음을 의미한다.

더불어 이용자의 편의를 고려한 소프트웨어의 개발로 이용자는 언제든지 설문결과를 통계 데이터뿐 아니라 도표나 그래프 형태로 실시간으로 볼 수 있다.

(2) 온라인 서베이 연구의 단점

반면 온라인 서베이 연구는 다음과 같은 점에서 한계가 있다.

첫째, 온라인 서베이 연구의 가장 큰 문제점은 대표성 문제이다. 인터넷 사용자 집단의 연령층이 확대되고 성별의 구분이 없어지고 있다고는 하지만 아직까지 주요 네티즌은 10대 후반에서 30대 후반의 남성에 집중돼 있다. 따라서 광범위한 연령대를 대상으로 하는 사회조사일 경우 온라인 공간의 네티즌을 대상으로 한 표본이 전체 모집단을 대표할 수 있느냐는 문제가 제기된다.

최근 온라인 서베이 업체들은 조사결과의 신뢰도를 확보하기 위해 회원제도나 패널구성을 활용하고 있다. 네티즌을 회원으로 가입시켜 이들의 연령과 성별, 직업, 소득, 거주지역, 학력 등을 데이터베이스로 구축하는 것이다. 이렇게 다양한 패널을 구성, 조사의 주제에 맞는 네티즌의 응답만을 분석자료로 쓴다. 이를 통해 중복 응답자를 걸러내기도 하고, 다단계 스크리닝(검증)을 통해 항목 간에 모순이 있는 응답을 분석대상에서 제외시킨다. 그러나 회원조사나 패널조사를 할 경우에도 현실적으로 타당한 표집틀이 존재하는 경우는 어려운 상황이다.

둘째, 응답자가 적격한가를 확인하기 어렵다는 점과 한 사람이 여러 차례 응답하는 중복응답을 잘 가려낼 수 있는가 하는 문제이다. 특히 방문자 조사를 실시할 경우 응답자의 신분을 확인할 방법이 제한되기 때문에 자격의 미비나 불일치, 또는 중복응답에 따른 자료의 타당성이 문제가 될 수 있다. 인터넷상에서 IP 주소가 중복응답자를 선별하는 단서로 사용되고 있긴 하지만, 몇 가지 한계가 있다. 사용자들이 가정에서 ISP나 학교를 통해 PPP로 인터넷에 접속하는 경우 IP가 가변적일 수 있고 고정된 IP를 가지고 있는 경우에도 학교에서처럼 여러 사람이 사용하는 경우에는 문제가 될 수 있다(조동기, 1999).

셋째, 질문에 대한 응답자의 이해 수준과 관련하여 문제가 발생할 수 있다. 온라인 서베이는 기본적으로 자기기입식 질문이다. 따라서 질문이 너무 길거나 복잡하여 응답자가 잘 이해하지 못하거나 오해를 갖고 질문에 답할 경우 통제할 수 있는 방법이 없다.

넷째, 조사결과의 노출에 따라 응답자가 편견을 갖고 설문에 응할 수 있는 가능성이 있다. 최근 온라인 서베이 방법의 발전은 응답자에게 조사결과를 실시간으로 제공한다. 응답자가 설문에 답하기 전에 다른 사람의 의견을 먼저 접할 경우, 다수의 의견을 지지할 가능성이 커지게 된다.

3) 온라인 서베이 연구와 일반 서베이 연구의 비교

온라인 서베이와 일반 서베이는 서베이의 특성상 조사절차나 방법 면에서 크게 다르지는 않지만, 몇 가지 점에서 차이를 보인다. 다음에서는 자료수집 과정과 질문문항 차원에서 온라인 서베이 연구와 일반 서베이 연구를 비교해 보도록 하겠다.

(1) 자료수집 과정

온라인 서베이 연구는 일반 서베이 연구에 비해 자료수집 과정이 간편하고 조사비용도 절감된다. 특히 방문자 조사의 경우 조사절차가 상당히 간편하다. 이는 온라인 특성상 동시에 수많은 네티즌의 접속이 가능하고, 사용자의 응답이 곧바로 자료처리로 이어지기 때문이다. 그러나 일반 서베이 연구에 비해 대표성 문제가 심각하게 대두되고 있고, 응답상황의 통제가 어려워 응답의 질이 상대적으로 떨어질 가능성이 높다.

표 7-12 온라인 서베이 연구와 일반 서베이 연구의 비교 : 자료수집 과정

조사방법 구분	온라인 서베이 연구				일반 서베이 연구		
	회원조사		방문자 조사	패널조사	면접조사	전화조사	우편조사
	확률표집	비확률표집					
자료수집 기간	중/단기	단기	단기	중/단기	장기	중기	장기
자료처리 기간	단기	단기	단기	단기	장기	중/장기	중/장기
표집 대표성	중간/낮음	낮음	매우 낮음	높은 편	높음	높음	중간/높음
응답상황 통제	낮음	낮음	낮음	낮음	매우 높음	높음	낮음
응답의 질	높음	중간	중간	높음	매우 높음	매우 높음	높음
조사비용	저렴	저렴	저렴	중간/높음	높음	중간	중간

출처 : 조동기, 사이버공간과 사회조사(한국조사연구학회 발표 논문, 1999)를 수정, 보완.

(2) 질문문항 요인

온라인 서베이 연구는 일반 개별 면접조사에 비해 질문의 길이와 유형에 제약을 받는다. 이는 면접자가 통제할 수 없는 자기기입식 설문이기 때문이다. 한편 시각적 멀티미디어 자료를 활용할 수 있다는 장점이 있고 민감한 주제일 경우 대면 면접보다 기피현상이 줄어들 소지가 있다.

표 7-13 온라인 서베이 연구와 일반 서베이 연구의 비교: 질문문항 요인

조사방법 구분	온라인 서베이 연구				일반 서베이 연구		
	회원조사		방문자 조사	패널조사	면접조사	전화조사	우편조사
	확률표집	비확률표집					
질문지 길이	중간	짧게	짧게	중간	길게	중간	중간
문항의 복잡성	간단	간단	간단	간단	복잡가능	중간	간단
개방형 질문 사용	보통	보통	보통	보통	쉬움	보통	어려움
시청각적 자료	매우 쉬움	매우 쉬움	매우 쉬움	매우 쉬움	쉬움	어려움	어려움
민감한 문항	보통	가능	가능	보통	기피	보통	기피

출처 : 조동기, 사이버공간과 사회조사(한국조사연구학회 발표 논문, 1999)를 수정, 보완.

내용분석 연구　　　　　　　　　　　　　　　　08

1. 내용분석의 개념과 성격

내용분석(content analysis)이란 메시지를 구성하는 내용변수 간의 관계나 연관성을 분석해 이들 관계 패턴으로부터 의미를 추출하기 위한 목적으로 커뮤니케이션 현상의 핵심인 메시지를 체계적이고 객관적이며 수량적인 방식으로 분석하는 계량적 텍스트 연구방법의 하나다(Krippendorff, 2004; Riffe, Lacy, & Fico, 1998/2001). 뉴스기사, 드라마, 광고, 영화, 논문 등 일정한 메시지를 구성하거나 어떤 의미를 드러내는 텍스트는 모두 내용분석의 대상이 된다. 내용분석은 텍스트 또는 사회현상의 의미를 추출하고 해석하고 이해할 수 있도록 반복가능하고 타당한 추론을 만들어내는 과학적 분석방법(Krippendorff, 2004)이라는 점에서 다음 세 가지의 방법론적 특성을 만족해야 한다.

첫째, 연구방법으로서 내용분석의 절차와 규칙은 체계적이어야 한다. 내용분석 연구자는 분석대상의 내용을 명시적이고 일관되게 적용되는 규칙에 따라 취사선택해야 한다. 일반적으로 내용분석의 대상인 텍스트의 내용은 내용변수로 측정되고, 또 이들 내용변수 간의 관계분석을 통해 텍스트로부터 의미를 추출하고 이를 해석하게 된다. 연구자는 내용변수를 설정하고 측정하기 위해 텍스트의 내용을 동일한 방식으로 취급하며, 통일된 규칙과 절차에 따라 해당 내용을 내용변수의 값으로 측정하고 코딩한다. 이를 위해 연구자는 연구설계 과정에서 체계적 코딩 프로토콜을 마련해야 한다. 이 같은 체계성은 내용분석 연구의 반복가능성을 담보한다.

둘째, 연구방법으로서 내용분석은 객관적이어야 한다. 내용분석은 텍스트 안에 포함된 내용을 발견하는 분석방법이라거나 텍스트에 반영된 송신자의 의도를 찾아내는 분석방법이라고 이해하는 것은 둘 다 바람직한 접근이 아니다(Krippendorff, 2004). 내용분석의 대상인 텍스트의 의미는 내용분석 연구자가 특정한 맥락과 관점에 따라 텍스트를 읽고 의미를 추출하는 추론 과정에서 드러나기 때문이다. 그러나 이러한 의미추론 과정은 객관적이어야 한다. 연구자 개인의 특성이나 편견이 분석과정에 개입해서는 안 되며, 내용변수를 정의하고 측정하는 코딩 규칙과 절차는 다른 연구자가 그 과정을 반복하더라도 동일한 결과가 산출될 수 있도록 반복가능성과 함께 타당성을 확보하고 있어야 한다. 다시 말해, 동일한 텍스트는 다양한 관점과 맥락의 내용분석을 통해 다양하고 상이한 방식으로 이해하고 의미를 추론할 수는 있지만, 동일한 규칙과 절차의 내용분석을 적용한다면 누구나 동일한 분석과정과 해석에 다다르는 일관된 분석결과와 의미추론의 객관성을 유지해야 한다는 것이다. 이 같은 객관적 방식이 연구자의 독창적이고 고유한 해석을 훼손하거나 방해하는 것은 아니다.

셋째, 내용분석은 수량적 접근을 채택한다. 내용분석의 목표는 일군의 메시지로부터 의미관계를 추출하고 이를 정확히 설명하고 추론하는 것이므로, 수량적 분석과정을 통해 결과를 간단히 요약하고 보고할 수 있다. 또 해석의 편의를 위해 통계수단을 활용하기도 한다. 내용분석의 대상인 텍스트는 본질적으로 질적 성격을 지닌다. 일반적으로 내용분석은 질적 텍스트의 내용을 체계적 규칙과 절차에 따라 객관적 방식으로 수량화한 양적 데이터로 변수 전환한 뒤 이들 간의 관계를 통계 검증하는 계량화 과정을 거친다. 이 같은 계량분석 과정을 거쳐 연구자는 분석결과인 내용변수들 간의 체계적 패턴으로부터 의미를 추출한 뒤 이를 질적으로 해석(추론)하는 과정으로 나아간다. 계량 데이터의 분석결과로부터 추출한 의미의 질적 해석에 이르는 과정에서 연구자는 비로소 과학적 지식의 간주관성(intersubjectivity)을 담보할 수 있고, 연구의 객관성은 물론 타당성을 확보할 수 있다. 다시 말해, 내용분석의 수량적 접근과 분석은 체계적이고 객관적인 방식의 도움을 받아 수행해야 한다는 것이다.

2. 내용분석의 활용과 연구경향

사회현상의 의미를 다루는 사회과학 연구, 특히 메시지와 텍스트의 의미를 주요하게 다루는 커뮤니케이션 연구에서 내용분석은 다양한 목적과 이유에 따라 활발하게 적용된다. 몇 가지 대표적 연구경향과 분석사례를 다음과 같이 정리할 수 있다(Weamer & Dominic, 1986).

첫째, 텍스트 내용의 기술(description)이다. 내용분석은 가장 단순한 기술연구 수준에서 한 시점 또는 몇몇 시점에 걸쳐 내용 전반의 특성을 분류하거나 유형화하는 데 유용하다. 비교적 오랜 시간에 걸쳐 일어나는 변화의 흐름이나 추세를 포착하는 것이 목적이라면 시계열 분석도 가능한 장점을 지닌다. 시대에 따른 텔레비전 연속극의 여성상의 변화와 추세를 서술하거나, IT 제품 광고에서 묘사되는 정보지식 사회의 이미지가 시간의 흐름에 따라 어떻게 변화하는지 분석하는 사례를 들 수 있다.

둘째, 내용분석을 통해 메시지 특성에 대한 가설을 검증하는 연구유형을 들 수 있다. 예를 들어, 뉴스기사를 구성하는 몇몇 내용변수 사이에, 또는 뉴스의 논조와 출처 사이에 어떤 일정한 관계나 패턴이 있음을 이론적으로 추론할 수 있다면 이를 검증하고자 할 때 내용분석은 유용한 접근방법이다. 예를 들어, 대북정책 등 공공정책이나 특정 이슈에 대한 뉴스매체 간의 논조와 보도 태도를 비교하는 내용분석 연구는 언론사의 이념성향을 추론하거나 편집정책 차이를 분석하는 데 상당히 유용한 분석도구를 제공한다.

셋째, 연구주제가 미디어 내용과 현실세계를 비교하는 것이라면 내용분석을 적절한 방법으로 활용할 수 있다. 매스미디어가 묘사한 특정 집단이나 현상 또는 특성을 통계지표 같은 실제 현실세계의 표준이나 자료에 견주어 평가함으로써 미디어 내용의 '현실성'을 검토하는 것이다. 예를 들어, 문화계발효과(cultivation effect)[1]나 의제설정효과(agenda-setting effect)[2]를 검증하려는 미디어 연구는 대부분 언론이 묘사하는 미디어 세계와 실제 세계의 일치성 여부를 내용분석을 통해 검토하는 데서 시작되었다고 할 수 있다.

넷째, 특정 사회집단의 이미지에 대한 평가를 위해 내용분석을 활용하는 것이다. 수많은 내용분석 연구자는 특정 지역, 소수인종, 유명집단, 직업군, 하위문화 등에 대한 미디어의 보도가 어떤 이미지를 제시하는지 분석하는 데 주력해왔다. 여성에 대한 미디어 보도의 '상징적 소멸'(symbolic annihilation) 연구[3]는 이 같은 경향의 대표적 사례로 꼽힌다.

마지막으로, 차후 연구를 위한 출발점 또는 정교한 후속 연구를 위한 기초자료를 만들기 위해 내용분석을 활용하는 경우다. 메시지와 텍스트를 다루는 연구라면 내용분석은 가장 기초적인 수준의 계량 자료를 제공할 수 있다. 이를 토대로 연구자는 개인 차원의 심

---

1 문화계발효과란 텔레비전을 과다하게 시청하는 중시청자(heavy viewer)가 텔레비전 속 현실을 자신이 살고 있는 실제 현실이라고 인식하는 현상을 말한다. 예를 들어, 텔레비전의 폭력 프로그램에 자주 노출된 중시청자가 자신이 살아가는 주변 현실도 폭력의 위험성이 실제로 매우 높을 것이라고 지각하는 것이다. 매스미디어가 현실세계에 대한 수용자의 상(象) 내지 관념을 구성하도록 만드는 중장기적이고 누적적인 효과라 할 수 있다.

2 의제설정효과란 매스미디어가 특정한 이슈를 중요한 것으로 강조하여 부각시킬 경우 수용자도 그 이슈를 중요한 것으로 인식하도록 만드는 효과를 말한다. 즉, 미디어 의제가 수용자 의제로 전화하는 현상을 일컫는다. 예를 들어, 선거 캠페인 과정에서 언론이 특정 이슈(안보, 실업, 복지, 증세 등)를 현저히 부각시켜 보도하면 선거 기간 동안 수용자들은 언론이 강조하는 해당 이슈가 다른 이슈보다 더 중요하다고 인식하는 경향이 있다.

3 미디어의 여성보도가 '여성은 특정 영역에서 특정 방식으로 존재한다'는 의미를 재구성함으로써 성차별 이데올로기를 내포하거나 여성차별을 구조화하는 보도경향을 말한다. 예를 들어, 여성 정치인은 남성과 다른 기준을 적용해 외모, 성격, 결혼 유무 등을 강조하면서 묘사하는 데 반해, 남성 정치인은 정책, 전문성, 경력 등을 강조하는 식으로 성차(gender difference)를 강조함으로써 여성을 과소 재현하거나 왜곡된 이미지를 재현하는 보도가 상징적 소멸의 사례에 해당한다.

리·행동 자료나 사회 차원의 객관적 지표를 적절히 활용해 이들의 연관성을 분석함으로써 좀더 포괄적이거나 일반화 가능한 추후 연구를 진행할 수 있다.

내용분석의 적용 사례와 연구 경험을 소개한 이상의 경향은 서로 독립적이거나 별개로 동떨어져 있기보다 연구목적에 따라 중첩되거나 혼용되기도 한다. 앞의 제3장에서 연구설계의 하위 유형으로서 기술적 탐색연구와 설명적 확증연구를 구분한 바 있다. 이와 마찬가지로 내용분석 역시 연구목적에 따라 크게 ① 내용변수의 분포와 특성에 대한 묘사 또는 기술연구와 ② 내용변수 간의 관계와 패턴에 대한 가설검증 연구로 나누어 볼 수 있다(Riffe et al., 1998/2001).

기술연구는 다양한 내용변수의 특성을 요약함으로써 텍스트를 맥락화하면서 연구자가 주목한 내용의 의미를 추출하거나 추론하는 것이 목적일 때 유용한 방식이다. 반면, 가설검증 연구는 목적에 따라 다시 두 가지로 세분될 수 있다. 첫째, 내용변수들만의 관계에 대한 가설을 검증함으로써 내용의 의미를 추론하는 연구가 있다. 둘째, 텍스트의 내용변수와 텍스트를 둘러싼 비(非)내용변수 간의 관계에 대한 가설을 검증하는 연구를 들 수 있다. 이 두 번째 유형에선 텍스트가 생산되는 조건과 환경의 영향력, 곧 내용의 결정요인(determinants)을 분석하거나, 텍스트의 내용 특성이 수용자에게 어떤 영향을 미치는지 효과(effects)를 분석하는 경우처럼 텍스트의 내용분석 결과를 중심에 두고 제작상황이나 소비상황과의 연관성에 대한 분석적 추론이 가능하다. 이처럼 동일한 텍스트라고 해도 상이한 연구목적에 따라 맥락과 관점을 달리하면서 별개의 내용분석을 시도하거나 분석의 초점이 달라지기도 하므로 연구설계를 수립할 때 연구자는 내용분석의 연구목적과 기대효과에 대해 분명히 이해하고 접근할 필요가 있다.

그림 8-1 내용분석 연구의 목적과 유형

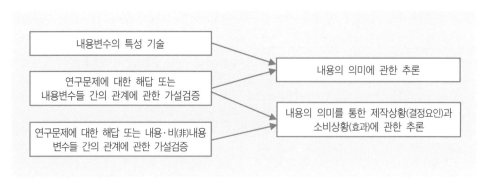

출처: Riffe et al., *Analyzing media messages*(Lawrence Erlbaum, 1998/2001), p.67.

3. 내용분석의 방법론적 절차와 규칙

내용분석 연구는 사회과학 연구의 표준화된 절차와 규칙을 따른다. 구체적 연구목적에 따라 세부 절차는 강조하는 부분이 서로 다르거나 그 일부가 조정되기도 한다. 그렇더라도 내용분석의 일반적 연구절차는 크게 3단계로 구성된다. 즉, ① 현상의 개념화와 연구목적의 명료화, ② 연구설계의 구축, 그리고 ③ 자료의 수집·분석과 결과보고 등이 그것이다 (Riffe et al., 1998/2001, pp. 64~95). 〈표 8-1〉은 세부 절차를 포함해 내용분석의 일반적 전개과정을 요약한 것이다. 주의할 점은 이 절차가 일방적으로 진행되는 순서라기보다 순환적 과정이라는 것이다.

1) 현상의 개념화와 연구목적의 명료화 단계

(1) 문제파악
내용분석의 개념화와 연구목적의 명료화 단계는 연구할 현상이나 이슈가 무엇인지 문제를 파악하는 일에서 시작된다. 문제의 확인은 연구목적의 진술과 관련 있다. 내용분석 연구자는 연구목적에 따라 텍스트를 맥락화하기 때문에 이 과정에서 문제의 확인 또는 문제의식(problematics)의 정련이 가능하다. 일반적으로 문제의식은 연구자가 제안하는 연구문제 또는 연구가설로 서술된다. 의미가 분명한 연구문제나 정의를 잘 내린 가설은 유용하고 정확한 내용변수의 설정과 분석항목을 개발하는 데 도움을 준다. 그러나 관련 이론과 선행연구부터 우선 충실히 검토해야 가능한 일이다.

표 8-1 내용분석의 일반 절차

개념화와 목적의 수립	• 문제파악 (연구배경 설정) • 이론과 선행연구 검토 • 구체적 연구문제(연구가설) 제기
연구설계 구축	• 관련 범위와 내용의 규정 • 형식을 갖춘 설계 구체화 • 분석개요 (분석 구성체 + 분석가표) 작성 • 개념 조작화: 코딩 프로토콜 (코딩 가이드북 + 코딩 지침서) 준비 • 모집단 설정과 표집 계획 구체화 • 사전조사와 신뢰도 검증 절차 수립
자료수집·분석과 보고서 작성	• 데이터 처리 (텍스트 코딩과 신뢰도 확인) • 통계분석 • 결과해석과 보고

출처: Riffe et al., *Analyzing media messages*(Lawrence Erlbaum, 1998/2001), p.86에서 수정 인용

(2) 이론과 선행연구 검토

내용분석을 위해 제기한 연구문제에 대한 해답을 얻기 위해 연구자는 이론과 선행연구를 검토한다. 텍스트를 맥락화하는 데 도움을 주는 이론을 살펴보고 분석 현상과 관련된 선행연구를 검토하면서 해당 분야의 지식은 어느 정도인지, 연구자가 가설을 설정하고 변수들 간의 관계를 검증할 수 있을 만큼 그 현상에 대해 알려진 것이 충분한지, 문제를 해결하기 위한 연구목적을 어떻게 가져가는 것(탐색 대 설명)이 좋을지 의사결정을 내려야 한다. 연구자는 이 과정에서 어떤 변수를 구체적으로 조사하고, 이를 위해 어떤 유형의 텍스트를 분석자료로 선택해 수집하는 것이 효과적일지 아이디어를 얻을 수 있다. 기존 지식에 대한 불충분한 이해는 부실한 연구설계와 부정확한 자료수집과 잘못된 분석으로 귀결될 수밖에 없다. 선행연구 검토가 미비하면[4] 연구자가 원하는 문제의식의 틀을 짜는 데 필수적인 지식을 놓칠 수 있으므로 유의해야 한다.

(3) 연구문제와 가설 제기

충실한 선행연구 검토를 거치면서 내용분석 연구자는 연구목적에 따른 문제의식을 구체적인 연구문제로 서술하거나 연구가설로 제기하게 된다. 연구자는 명확히 정의된 이론적 개념들 그리고 측정 가능한 변수들 간의 관계와 패턴을 추론함으로써 의문문의 형태로 표현되는 연구문제를 구체적으로 서술하거나 조건진술문의 형태로 표현되는 연구가설을 설정한다. 연구문제와 가설은 내용분석의 목적이 변수들 간의 상관관계를 분석하는 것인지, 인과관계를 검증하는 것인지 아니면 메시지의 제작환경(조건)이나 소비(이용) 행동에 대한 추론까지 포함하는 것인지 연구범위와 수준을 명료하게 알 수 있도록 서술해야 한다.

결론적으로, 현상의 개념화와 연구목적의 명료화 단계에서는 문제확인, 관련문헌과 이론의 검토, 이를 통한 연구문제와 가설의 연역적 추론, 그리고 이 모두를 추동하는 연구목적의 분명한 이해와 확인이 필요하다.

2) 연구설계의 구축 단계

연구설계는 문제파악에서부터 분석결과의 해석에 이르는 모든 단계를 망라하는 계획 또는 개요를 말한다(Babbie, 1998). 한마디로, 연구문제에 대한 해답을 제공하는 데 유용하도록 구체적 절차와 기준을 조직화하는 기본 틀을 일컫는 것이다. 따라서 개념화와 연구목적

---

4 기존 지식에 대한 불완전한 검토는 아래의 4가지 이유에서 발생할 수 있다. ① 완벽하지 않을 수 있는 컴퓨터 색인에 대한 지나친 의존 ② 중요하고 핵심적인 학술지 제외 ③ 다른 분야의 학식에 대한 미숙한 식견 ④ 관련 자료를 충분히 검토하기 전에 프로젝트를 착수하려는 조급함 등이 그것이다(Riffe et al., 1998/2001, p.87).

의 명료화 단계에서 제기된 연구문제 또는 가설에 대한 최적의 해답을 찾기 위해선 연구설계의 구축 단계에서 연구과정의 전모에 대한 수행계획을 정교하게 입안해야 한다. 훌륭한 연구설계는 궁극적으로 연구문제에 대한 답을 얼마나 잘 제공하고 연구목적을 얼마나 잘 달성하였는가를 통해 평가될 것이다. 따라서 연구자는 연구설계의 타당성과 신뢰성을 제고하도록 유의해야 한다. 연구설계가 원하는 해답을 찾을 수 있도록 잘 고안되었다면 타당도가 높다고 할 수 있다. 또 분석결과의 타당성을 다각도로 검증할 수 있는 방법을 포함하고 있다면 연구설계의 신뢰도가 높다고 할 수 있다(Krippendorff, 2004, pp. 93~96 참조).

(1) 관련된 분석내용의 범위와 영역의 규정

내용분석의 연구설계를 입안하는 과정은 먼저 제기한 연구문제에 답하거나 가설을 검증하는 데 필요한 것은 무엇인지 분석내용의 관련 범위와 영역을 규정하는 일이다. 내용분석을 위한 적절한 텍스트로 어떤 유형(신문기사, 방송 프로그램, 광고 디자인, 영화 포스트, SNS 메시지, 뉴스댓글 등)을 포함할 것인지, 현실적으로 접근과 이용 가능한 자료인지, 연구목적에 부합하는 내용을 추출하기 위해서는 텍스트의 어떤 내용 단위(단어, 문장, 문단, 기사 전체, 페이지, 섹션 등)를 조사하는 것이 가장 효율적일지 판단하는 것이다. 연구자는 내용의 범위와 영역에 대한 규정을 바탕으로 설계를 구체화하는 작업을 진행한다.

(2) 설계의 구체화

내용분석의 연구설계는 구체적인 작업 절차와 규칙 그리고 수행방법을 체계적 형식 속에 담고 있어야 한다. 연구설계는 연구수행을 위한 실제 계획서 또는 작업도면 같은 것으로 비유할 수 있다. 내용분석 연구자는 분석자료(텍스트)와 연구목적(맥락)의 논리적·경험적 연관성을 타당하게 이어주는 전반적 아이디어를 정리한 일종의 시놉시스 또는 분석개요서로서 분석 구성체(analytic construct)를 고안해 이를 내용분석의 실제 지침으로 삼고 최종결과물의 전모와 방향을 가늠해 볼 수 있다(Krippendorff, 2004, pp. 89~93).

이때 시간적으로 어느 범위(time frame)의 분석기간을 설정할 것인지 또는 얼마나 많은 자료시점(data point)을 사용할 것인지, 공간적으로는 어느 선까지 비교분석을 전개할 것인지(매체 내 비교, 매체 간 비교, 장기간 혹은 시대 간 비교, 시장 간 비교, 국가 간 비교 등) 고려하는 것도 좋다. 좀더 세세하게는 어떤 변수와 변수 간의 조합을 조사할지 보여주는 분석가표(dummy table)를 만들어 봄으로써 연구문제에 대한 해답을 예상하거나 가설검증 결과를 어떻게 예측하거나 해석하는 것이 좋을지 미리 궁리해 보는 것도 유용하다(Riffe et al., 1998/2001, pp. 89~91). 설계의 구체화를 위한 아이디어 작업은 궁극적으로 내용분석을 위한 프로토콜로 완성되어 나타난다.

(3) 내용변수의 설정과 조작화

내용분석을 수행하기 위한 연구설계의 핵심은 내용분석 프로토콜, 곧 코딩 가이드북 (coding guidebook) 을 마련하는 일이다. 코딩 가이드북은 내용분석을 위해 설정된 변수들을 측정해 코딩지(coding sheet) 나 분석 프로그램에 기록하는 방법과 요령, 그리고 주의사항 등을 세세하게 설명해 놓은 작업지침서다. 내용분석은 텍스트를 일정한 이론적 맥락 속에서 읽어가며 체계적이고 일관된 방식으로 내용을 추출하는 과정을 거쳐야 한다. 이를 위해 코딩 프로토콜의 지침에 기초해 코딩작업(내용변수의 속성을 규정에 따라 계량화하는 자료 입력과정)을 수행한다. 그러므로 코딩 프로토콜은 개념 수준(conceptual definition)에서 조작 수준(operational definition)으로 넘어가는 실제 측정의 규칙과 절차를 명백히 기술함으로써 추상적이고 이론적인 변수를 코더들이 정확히 이해하여 객관적으로 코딩할 수 있도록 측정과 코딩의 절차와 규칙을 상세히 설명하는 조작화(operationalization) 정보를 담고 있어야 한다.

내용변수의 조작화를 위해 연구자는 개별 변수마다 분석단위(unit of analysis)를 어떻게 가져갈 것인지 결정해야 한다. 하나의 변수는 하나의 속성을 재는 것이므로 일정한 분석단위를 유지해야 한다. 만일 텍스트가 기록물이라면 단어나 상징, 문단, 뉴스기사, 페이지, 주제 등이 분석단위로 활용될 수 있다. 촬영된 영상물이라면 컷/샷, 에피소드, 스토리, 프로그램 등이 분석단위로 쓰인다. 모든 내용변수는 정해진 분석단위에 따라 코딩하는 방식으로 측정한다. 따라서 조작적 정의가 명백하고 완전한 항목체계(category system)를 구성함으로써 정교한 측정, 곧 변수의 코딩이 가능해진다. 이때 내용변수의 조작화를 위한 항목체계는 상호배타성과 포괄성의 원칙을 따른다. 상호배타성(mutual exclusiveness)은 분석단위에서 파악된 변수의 속성이 어느 한 항목 안에 그리고 반드시 하나의 항목에만 속하도록 변수의 항목체계를 설정하는 것을 말한다. 포괄성(exhaustiveness)은 변수의 속성 차이를 계량화할 때 취하는 값(value)이 예외 없이 모두 포함되도록 변수의 항목체계를 구성하는 것을 말한다. 내용변수의 속성이 어느 항목에 해당하는가를 코더들이 정확히 이해하고 판단할 수 있도록 항목체계가 구성되어야 하는데, 이를 위해선 변수의 개념적 정의와 조작적 정의를 타당하고 정확하게 내려야 한다. 변수의 정의가 명확할수록 항목체계 구성이 타당하고 정확하며, 항목체계가 상호배타성과 포괄성을 담보하면 코더들의 코딩결과가 서로 일치하는 코더간 신뢰도(inter-coder reliability)도 높아진다.

결과적으로, 코딩 가이드북에는 연구목적, 분석자료의 입수와 특성, 개별 변수의 정의와 항목체계, 코딩원칙 등 연구설계의 규칙과 절차가 주의사항과 함께 세세하게 명시되어 있지만 연구자 혼자 만들기도 어렵고, 또 한 번 만에 완성되는 것도 아니다. 실제로 표본의 추출과 코딩 훈련과정에서 코딩 가이드북은 여러 차례 내용과 구성의 수정을 거치므로 연구자와 코더의 협업으로 함께 완성해간다.

표 8-2 내용분석 연구의 코딩 가이드북 예시

선거 여론조사 보도에서 방법론 문제와 부정적 보도경향의 관계
코딩 가이드북

1. 연구목적

선거 여론조사 보도의 여러 문제는 유권자에게 잘못된 정보를 제공하여 선거과정을 왜곡시키기 때문에 결과적으로 시민의 정치적 의사결정에 부정적인 영향을 미칠 수 있다. 이 연구의 목적은 신문에 보도된 선거 여론조사 보도의 조사규정 준수 여부를 측정하고, 여론조사 보도에서 관찰되는 방법론적 오류유형과 그것의 부정적 영향력에 대해 분석하려는 것이다. 따라서 ① 신문의 여론조사 보도규정 준수여부를 확인하고 ② 보도 내용의 방법론적 오류를 유형화해 분석하며 ③ 보도규정 준수 여부와 방법론적 오류에 따라 보도의 문제점(부정적 보도경향)이 어떠한지 연관성을 알아보고자 한다. 이러한 관계 패턴의 특성에 따라 유권자의 정치적 의사결정과 투표행위에 미칠 수 있는 문제가 더욱 분명히 판별될 것으로 기대한다.

2. 연구방법

(1) 분석대상 선정과 데이터 접근과 처리

해당 선거	분석기간	분석매체
제 16 대	2000. 1. 1 ~ 2000. 4. 13	〈조선일보〉, 〈중앙일보〉, 〈한국일보〉, 〈한겨레〉, 〈경향신문〉 (이상 중앙일간지 5개)
제 17 대	2004. 1. 1 ~ 2004. 4. 15	
제 18 대	2008. 1. 1 ~ 2008. 4. 9	

16~18대 국회의원 선거가 있는 해당연도의 1월 1일부터 선거일까지 보도된 중앙 일간지 5개사(〈조선일보〉, 〈중앙일보〉, 〈한국일보〉, 〈경향신문〉, 〈한겨레〉)의 선거기사를 분석대상으로 한다. 분석대상 일간지는 신문사의 정치적 스펙트럼을 고려해 선정한 것이다. 5개 신문을 대상으로 직접 지면 확인을 통해 여론조사 결과가 포함된 기사를 전수 표집한다. 분석대상 기사는 바이라인(기자이름)에 의해서 구분되는 여론조사 보도다. 여론조사의 방법론 오류유형을 추출하기 위한 기본 분석단위는 뉴스기사의 개별 문장(individual sentence)이다. 분석은 2~3명의 대학원생 코더가 코딩 프로토콜에 따라 내용분석을 위한 변수코딩을 수행한다.

(2) 여론조사 보도

여론조사 보도는 각 매체가 자체적으로 조사한 여론조사, 외부기관에 용역을 의뢰하여 실시한 여론조사, 그리고 다른 기관이나 단체에 의해 실시된 여론조사의 결과를 직간접적으로 인용하여 보도한 기사를 말한다. 선거전반에 대한 정보(투표율, 미디어의 선거보도 비평, 선거법 관련 보도 등)를 다루는 경우도 여론조사 보도로 간주한다. 단, 여론조사 결과를 간접적으로 인용한 경우, 구체적으로 숫자(%)를 기사본문에서 언급한 경우만 분석대상에 포함한다. 여론조사 결과를 그래프, 그림 같은 화상정보 형식(infographics)에 담아 텍스트 기사 없이 제시하는 경우는 분석대상으로 삼지 않는다.

(3) 주의사항

- 코더는 지정받은 날짜 순서별로 정해진 지침에 따라 코딩을 진행한다.
- 코딩 대상 기사는 데이터 파일(스크립트)을 한글파일 또는 PDF 파일로 별도 보관한다.

(4) 분석단위

- 기자신원(byline)에 의해서 구분되는 단위기사로, 하나의 여론조사 결과가 두 번 보도되었을 경우 두 개의 기사로 간주한다. 단, 여론조사 결과를 보도한 복수의 기사 중 하나의 기사만이라도 공표사항을 제시하고 있다면 모두 제시한 것으로 코딩한다.
- 조사내용 보도의 오류유형을 추출하기 위한 변수의 기본 분석단위는 뉴스기사이고, 관찰단위(코딩단위)는 개별 문장(individual sentence)이다.
- 프레임 장치(frame device)의 분류와 내용파악을 통해 주제 프레임을 추출하기 위한 기본 분석단위는 뉴스기사의 개별 문장(individual sentence)이다. 따라서 '데이터 해석 오류유형', '경마보도식 표현'의 경우 한 문장이라도 있을 경우 코딩하지만 중복으로 코딩하지는 않는다(코딩단위).

3. 주요 변수의 개념화와 조작적 정의

1) 기사정보

(1) 보도일

해당 기사가 보도된 날짜를 '연/월/일' 순으로 기입한다. (yy/mm/dd)

(2) 보도유형

기사의 형식적 종류를 말한다. 기사유형의 특성에 유의해 코딩한다.
① 스트레이트: 단순 사실을 제시하는 수준으로, 여론조사 결과만 보도한 기사
② 분석·해설: 여론조사 결과 수치를 구체적으로 제시하고 이에 덧붙여 '기자의 평가 및 해설'이나 '전문가(정치평론가, 여론조사 전문가, 여론조사기관의 책임자 등)의 평가 및 해설, 향후 전망'을 제시한 기사
③ 기타: 위의 ①, ②에 해당하지 않는 기사로, 여론조사 결과의 수치만을 그림이나 그래프 등으로 보도한 경우(〈중앙일보〉의 경우 1면에 사진기사와 같이 그래프만 보도). 이러한 경우는 보도유형까지만 코딩하고 이후 내용은 코딩하지 않는다.

(3) 지면특성

해당 기사가 보도된 지면. 지면 상단, 신문사명과 날짜 아래 제시되는 지면명을 근거로 지면특성을 판단한다.
① 1면의 경우 신문의 표지면을 뜻한다. ②종합면은 2면부터 시작하는 섹션으로 지면 상단 좌측 또는 우측 지면명을 근거로 판단한다. 지역별 여론조사 결과를 특집으로 다룬 경우는 '⑤ 특집면'으로 코딩한다. 섹션명이 '수도권', '부산·울산·경남', '인천' 등으로 선거상황이 아닐 때도 정기적으로 보도해오던 지역면에 해당할 경우는 '⑥지역면'으로 코딩한다.

(4) 기사제목

해당 기사의 제시된 표제를 직접 표기한다. 제목이 있는 특집, 연재기사의 경우 그 명칭을 함께 표기한다.
(예: 총선 D-13 한나라당 과반수 의석 성공할까)

(하략)

(4) 모집단 설정과 표집 계획

연구자는 연구문제에 답하거나 가설을 검증하기 위해 어떤 유형의 자료가 얼마나 많이 필요한가를 판단해야 한다. 이를 위한 작업이 모집단의 설정과 표집 계획을 구체화하는 일이다. 어떤 텍스트 내용 단위의 모집단을 조사할 것인가, 모집단으로부터 표본을 추출하는 표집기법을 어떻게 해야 하는가, 어떤 종류의 표본이 필요한가, 표본의 크기는 어느 정도인가 등을 고려해 모집단을 정의하고 표집틀을 확정한 뒤 적절한 표본을 마련하는 과정을 밟는다. 서베이 연구나 실험 연구와 달리 텍스트를 분석자료로 활용하는 내용분석 연구는 고정된 분석단위가 없기 때문에 연구목적에 따라 매번 연구자가 적절한 모집단을 정의해야 한다.

모집단의 설정은 추상적 정의에만 머무는 것이 아니다. 관찰 가능한 내용변수의 측정과 계량화가 가능하도록 연구주제의 범위와 연구기간을 고려해 모집단을 규정해야 한다. 이 때문에 실제 표본을 추출하기까지 중간단계로서 표집틀(sampling frame)을 효과적으로 설정하는 것이 중요하다. 표집틀은 표본이 추출되는 모집단의 실질적 단위목록으로 이해하면 된다.[5] 추상적으로 정의된 개념으로서 모집단과 구체적 분석이 적용되는 경험적 실체로서 표본의 추출 사이를 잇는 인식론적 연결고리(epistemological bridge)인 셈이다.

예를 들어, 연구자가 텔레비전 뉴스기사를 내용분석하려 한다면 지상파 방송의 저녁 종합뉴스 또는 아침 뉴스매거진 프로그램 등은 모집단의 범위를 결정하는 표집틀의 사례가 될 것이다. 그러나 지상파 방송의 모든 저녁 종합뉴스나 아침 뉴스매거진의 프로그램 전수를 분석하는 것도 용이하지 않으므로 적절한 크기의 뉴스 표본을 선택할 필요가 있다. 이 경우, 저녁 종합뉴스나 아침 뉴스매거진의 뉴스기사를 대표할 만한 무작위 표본을 추출해야 한다. 뿐만 아니라 요일별 변이성(variability)이 뚜렷한 뉴스 편집과 편성의 특성을 유효하게 통제할 수 있는 확률표집 방법을 강구해야 한다. 따라서 요일을 층화하는 무작위 표집기법인 주 구성 표집(constructed week sampling)[6]을 사용하면 대표성 있는 뉴스 표본의 추출이 가능하다(Riffe, Aust, & Lacy, 1993).

모집단을 대표하는 표본의 추출이 내용분석을 위해 좋긴 하지만, 연구 초점이 특정한 기간에 벌어지는 중대사건이나 특정 사안(사례)이라면 표본조사보다 전수조사가 더 적합

---

5 예를 들어, 대통령 선거를 앞두고 전국의 유권자를 대상으로 후보 지지도 조사를 한다고 가정하자. 아마도 투표권을 지닌 전국의 18세 이상 성인 남녀가 모집단의 정의가 되겠지만, 이로부터 전국의 유권자를 대표하는 일정 규모의 표본을 실제로 추출하려면 실질적인 유권자 명단이 필요하다. 이때 선거관리위원회가 관리하는 유권자 명부는 가장 유력한 표집틀이 될 것이다. 물론 실제 여론조사는 대부분 RDD(random digit dialing)라는 무작위 계수통화 방식을 이용해 이루어진다(이 책의 제5장 '표집' 참조).

6 모집단의 분석기간에 해당하는 모든 날짜를 월요일에서 일요일까지 요일별로 7집단으로 나누어 층화한 뒤 최종 표본의 크기를 고려해 요일마다 원하는 만큼 무작위로 날짜를 뽑는 표집방법이다. 만일 가상의 2주를 구성하고 싶다면 요일별로 이틀씩 임의로 날짜를 추출하면 14일치의 자료를 확보하는 2주일이 만들어지는 식이다. 마찬가지로 표본 크기를 늘려 3주를 구성하고 싶다면 요일별로 사흘씩 날짜를 무작위로 뽑으면 된다.

할 수 있다. 그렇다면 모집단 중심이 아니라 이벤트(사건·이슈) 중심의 데이터 수집 전략을 선택할 수도 있다. 하지만 만일 이벤트가 비교적 오랜 기간 동안 지속된다면 연구자는 비용과 시간을 감안해야 한다. 이때는 이벤트의 전개 국면이나 상황 흐름의 특징을 반영하는 방식으로 층화 표본(stratified sample)을 추출함으로써 분석의 효율성을 높이는 것도 한 방법이다(윤영철·김경모·김지현, 2014).

(5) 사전조사와 신뢰도 검증 절차

위에서 코딩 가이드북은 연구자와 참여 코더들이 협업해 완성하는 것이라고 강조하였다. 핵심은 코딩 가이드북의 완성도는 '어떻게 하면 분석자료의 질을 최고로 높이도록 최상의 코딩 신뢰도를 확보할 수 있을까?'라는 질문에 연구자가 대답하는 과정의 결과물이라는 점이다. 예를 들어, 내용변수의 조작적 정의는 사전점검이 필요하며 코더들은 그런 정의를 적용해 코딩하는 방법에 대한 강도 높은 훈련을 받을 필요가 있다. 코더들의 훈련과정에서 조작적 정의가 항목체계의 수정 등을 통해 재(再)정련되는 경우도 다반사이므로 연구자는 코더들의 의견과 제안에 귀 기울일 필요가 있다. 따라서 코딩 가이드북을 만들어가면서 프로토콜의 타당성에 대해 코더들이 참여하는 예비조사를 실시하고 이 과정에서 코더간 신뢰도를 사전 검증하면 코딩 가이드북을 훨씬 더 정교하게 만드는 데 도움을 준다.

코딩은 내용분석에 참여하는 코더들이 각 변수별로 분석단위의 내용(substance)을 미리 설정된 변수의 항목에 배열하는 분석자료의 입력을 말한다. 코더간 신뢰도는 내용분석의 성공여부를 결정하는 가장 중요한 방법론적 지표의 하나이므로 사전에 코더들을 집중적으로 훈련시켜야 한다. 내용분석 연구자는 개별 변수마다 분석단위와 항목체계의 적절성을 점검한다. 그럼에도 코딩 훈련과 예비조사 단계에서 실제 텍스트의 내용과 변수의 항목체계가 일치하지 않는 경우가 자주 발생하는데, 연구자는 곧바로 항목체계를 수정한 뒤 이를 코딩 가이드북에 반영하는 수정작업을 진행해야 한다. 코더들의 일치도(agreement)를 높이는 애벌 코딩 훈련을 진행하는 예비조사 단계에서 수시로 코더간 신뢰도를 점검한다. 일정한 수준의 일치도가 확보되면 본격적인 코딩작업을 진행한다. 따라서 코더간 신뢰도 검사는 애벌 코딩을 진행하는 예비조사 단계에서, 본격 코딩의 이상 유무를 중간 확인하는 본 연구 단계에서, 그리고 모든 코딩이 끝난 뒤 분석자료의 질을 확인하는 최종 단계 등 적어도 세 번 수행하는 것이 좋다. 코더간 신뢰도 계수의 보고는 내용분석 연구의 필수 사항이다(김성태, 2005).[7]

---

7 내용분석 연구의 방법론에 대해 분석한 김성태(2005)는 신뢰도 계수를 포함해 내용분석 연구가 반드시 보고해야 할 방법론 정보를 제시한다. 분석대상으로 미디어, 내용, 시기, 접근방법 항목을, 표본과 코딩에서 추출방법, 자료 종류, 크기, 조작적 정의 항목을, 그리고 신뢰도와 관련해 평가시기, 코더 수, 신뢰도 조사 표본의 종류와 크기, 신뢰도 계수 항목을 강조한다. 이러한 방법론 관련 항목은 코딩 가이드북을 마련할 때 세심하게 고려해야 할 사항이기도 하다.

3) 자료의 수집·분석과 결과보고 단계

(1) 데이터 처리

연구문제에 대한 해답을 구하거나 가설을 검증하기 위한 텍스트 자료의 표집이 끝나면 연구자는 본격적으로 분석자료를 수집하고 분석하는 데이터 처리 절차를 밟는다. 정해진 코딩 지침에 따라 텍스트로부터 내용변수의 특성값(value)을 판단해 입력하는 데이터 계량화 작업을 진행하는 것이다. 내용분석에서 가장 중요한 데이터 처리 작업은 내용변수의 코딩이다. 따라서 훈련받은 코더들은 코딩 가이드북의 내용을 숙지한 상태에서 텍스트를 읽어가며 적절한 분석단위에서 설정된 개별 변수를 항목체계를 따라 코딩한다.

　내용분석 자료의 코딩이 끝나면 연구자는 반드시 입력한 분석자료에 이상이 없는지 확인하고 오타나 미입력 같은 자료입력 오류를 수정하는 데이터 클리닝(data cleaning)을 수행한다. 이후에 비로소 본격적인 자료분석이 가능하다. 이 과정에서 연구자는 미리 준비한 분석가표를 이용해 어떤 유형의 자료분석을 진행하는 것이 적절할지, 어떤 기법의 통계분석 절차가 필요할지 분석적인 상상실험을 하는 것도 좋다.

(2) 통계분석

계량화된 내용분석 자료의 처리는 분석에 적합한 통계도구를 사용해 연구문제의 해답이나 가설검증에 적합한 주요 통계량과 지표를 산출하고 이를 효과적으로 제시하는 과정을 말한다. 분석에 사용된 표본의 특성과 내용변수의 측정 수준을 고려해 최적의 통계분석 기법을 적용하는 것이 중요하다. 미리 고려했던 분석가표에 통계분석 결과의 수치를 대입하거나 분석결과를 그림이나 그래프로 제시하는 것도 유용하다. 연구설계의 구체화 단계부터 분할표 분석, t-검증, 분산분석, 상관분석, 회귀분석 등 적절한 통계기법을 어떻게 어디에서 활용할지 미리 예상하여 변수의 코딩과 측정방법을 확정해 두어야 통계분석의 효과를 최적화할 수 있다(Riffe et al., 1998/2001, pp. 263~300).[8]

(3) 결과해석과 보고

내용분석 연구의 마지막 단계는 연구결과를 해석하고 보고하는 일이다. 여기서 연구자는 주요 분석결과를 요약하고, 결과의 의미를 이론적으로 또 경험적으로 풍부하게 해석하는 마무리 작업을 수행한다. 말하자면, '연구문제에 대한 답을 성공적으로 찾았거나 연구가설이 성공적으로 검증되었는가?'라는 질문에 대한 연구자의 최종 답변과 추론인 셈이다. 따

---

8 내용분석에서 널리 활용되는 통계분석기법에 대해서는 제9장 '통계와 가설검증', 그리고 이 책의 자매편인 《SPSS 명령문을 활용한 사회과학 통계방법》을 참고하라.

라서 최종 연구결과의 중요성은 결코 통계적 의사결정만으로 해결되는 것이 아니다. 연구성과는 분석결과물이 '이론의 발전과 문제해결에 어느 정도 기여하느냐?'라는 함의의 충실한 논의에 상당 정도 의존한다. 연구자는 애초에 텍스트를 맥락화하기 위해 도입했던 이론의 논리적 설명과 관련 선행연구의 경험적 결과를 참고해서 나름대로 연구의 의미를 이론적으로 해석하고 핵심 논지를 제시하는 데 주력하는 것이다. 거칠게 요약하면 내용분석의 전 과정은 '질적 텍스트의 맥락화 → 양적 데이터 전환과 계량분석 → 분석결과의 질적 해석과 의미부여'라는 연결고리로 묘사 가능하다. 마지막 고리지점인 분석결과의 의미 해석과 논지 제시는 계량분석의 결과를 다시 질적으로 해석하고 의미부여를 정당화하는 작업이라는 점에서 다양한 추론방식의 도움을 받을 수 있다(Krippendorff, 2004, pp. 44~74).[9] 이 같은 추론은 내용분석의 타당도를 높이는 데 기여한다.

4. 내용분석의 신뢰도와 타당도

1) 신뢰도

(1) 신뢰도의 의미와 특성

신뢰도(reliability)란 동일한 측정 방법으로 동일한 대상을 반복 측정했을 때 일치된 결과가 산출되는 정도를 말한다(Krippendorff, 2004). 일반적으로 측정의 신뢰도는 연구자(코더)의 의도나 우연에 의해 발생할 수 있는 측정결과의 오염, 왜곡, 편향이 없이 다른 연구자(코더)가 측정하더라도 동일한 결과를 산출할 수 있는 정도라 할 수 있다.[10]

내용분석은 맥락화된 텍스트로부터 체계적이고 객관적이며 계량적으로 측정한 내용변수들의 분석자료에 기초하므로 기본적으로 분석자료의 신뢰도가 없다면 연구를 정당화할 수 없다. 분석자료의 신뢰도는 내용분석 연구의 토대인 셈이다. 측정의 신뢰도를 검증하기 위해서는 신뢰도 자료(reliability data)가 필요하다. 신뢰도 자료는 보통 동일 변수에 대해 복수의 코더를 동원하는 반복측정을 통해 만들어진다.[11] 코더들의 반복측정 사이에

---

9 내용분석 결과의 질적 해석과 의미부여를 위해 크리펜도르프는 6가지의 추론방식, 곧 외삽(추세, 패턴, 차이), 표준(동일성 식별, 평가, 판단), 지표와 징후, 언어적 재현, 대화, 그리고 제도적 과정을 소개한다.

10 분석결과의 해석이라는 측면에서 신뢰도를 생각할 수도 있다. 해석 차원의 신뢰도는 연구자의 해석과 의미부여에 대해 학문공동체의 구성원들이 동의할 수 있는 정도를 뜻한다(Krippendorff, 2004).

11 신뢰도 검증용 하위 표본은 어떻게 추출하고 또 어느 정도 크기가 적당한지에 대해 학자들 사이의 의견이 일치하는 것은 아니다. 대략적 관행은 전체 표본의 10~20% 정도를 무작위 추출한 하위표본을 대상으로 코더간 신뢰도를 계산하는 방법이다(Wimmer & Dominick, 1997).

뉴스 주제 f Æ §

분석단위 기사	*		*	*					*	*		*	*		*	*
	1	2	3	4	5	6	7	8	9	10	11	12	13	14	15	16
코더 1	1	1	1	2	4	9	2	9	2	1	9	2	1	9	2	1
코더 2	1	2	1	2	1	1	2	8	2	1	5	2	1	2	2	1
코더 3	1	1	1	2	1	1	1	2	2	1	1	2	1	2	2	1

뉴스 주제의 항목체계
1 정치 2 경제 3 법률 4 종교 5 건강 6 복지 7 교육 8 사건·사고 9 기타

일치성(agreement)이 있어야 분석자료의 신뢰도가 높다고 할 수 있다. 〈그림 8-2〉는 16개의 기사 표본을 대상으로 뉴스 주제라는 변수를 세 사람의 코더가 각각 측정해 입력한 신뢰도 자료를 예시한 것이다. 별표(*)가 붙은 뉴스 기사(1, 3, 4, 9, 10, 12, 13, 15, 16번)는 세 사람이 동일한 내용(substance)의 항목으로 판단해 코딩하였기 때문에 일치성이 확보된 경우에 해당한다.

신뢰도는 신뢰도 자료를 확보하는 방법과 관련해 안정성, 반복가능성, 정확성이라는 성질을 지닌다(Krippendorff, 2004, pp. 214~216). 안정성(stability)은 시간의 경과에 관계없이 코더가 산출하는 결과가 변하지 않는 성질을 의미한다. 서로 다른 두 시기에 동일한 코더가 측정한 결과를 검사-재검사를 통해 비교하면 안정성이 확보되어 있는지 확인할 수 있다. 내용분석 연구자가 코더내 신뢰도(intra-coder reliability)를 사용해 안정성을 확인하는 방식으로 신뢰도를 검증하기도 하지만 불가피한 사정이 아니라면 권장되지 않는다. 반복가능성(reproducibility)은 다른 연구자, 다른 조건, 다른 환경, 다른 측정도구를 사용했을 때도 동일한 결과가 나오는 정도를 의미한다. 서로 다른 방법을 사용한 결과를 비교하는 검사-검사를 통해 확인할 수 있는 성질이다. 내용분석 연구의 코더간 신뢰도가 대표적이라 할 수 있다. 코더간 신뢰도는 코딩 가이드북의 기본적 타당도를 보장해 주고 많은 코더가 많은 자료를 분석하는 경우에 유용하다. 마지막으로, 정확성(accuracy)은 널리 인정받고 있는 기존 측정도구로 산출된 결과와 일치하는 정도를 의미한다. 객관적 비교기준이 있을 때 확인할 수 있다는 한계가 분명하지만 측정의 타당도까지 가늠할 수 있는 강점을 가진다.

내용분석 역시 다른 모든 연구와 마찬가지로 반복 가능해야 한다(Neuendorf, 2002). 반복가능성을 확인하기 위해서는 코더 개인 수준의 일치도(내적 일치도)뿐만 아니라 다른 참여 코더와의 일치도, 곧 코더간 신뢰도가 확보되어야 한다.[12] 만일 코더간 신뢰도가 낮게 나온다면 이는 연구과정에 신뢰도를 저해하는 요소가 내재해 있다고 볼 수 있다. 신뢰

도를 저해하는 요소로는 부실한 코딩 프로토콜, 코딩 훈련 부족, 코더의 피로와 사기저하 등을 꼽을 수 있다. 신뢰도 검증 결과가 좋지 못하다면 이 같은 신뢰도 저해 요소들이 있는지를 면밀히 검토하고 개선해야 한다(Neuendorf, 2002, pp. 141~166).

신뢰도는 반복을 통해 얻어지는 결과들의 일관성의 정도를 의미하는 반면, 타당도(validity)는 사실성의 정도를 의미한다. 따라서 타당도는 반복을 통해 검증될 수 있는 것이 아니다. 핵심적인 것은 신뢰도가 없다면 타당도를 보장할 수 없지만, 신뢰도가 타당도를 보장해 주는 것은 아니라는 점이다(Krippendorff, 2004). 결국, 신뢰도는 타당도에 대한 필요조건이지 충분조건은 아니다. 신뢰도가 떨어질수록 분석의 정확성은 떨어지지만 신뢰도가 증가한다고 반드시 측정하고자 하는 대상을 정확하게 측정하는 것은 아니므로 유의해야 한다. 내용분석의 타당도 문제는 뒤에서 다룬다.

(2) 코더간 신뢰도 검증 방법

① 홀스티의 단순신뢰도

명목 수준에서 측정된 변수에 사용되는 가장 기초적인 신뢰도 계수다. 코딩한 전체 쌍 중에 일치하는 쌍의 비율로 계산한다. 홀스티(Holsti)의 단순신뢰도(coefficient of reliability)는 완전 불일치 .00에서 완전 일치 1.00 사이의 값을 갖는다. 서열 수준 이상의 변수에 적용할 때에는 일치의 범위를 설정하여 일치 여부를 파악할 수 있지만 권장되지는 않는다. 또 우연에 의해 코더간 일치가 발생한 경우를 통제하지 못하기 때문에 용도가 제한적이다.

$$PA_O = \frac{2A}{(n_A + n_B)}$$

A : 두 코더간 일치한 단위 수
n_A, n_B : 코더 A와 코더 B가 각각 분석한 단위 수
(완전 불일치) .00 < PA_O < 1.00 (완전 일치)

---

12 크리펜도르프(2004)는 코더간 신뢰도가 확보되려면 ① 내용분석 연구 참여자 간의 의견교환과 합의가 가능한 코딩 프로토콜의 채택, ② 합리적이고 타당한 코더 선발기준의 채택과 적용, ③ 코더들 간의 코딩 독립성 보장이라는 세 가지 요건을 충족해야 한다고 강조한다. 결국, 핵심 요건은 한 연구자가 수행한 내용분석이 다른 연구자에 의해 수행되어도 동일한 결과가 산출되도록 수행된 분석 절차와 규칙이 낱낱이 기록되어 다른 연구자들에 의해 반복될 수 있어야 한다는 점이다.

② 스콧의 파이와 코헨의 카파

홀스티 방법은 확률적으로 우연히 일치할 경우를 고려하지 못하는 단점이 있다. 스콧 (Scott)의 파이(π, pi)와 코헨(Cohen)의 카파(κ, kappa)는 신뢰도 계수 산출에서 우연에 의해 발생하는 코더간 일치를 확률적으로 제어한다. 파이는 어떤 주어진 검증에서 어떤 범주의 특정한 값들이 사용된 횟수의 비율을 살펴봄으로써 우연에 의한 일치를 계산하는데, 그 비율들을 토대로 기대 일치비율을 계산한다. 계수의 산출은 두 명의 코더일 경우에만 적용되고, 그 이상일 경우에는 두 명의 코더로 짝 지워진 코더들의 쌍들에게 적용한 다음 전체 평균을 구하기 위해 얻은 모든 수치들의 평균을 구하는 식이다.

코헨의 카파는 파이와 동일한 공식을 사용해 산출하지만, 비율 행렬표의 주변 값에 대한 기대 일치비율을 토대로 하는 차이가 있다. 카파는 어떤 범주의 한 값이 다른 값들보다 훨씬 많이 사용될 경우 파이보다 다소 높은 신뢰도 값을 산출할 수 있다. 파이와 카파는 우연의 일치를 통제하는 장점은 있지만 기본적으로 명목 수준에서 측정된 변수의 신뢰도 검증에 사용하는 등 유용성이 다소 제한적이다.

$$\pi\,(pi) \text{ 또는 } \kappa\,(kappa) \ = \ \frac{PA_0 - PA_E}{1 - PA_E}$$

PA_O: 관찰된 일치비율
PA_E: 확률적으로 기대되는 일치비율[13]
1.00: 완전 일치   .00:우연에 의한 일치   .00 이하: 우연보다 못한 일치

③ 크리펜도르프의 알파

크리펜도르프(Krippendorff)는 항목(범주)의 수가 많은 명목변수를 포함해 서열 수준 이상의 변수에서도 적용 가능하고 크기가 작은 표본에 대한 보정도 뛰어난 코더간 신뢰도 계수, 알파(α, alpha)를 개발하였다.[14] 기본 공식에서 보듯 파이나 카파와 비슷하지만, 일치비율 대신 불일치(disagreement)를 검증에 사용하는 차이가 있다. 알파는 여러 장점

---

13 파이와 카파는 PA_E를 계산하는 방식이 다르다. 스콧의 파이는 모든 코더가 해당 특정 값을 선택한 경우를 기본적인 확률로 삼는 반면, 코헨의 카파는 독립적인 개별 코더가 동시에 특정 값을 선택한 경우를 기본적인 확률로 삼는다. 예를 들어, 두 사람의 코더가 수행한 20개의 코딩 가운데 특정 범주의 값 1을 선택한 경우가 모두 8번(0.4)이라 하자. 여기서 첫째 코더는 10개 가운데 범주 값 1을 6번(0.6) 선택했고, 둘째 코더는 10개 가운데 2번(0.2) 선택했다고 가정하자. 이 경우, 파이에서 기대 일치비율은 0.16(0.4×0.4)이고, 카파에서 기대 일치비율은 0.12(0.6×0.2)가 된다(Riffe et al., 1998/2001, p.225).

14 크리펜도르프의 알파는 크론바흐(Cronbach)의 알파와 다른 개념이다. 크론바흐 알파는 구성체(construct)의 양적 지표들(quantitative indicators)이 동일 구성체를 측정하는 것인지 문항간 내적 일치도(internal consistency)를 확인하기 위한 신뢰도 계수로서 상관계수(correlational coefficient)에 기초해 산출된다. 이와 달리 크리펜도르프의 알파는 특정 내용변수의 속성을 판단해 해당 항목(범주)에 배열하려는 코더들의 평가가 서로 일치하는지 판단의 일치성(agreement)에 기초해 산출되는 차이점이 있다. 상세한 내용은 《SPSS 명령문을 활용한 사회과학 통계방법》의 제13장 '신뢰도 분석'을 참고하라.

을 지닌다. 코더 3인 이상 참여, 신뢰도 계산을 위한 하위표본의 수, 신뢰도 자료의 결측값(missing value)이 포함된 경우에 상관없이 사용 가능하다. 계산이 복잡한 단점이 있지만 폭넓은 유용성 때문에 널리 활용된다(Hayes & Krippendorff, 2007).[15]

$$\alpha = 1 - \frac{D_O}{D_E}$$

D_O: 관찰된 불일치
D_E: 기대된 불일치
$\alpha = 1$, 만일 $D_O = 0$ $\alpha = 0$ 만일 $D_O = D_E$

2) 타당도

(1) 타당도의 의미와 특성

앞서 제3장(연구설계)과 제4장(연구의 요소)에서 설명한 바처럼 사회과학 연구에서 타당도(validity)란 현상, 사건, 경험, 행동 등이 실제로 그러하다고 사람들이 받아들이고 동의하도록 만드는 연구결과의 질과 관련된다. 예를 들어, 측정의 타당도는 연구자가 측정하고자 하는 것을 정확히 측정할 때 달성할 수 있는 연구의 질을 의미한다. 내용분석 연구에서 표집 설계가 잘못되었거나, 변수의 항목체계가 상호배타성과 포괄성의 원칙을 어기거나, 코더간 신뢰도가 낮다면 측정의 타당도를 포함해 연구설계의 타당도를 확보하는 일은 거의 불가능하다.

연구결과를 타당한 것으로 평가하려면 타당성을 정당화하는 주장의 근거와 이유를 분명하고 설득력 있게 제시할 필요가 있다. 이와 연관된 방법론 개념이 타당도다. 내용분석에서 타당도는 사회과학 연구에서 일반적으로 이해하는 측정 또는 연구설계의 타당도 개념을 포함해 광범위한 개념과 유형으로 이해된다. 타당도는 맥락화한 텍스트의 내용분석으로부터 도출된 분석결과의 의미추론, 곧 분석결과의 일반화 또는 해석과 의미부여가 새로운 관찰이나 기존 이론이나 해석에 견줄 만한 내·외부의 가능한 증거들을 설득력 있게 보여주는 정도를 포괄하기 때문이다(Krippendorff, 2004). 따라서 내용분석의 타당도는 분석결과의 적절한 추론과 의미해석이 가능하도록 텍스트를 맥락화하고 관련 정보와 자료를 수집하고 분석하는 제반 절차와 밀접한 연관성을 지닌다.

---

15 SPSS 코드로 프로그래밍한 매크로 파일을 아래 주소에서 내려받아 준비된 신뢰도 자료와 연동하면 손쉽게 크리펜도르프의 알파를 산출할 수 있다(http://afhayes.com/spss-sas-and-mplus-macros-and-code.html). 계산 과정과 의미의 해석은 《SPSS 명령문을 활용한 사회과학 통계방법》의 제13장 '신뢰도 분석'을 참고하라.

(2) 타당도의 유형과 내용

내용분석의 맥락적·절차적 정당성과 해석과 의미부여의 정당성 주장에 대한 근거를 보여주는 증표라는 점에서 크리펜도르프는 타당도를 크게 명목타당도(face validity), 사회타당도(social validity), 그리고 경험타당도(empirical validity)로 유형화한다. 내용분석에서 크리펜도르프가 주목하는 경험타당도는 내용,[16] 내적 구조,[17] 그리고 다른 변수와의 관계[18] 라는 세 가지 측면을 과학적 타당성의 경험적 근거로 설정하면서 8가지의 세부적 타당도를 유형화하고 설명한다. 〈그림 8-3〉은 내용분석의 타당도 개념과 유형을 보여준다. 여기서는 크리펜도르프의 타당도 분류에 기초해 주요한 타당도 개념을 소개한다(Krippendorff, 2004, pp. 318~338).

〈그림 8-3〉 내용분석 연구에서 타당도의 유형 분류

출처: Krippendorff, *Content analysis: An introduction to its methodology*, 2nd ed.(Thousand Oaks, CA: Sage, 2004), p.319.

---

16 텍스트가 무엇인지, 텍스트의 내용이 무엇을 의미하는지, 선택된 텍스트가 의미하는 무엇을 어떻게 대표하는지 등을 정당화하는 근거와 관련된다. 예를 들어, 텍스트 표본이 내용분석이 다루려는 현상을 충분히 대표한다면 일반화 가능성이 높기 때문에 연구의 외적 타당성(external validity)을 확보할 수 있다.

17 구체적인 연구설계(분석 구성체)의 구조적 짜임새와 기능적 임무가 실제 분석의 원만한 진행을 안내하는 좋은 지침(guideline)이 될 뿐 아니라 연구문제의 해답을 도출하는 과정에서 훌륭하게 기능한다는 것을 정당화하는 근거와 관련된다. 연구설계가 원하는 해답을 얻을 수 있도록 조직되고 기능한다는 점에서 내적 구조는 연구의 내적 타당성(internal validity)을 확보할 수 있는 기반이 된다.

18 내용분석 연구의 분석결과와 의미 해석이 적절한지를 정당화하는 근거와 관련된다. 내용분석 연구가 다른 연구자의 관련 연구를 자극하고 기여하는지, 분석결과가 다른 연구결과 또는 다른 맥락정보나 외부자료와 일치하는지, 연구에 대한 비판과 반증을 이겨내는지 등과 관련된 정당성 주장을 뒷받침하는 근거들을 포함한다. 내용분석의 결과를 외부 세계의 근거 자료와 연결지어 맥락적 타당성(contextual validity)을 판단하는 것이다.

① 명목타당도

어떤 개념을 측정하는 척도가 말 그대로 적절하고 명백한 의미를 담고 있기 때문에 직관적으로 타당하게 느껴지므로 부가적인 어떤 설명이 필요치 않는 경우라면 명목타당도 (face validity)가 높다고 할 수 있다. 내용분석에서 다루는 텍스트에서의 어떤 상징이나 표현 그리고 이미지 등은 일반적으로 문화권 안에서 공유하는 상식(common truth)에 따라 분류되고 정의되고 해석된다.

② 사회타당도

내용분석 연구의 분석결과를 둘러싼 의미추론과 해석이 중요한 사회적 관심과 부합하는 정도와 관련된 타당도를 의미한다. 예를 들어, 내용분석 연구가 시의성 높은 정치사회적 이슈를 다룸으로써 공공 숙의에 기여한다면 사회타당도가 높은 경우라 할 수 있다. 사회적으로 의미 있는 내용분석의 결과는 공중의 관심을 끌 수 있고 실제적인 해결책을 제안하는 데 도움을 준다는 점에서 중요한 타당도로 간주된다(Riffe et al., 1998/2002).

③ 경험타당도

'텍스트의 이론적 맥락화 → 자료의 계량화와 분석→ 분석결과의 해석과 의미부여'에 이르는 내용분석의 전 과정에 걸쳐 제시되고 논의되는 맥락적·경험적 근거들이 연구의 각 단계마다 필요한 정당성을 보증하는 경우라면 경험타당도가 높다고 할 수 있다. 경험타당도는 표집(표본), 변수 측정, 연구설계의 짜임새와 기능, 분석결과의 추론과 의미해석 등 내용분석과 관련된 거의 모든 방법론적 절차와 규칙의 세부사항과 밀접한 연관성을 가진다. 경험타당도는 아래 6가지의 하위 타당도로 나누어진다.

가. 표집타당도

표집타당도(sampling validity)란 표본이 추출된 모집단을 얼마나 대표하는지의 정도를 말한다. 서베이 연구나 실험 연구와 달리 내용분석은 텍스트를 분석대상으로 삼기 때문에 고정된 분석단위가 없다. 따라서 텍스트의 내용을 추출하려는 내용분석은 분석단위가 명료한 내용변수를 측정할 수 있도록 표집 설계를 가져가야 하는데, '모집단 → 표집틀 → 표본'으로 이어지는 표집과정에서 최적의 확률표집 방법을 사용할 경우 표집타당도를 높일 수 있다. 표집타당도가 높다면 연구의 일반화 가능성이 커지므로 연구의 외적 타당성이 높아질 수 있다.

나. 의미타당도

내용분석은 텍스트를 일정한 이론적 맥락 속에서 체계적이고 객관적이며 계량적인 접근을 통해 내용을 추출하고 분석하는 작업이다. 따라서 선택된 맥락 속의 텍스트가 지닌 의미가 텍스트를 분석하기 위해 설정한 변수의 분석범주와 일치하는 것이 좋다. 다시 말해, 의미타당도(semantic validity)는 내용변수의 분석범주(항목체계)가 맥락화된 텍스트의 의미와 구조를 정확히 반영하고 묘사하는 정도를 뜻한다. 일반적으로 변수의 항목체계 구성이 텍스트로부터 추출된 의미의 맥락과 일치할수록 의미타당도가 높다고 할 수 있다. 좀 더 넓은 범위의 의미타당도는 분석결과의 추론, 곧 해석과 의미부여의 타당도까지 포괄한다. 내용분석 연구자의 의미해석이 학문공동체의 동의를 이끌어낸다면 이 연구는 의미타당도가 높다고 볼 수 있다.

다. 구조타당도

내용분석에서 연구설계의 구체화 단계(분석 구성체와 분석가표의 작성)는 맥락화한 텍스트의 세부 내용을 다양한 내용변수의 항목체계로 구성하거나 변수와 변수의 관계를 예상하고 추론해 보는 과정이다. 따라서 연구자는 이용 가능한 텍스트와 연구문제(가설) 사이의 안정적 연관성(stable correlation)을 확실히 구축하는(Krippendorff, 2004, pp. 34~36) 코딩 프로토콜을 마련함으로써 내용분석 연구의 이론적 맥락을 견고하게 반영할 뿐만 아니라 믿을 만하고 타당한 분석결과가 도출되도록 해야 한다. 코딩 프로토콜(분석 구성체)의 구조적 짜임새가 이 과정을 합당하게 뒷받침하는 논리와 근거를 제공한다면 구조타당도(structural validity)가 높다고 할 수 있다.

라. 기능타당도

기능타당도(functional validity)는 코딩 프로토콜(분석 구성체)이 실제 분석과정에서 연구자가 내용분석을 통해 의도한 바와 내용분석의 결과(의미 해석)가 서로 일치하도록 잘 기능하는 정도를 뜻한다. 예를 들어, 내용분석의 구체적인 연구설계, 곧 코딩 가이드북의 실제 활용도가 높아 연구의 반복가능성과 일관성 높은 분석결과를 도출할수록 또는 실용성이 높아 다양한 상황과 조건에서도 안정적 분석결과를 지속적으로 도출할수록 기능타당도가 높다고 할 수 있다.

마. 상관타당도

상관타당도(correlative validity)는 특정 방법(변수 측정)에서 도출된 결과와 그보다 더 타당한 방법으로 간주되는 다른 방법(변수 측정)에서 도출된 결과가 서로 일치하는 정도를 의미한다. 일반적으로 일치타당도(concurrent validity)와 동일한 타당도 개념으로 이해할 수 있다. 상관타당도는 측정 변수들의 등가성 또는 내체가능성을 시사한나는 점에서 측정 간의 높은 상관계수를 전제한다. 크리펜도르프는 반증가능성의 원리에 기초해 상관타당도를 수렴타당도(convergent validity)와 판별타당도(discriminant validity)로 구분한다. 측정하려는 속성을 동일하게 측정하는 상관성(correlation)의 정도가 높은 경우라면 수렴타당도가 높다. 반면, 서로 다른 속성을 측정하는 변수들이라면 상관성의 정도가 낮아야 하므로 이들은 서로 판별타당도가 확보되어야 한다.

바. 예측타당도

예측은 아직 관찰하지 않은 영역으로 이용 가능한 지식을 확장해 보는 논리 추론의 한 유형이다. 만일 맥락화된 텍스트를 단일 시점에서 한 차례 분석(또는 비교분석)하는 연구설계를 적용한 내용분석 연구라면 대체로 탐색적 연구에 가깝다. 그러나 내용분석이 텍스트의 분석에만 그치는 것이 아니라 그러한 텍스트의 내용과 구조화에 영향을 미친 조건이나 원인을 분석하거나 텍스트의 내용과 구조가 어떤 결과로서 다른 사회현상에 미친 영향을 분석하는 경우라면 이는 설명적 연구라 할 수 있다(〈그림 8-1〉 참조). 상관성(correlation)에 기초하는 상관타당도와 달리 예측타당도(predictive validity)는 인과성(causation)에 기초한다. 내용분석의 결과로부터 정확히 어떤 사건을 예측하거나 속성들을 구별하거나 설명하는 정도가 높다면 예측타당도가 높다고 할 수 있다. 설명적 연구설계를 따르는 내용분석이라면 예측타당도를 지녀야 할 필요가 있다.

통계와 가설검증

1. 통계학의 기초개념

통계학은 수량적 자료로부터 나온 사실을 정확히 기술하고 추론하기 위한 과학이라고 정의할 수 있다. 현대 학문에서 과학적 연구방법이 강조됨에 따라 자연과학뿐 아니라 사회과학, 인문과학 등 모든 학문분야에서 통계학이 이용되고 있고 그 중요성은 날로 더해 가고 있다.

1) 통계의 정의

통계는 어떠한 사실을 수집, 관찰하여 수량적으로 측정하는 과정을 뜻한다. 우리가 일상생활에서 흔히 사용하는 통계라는 말이 여기에 해당한다. "오늘 몇 명이나 결석했지?", "요사이 비가 너무 자주 오는데 벌써 며칠째 내리는 거지?" 등의 일상적 대화에서도 비록 통계라는 말을 사용하지는 않았지만 어떤 사실의 특성을 수량적으로 기술 혹은 관찰하고 있는 것이다. 여기서 실제로 결석자 수를 파악하고, 비가 온 날을 헤아려 보는 것이 자료의 수량적 집합이다. 이 수량적 자료수집의 대표적인 예로 정부기관이 발행하는 물가통계, 인구통계, 농업통계 등을 들 수 있다.

한편, 통계는 표본(sample)에서 나온 수량적 값을 의미하기도 한다. 예를 들어 50만 가구의 평균 월수입을 조사한다고 하자. 가장 좋은 방법은 실제로 50만 가구를 모두 방문하여 월수입이 얼마인가를 물어본 후 그것의 평균치를 구하는 것이다. 그러나 실제로 50만 가구를 조사한다는 것은 시간적, 경제적으로 불가능하다. 그렇기 때문에 전체 중에서 몇 가구를 추출하여 그 평균을 조사함으로써 50만 가구 전체의 평균 월수입을 파악한다.

통계는 수량적 자료를 수집·분석·해석하고 이를 이론화하는 도구로서 자료들을 다루는 방법 그 자체를 말하기도 한다. 자료의 처리방법 또는 수단으로서의 통계는 '응용수학의 한 분야로서 관찰을 통해서 어떠한 현상을 기술하고, 그 관찰로부터 믿을 수 있는 결론을 추리하는 과정 및 절차'로 정의할 수 있다(Williams, 1968, p. 4).

커린저는 통계의 기능으로 다음의 네 가지를 들고 있다(Kerlinger, 1986, pp. 175~176). 첫째, 많은 수량적 자료를 처리가능하고 쉽게 이해할 수 있는 형태로 축소시킨다.

둘째, 표본을 통해 연구대상 집단의 특성을 유추한다. 연구대상이 너무 커서 개별적 구성원들을 일일이 조사할 수 없는 경우, 전집에서 소수의 표본을 뽑아서 분석한 수치를 가지고 연구대상 집단의 특성을 추정할 수 있다.

셋째, 의사결정의 보조수단이 된다. 예를 들어 대학교에서 새롭게 도입한 세 가지 교육방법 중 어떤 것을 중점적으로 적용할 것인가의 문제를 해결하기 위해 교육심리학자로 하여금 조사연구를 의뢰해, 그로부터 산출된 통계적 자료를 참고해 특정한 교육방법을 택할 수 있다.

넷째, 관찰 가능한 자료를 통해 논리적으로 어떠한 결론을 추출·검증한다. 많은 추론들이 통계적 가설검증을 통해 나오게 된다.

2) 통계학에서 쓰이는 기초개념

(1) 모집단과 표본

통계의 가장 기초적인 개념은 모집단(population)과 표본(sample)이다. 모집단이란 연구자의 관심대상이 되는 모든 개체의 집합을 가리키는데, 연구대상으로 삼는 경우의 모집단을 강조하여 대상 모집단(target population)이라고 한다. 이때 집단 구성원의 수가 유한한 경우에는 유한 모집단(finite population)이라 하고 집단 구성원의 수가 무한한 경우는 무한 모집단(infinite population)이라 한다. 대부분의 통계연구에서는 무한 모집단으로 가상하는 것이 일반적이다. 표본이란 모집단에서 조사대상으로 채택된 일부를 가리키는 용어이다. 즉, 표본이란 우리가 시간적으로나 경제적으로 모집단의 전수를 다 조사할 수 없는 상황에서 일부 집단을 추출하여 그를 조사함으로써 모집단의 특성을 추론하기 위해 선택하는 부분집합이라 할 수 있다.

모집단의 특성을 수치로 나타낸 것을 모수(parameter)라 하고 표본의 특성을 수치로 나타낸 것을 통계량(statistic)이라 한다. 통계량이란 모수를 추정하기 위한 자료로서, 모수를 정확히 반영하였음이 검증되었을 때 자료로서의 의미를 가지게 된다. 어떤 표집방법을 사용하는가, 표집이 무작위적으로 잘되었는가, 타당한 통계방법을 사용하였는가 하는 요소들이 자료로서의 타당성을 좌우한다.

(2) 변수

변수(variable)는 우리가 알고 싶은 현상의 특성을 나타내는 개념으로서 변화하는 값을 가진 것들을 말한다. 예를 들어 사람의 성(性), 몸무게, 키 등의 요소들은 모두 고정된 값을 가지고 있지 않다. 즉, 어떤 사람이 여성이냐 혹은 남성이냐의 여부, 몸무게가 100kg이냐 50kg이냐의 여부는 그 값이 대상에 따라 변화하는 것이다. 만약에 변수를 몸무게, 키, 시간, 온도와 같이 양적으로 표현할 수 있으면 양적 변수(quantity variable)라 한다. 또한 변수를 여자인가 남자인가와 같이 질적인 척도에 의해서만 나타낼 수 있다면 질적 변수(quality variable)라고 한다. 그러나 질적 변수를 적용해야 할 자료를 숫자로 나타낼 수도 있다. 예를 들어 성별을 구분할 때 남자를 '0'이라 하고 여자를 '1'로 나타낼 수도 있다. 그러나 엄밀히 말하면 이때의 0이나 1은 숫자라기보다는 기호에 불과할 뿐이며 일반적인 숫자의 개념과는 다르다. 또 양적인 성격을 갖는 자료도 질적 자료의 형태로 나타낼 수 있다. 서울시민들의 월 수입액을 상·중·하로 나눈다든지, 수치로 나타낸 입학시험의 결과를 합격과 불합격 등으로 분류할 수 있는 것이 그 예다.

양적 변수는 자료의 연속성에 따라서, 다시 이산변수(discrete variable)와 연속변수(continuous variable)로 나누어진다. 만약 한 변수의 크기가 명백히 정의될 수 있는 단계에 의해 표현될 때에 그러한 변수는 이산변수라고 한다. 이산변수는 그 변수를 나타내는 값들 중에 중간값이 존재할 수 없다. 예를 들어 지난 분기에 판매된 자동차의 수 등은 이산변수다. 반면에 한 변수의 값이 연속적 척도에 의해서 얻어진 경우에는 연속변수라고 한다. 연속변수의 두 값 사이에는 항상 제3의 값이 개재될 수 있다. 예를 들어 무게, 시간, 부피 등에 의해 표현되는 변수는 연속변수다. 그러나 실제로 우리가 기록하는 대부분의 값은 이산값(discrete values)인데, 이는 단순화와 계량화를 위해서 올림을 하거나 내림을 하기 때문이다.

만약 어떤 변수가 다른 변수의 영향을 받거나 시간적으로 뒤에 발생한다고 모형화할 수 있다고 하자. 이때 시간적으로 선행하거나 영향을 주는 변수를 독립변수(independent variable)라고 하고, 시간상 뒤를 따르는 결과에 해당하거나 다른 변수에 의해 영향을 받는 변수를 종속변수(dependent variable)라고 한다.

그러나 실생활에서는 어떤 변수를 종속변수로 하고 어떤 변수를 독립변수로 해야 하는지 애매한 경우가 허다하다. 이때 주로 결과를 나타내는 변수를 종속변수로 보게 되는데,

예를 들어 몸무게와 키의 관계를 살펴본다고 했을 때, 몸무게 = 키 + 오차로 나타내는 것이 키 = 몸무게 + 오차로 나타내는 것보다 더 합리적일 것이다. 왜냐하면 키가 큰 사람이 대체로 몸무게가 많이 나가게 될 것이라고 일반적으로 생각할 수 있지만, 몸무게가 많이 나간다고 해서 그 사람이 꼭 키가 클 것이라고는 상식적으로도 생각하기 어렵기 때문이다. 따라서 이 경우 키는 독립변수, 몸무게는 종속변수로 본다.

3) 통계의 유형

통계의 궁극적인 목표는 관심의 대상이 되는 집단의 특성을 파악하는 것이다. 통계에는 자료수집·자료정리·자료해석의 과정을 통해 모집단의 특성을 규명하는 방법과, 표본에서 얻은 통계량에 기초해 모집단의 특성(모수)을 추론하는 방법이 있다. 전자를 기술통계(descriptive statistics), 후자를 추리통계(inferential statistics) 또는 통계적 추론(statistical inference)이라고 한다. 또한 통계를 다루게 되는 변수의 수에 따라서 일원적 통계(univariate statistics)와 다원적 통계(multivariate statistics)로 구분할 수도 있다.

(1) 기술통계와 추리통계

어떤 기준에 따라 정리하지 않은 자료는 단순히 수치를 나열한 것에 불과하기 때문에 그 자료로부터는 아무런 정보도 얻을 수 없다. 기술통계의 목적은 복잡하고 다양한 수량적 자료를 이해하기 편리하고 의미 있는 형태로 정리하여 제시하는 것이다. 예를 들어, E학급의 중간고사 성적을 알기 위해, E학급 학생들의 중간고사 점수를 가지고 평균을 구하는 것은 기술통계라 할 수 있다. 기술통계는 한 변수나 집단에 관련된 수량적 자료의 조직 또는 요약하는 기능과 2개 또는 그 이상의 변수들 사이의 관계를 기술적 차원에서 정리해 주는 기능이 있다.

추리통계란 모집단에서 뽑은 표본을 통하여 모집단의 특성, 즉 모수를 추정하거나 가설을 검증하는데 사용되는 통계적 방법을 말한다. 예를 들어, 우리나라 고등학교 3학년 학생들의 수능시험 평균을 알아보기 위하여 몇백 명만 표본으로 뽑아 그들의 점수를 바탕으로 전국 고등학교 3학년 학생들의 수능시험 평균을 알아낼 수 있다.

추리통계란 통계과정에서 발생하는 오차를 제거하고 정확한 모수를 추정하는 모든 방법을 포괄한다. 표본의 통계량을 통해 모수를 추정하는 논리는 가설검증의 문제에도 그대로 적용된다. 하나의 가설을 세우고 그것을 증명하기 위해 표본을 추출하여 가정의 참·거짓을 모집단에 적용함으로써 검증한다. 이러한 가설검증을 위해 사용하는 통계적 방법 역시 추리통계이다.

가설을 어떤 통계적 방법으로 검증하느냐에 따라 추리통계는 모수 통계방법(parametric

statistics)과 비모수 통계방법(nonparametric statistics)으로 나눌 수 있다. 모수 통계방법은 모집단의 분포모양이 정규분포라는 가정이 필요하며, 수량적 자료 중에서도 연속적 자료를 주로 사용한다. 비모수 통계방법에서는 모집단의 분포모양에 대한 가정이 필요 없고, 표본의 크기가 작아도 되며, 질적 자료나 비연속적 자료를 많이 사용한다. 비모수 통계방법은 이렇게 모집단에 대한 가정도 필요 없고 자료도 엄격한 기준을 필요로 하지 않기 때문에 사용하기 편리하고 분석방법도 대체로 간편해서 이해하기 쉽다. 그럼에도 추리통계학에서 모수 통계방법을 자주 사용하는 이유는 비모수 통계방법보다 모수를 추정할 때 더욱 신뢰할 수 있기 때문이다.

그림 9-1 모수의 추리과정

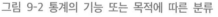

그림 9-2 통계의 기능 또는 목적에 따른 분류

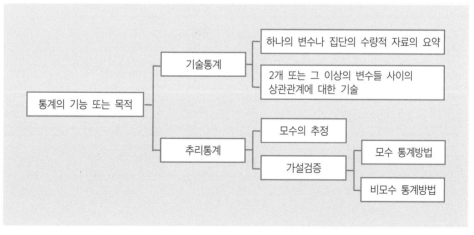

(2) 일원적 통계와 다원적 통계

일원적 통계는 정확히 말해서 일원적 기술통계(univariate descriptive statistics)로서 한 번에 하나의 변인만을 다루면서 주어진 실체를 기술하는 통계방법을 말한다. 한 연구에 여러 개의 변수가 포함되어 있더라도 그 변수들 간의 관계를 교차적으로 분석하지 않고 변수 하나하나를 독립적으로 분석해 나가면 일원적 분석이 된다.

예를 들어 한 선거에서 1천 명의 유권자를 대상으로 어떠한 결과가 나오는가를 연구하려 할 때 유권자들을 생활수준, 정치적 관심도, 투표성향에 따라 분류할 수 있다.

⟨표 9-1⟩처럼 3개의 변수가 있더라도 이들 사이의 관계를 연결하지 않고 세 변수 하나하나의 실체를 독립적으로 분석한 것을 일원적 통계라고 한다. 이때 사용되는 통계방법으로는 백분율, 비율, 중앙치, 산술평균, 표준편차 등이 있다.

다원적 통계(multivariate statistics)는 한꺼번에 2개 이상의 변수들 간 상호관계나 차이를 분석하는 데 사용되는 통계방법을 말한다. 일원적 통계의 주목적이 기술을 통한 새로운 현상이나 특성을 일차적으로 발견하는 것에 있다면, 다원적 통계의 목적은 이론을 바탕으로 그 현상에 대한 이유를 설명하는 데 있다고 하겠다.

⟨표 9-2⟩는 여당과 야당 지지자들 및 투표에 기권한 사람들의 특성을 생활수준별로 밝혀준다. 이처럼 다원적 통계는 한 변수의 분포 특성을 다른 변인과의 관계 속에서 설명해 준다.

다원적 통계방법으로는 2개의 변수 간의 관계를 분석하는 데 쓰이는 단순상관관계, t-검증, 일원변량분석 등과 3개 이상의 변수 간의 관계를 분석하는 데 쓰이는 다중상관관계, 다원변량분석, 회귀분석, 요인분석 등이 있다.

표 9-1 일원적 통계

생활수준	사례수	%	정치적 관심	사례수	%	투표성향	사례수	%
하류층	200	20.0	낮다	300	30.0	여당 지지	500	50.0
중류층	460	46.0	중간	520	52.0	야당 지지	400	40.0
상류층	340	34.0	높다	180	18.0	기권	100	10.0
합계	1,000	100.0	합계	1,000	100.0	합계	1,000	100.0

표 9-2 다원적 통계

투표성향	생활수준			합계 (100)
	하류층 (200)	중류층 (460)	상류층 (340)	
여당 지지	51.0% (102)	41.7% (192)	60.0% (206)	50.0% (500)
야당 지지	37.0 (74)	47.8 (220)	31.2 (106)	40.0 (400)
기권	12.0 (24)	10.5 (48)	8.2 (28)	10.0 (100)
합계	100.0%	100.0%	100.0%	100.0%

2. 자료의 처리 및 기술

연구자는 조사결과 얻어진 수량적 자료를 제시하기 위해 다양한 방법 중 하나 혹은 여러 개의 조합으로 자료를 처리한다. 자료를 제시하는 방법은 크게 수치적 자료를 변형하여 제시하는 방법과 그림 및 도표를 통해 제시하는 방법이 있다. 이 두 가지 방법은 서로 독립적으로 존재하는 것이 아니라 자료를 효과적으로 제시하기 위해 상호의존적으로 사용된다.

1) 도표와 그림을 통한 자료처리 척도

도표나 그래프 등 그림을 이용하면, 단순히 수치를 나열하는 것보다 체계적이고 이해하기 쉽도록 자료를 정리할 수 있다.

(1) 빈도분포표

빈도분포(도수분포, frequency distribution)는 자료를 수량적으로 처리하는 데서 가장 먼저 검토해 보아야 하는 것으로 기초적이면서도 중요하다. 빈도분포표를 작성하면 우리는 자료에 포함된 전체적 윤곽을 파악할 수 있다. 빈도분포표를 만들기 위해서는 각 변수의 범주별로 관측 값의 빈도수를 파악해야 한다.

〈표 9-3〉에서 불교·프로테스탄트·가톨릭·기타 등은 종교라는 변수의 변수값이고, 27·37·30·16은 각 변수값에 해당하는 관측값의 수, 즉 빈도다. 단순히 빈도만을 나타내지 않고 상대빈도(relative frequency)를 사용하여 상대빈도 분포표를 만들기도 한다.

변수값이 무한한 연속변수의 경우 각 변수값에 해당하는 관측값의 수를 일일이 셀 수 없다. 이런 경우는 우선 전체 변수값을 몇 개의 범주로 나눈 다음 각각의 범주에 해당하는 관측사례가 몇 개인지 세어야 한다. 이때 모든 관측값이 어느 범주에든 반드시 들어가도록 하여야 하며, 또한 반드시 하나의 범주 안에만 속하도록 해야 한다.

표 9-3 빈도분포표의 예

종교	빈도	상대빈도(%)
불교	27	24.5
프로테스탄트	37	33.6
가톨릭	30	27.3
기타	16	14.5
합계	110	100.0

(2) 그래프

그래프는 변수의 분포를 가시적으로 파악할 수 있도록 해준다. 일반적으로 명목변수는 파이그래프(pie graph)나 막대그래프로, 서열변수는 히스토그램(histogram)으로, 등간변수는 히스토그램이나 빈도다각형(frequency polygon)으로 나타내는 것이 좋다(홍두승, 1987, 146쪽).

파이그래프는 전체를 나타내는 원을 그린 후 각 범주가 전체에서 차지하는 비율만큼 면적을 차지하도록 그린다. 〈표 9-3〉을 파이그래프로 그리면 〈그림 9-3〉과 같이 된다. 파이그래프는 변수값을 서열화할 필요가 없는 명목변수에 주로 사용된다.

그림 9-3 파이그래프

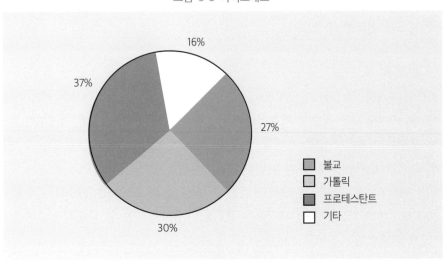

그림 9-4 막대그래프

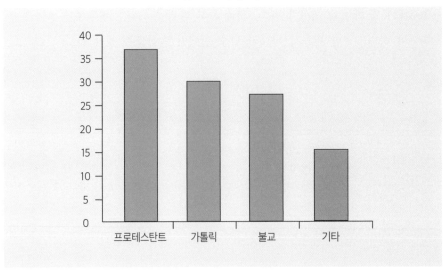

막대그래프(bar graph)는 일반적으로 변수값을 가로축, 관측된 빈도수를 세로축으로 해서 그린다. 막대그래프로 그림을 그릴 경우는 변수가 명목변수이기 때문에 변수값을 서열화시킬 필요가 없다. 따라서 변수값들을 가로축의 어디라도 위치시킬 수 있다. 각 변수값은 같은 간격으로 배열하는 것이 보통이며, 막대의 폭은 자유로이 결정하면 된다. 명목변수를 막대그래프로 나타낼 때 대개 각 변수값의 막대 사이에 간격을 두고 그린다. 세로축은 보통 0에서 시작하는데, 0이 아닌 다른 숫자에서 시작되는 경우에는 각 변수값의 관측빈도가 그 수치보다 크다는 것을 의미한다. 〈그림 9-3〉을 막대그래프로 나타내면 〈그림 9-4〉가 된다.

히스토그램은 등간변수나 비율변수의 빈도분포를 그림으로 나타낼 때 사용한다. 히스토그램은 막대그래프와는 달리 각 범주의 빈도나 백분율을 나타내는 자료가 서로 붙어 있다. 이것은 주어진 자료가 연속적 변수인 등간변수나 비율변수의 값이라는 것을 말한다.

히스토그램을 그릴 때는 첫째, 횡축에는 각 급간의 정확한계를 표시하고, 종축에는 각 급간의 빈도 또는 백분율을 표시한다. 둘째, 기둥과 기둥 사이를 직각으로 연결시킴으로써 같은 급간은 높이가 같게 한다. 셋째, 종축과 횡축이 만나는 점을 0으로 한다. 그러나 0의 값이 없는 자료의 경우에는 두 축이 만나는 점과 가장 낮은 값 사이에 공간을 둔다. 표본이 대표성을 가질 경우 표본의 히스토그램은 모집단의 분포모양과 비슷하다. 따라서 히스토그램은 분포의 모양을 그림으로 나타내는 통계적 추론에서 중요하다.

만약 우리가 6시에서 12시까지 TV를 보는 성인의 수를 조사한다면 그 일반적인 히스토그램은 〈그림 9-6〉처럼 8시에서 10시에 가장 많은 시청자를, 그리고 6~8시, 10~12시에는 가장 적은 시청자를 가지는 정규분포의 모양을 띠게 된다.

〈그림 9-7〉은 측정척도의 양끝에서는 높은 빈도의 응답을, 중간지점에서는 적은 응답을 가지는 U형의 분포를 히스토그램으로 나타낸 것이다. 〈그림 9-8〉은 균일분포를 나타내는 것으로 자료들이 각 측정척도에 매우 균등하게 흩어져 있음을 볼 수 있다. 학년별 인원수가 300명인 초등학교의 1~6학년까지의 학생수의 분포를 히스토그램으로 나타낸다면, 〈그림 9-8〉과 같이 평평한 모양의 히스토그램이 될 것이다.

변수가 등간변수인 경우, 변수의 분포를 빈도다각형을 통해 나타낼 수 있다. 빈도다각형은 히스토그램에서 막대의 양쪽을 없애고 변수값의 바로 위에 도수에 해당되는 높이로 하나의 점을 찍은 다음 각 점들을 이어서 완성한다. 히스토그램이 각 변수값의 빈도를 찾아내는 데에는 편리하지만, 빈도다각형은 분포의 유형과 변수값에 따른 빈도의 변화를 더 잘 보여줄 수 있다는 장점을 가지고 있다.

누적백분율곡선(cumulative percentage curve)은 누적상대도수를 도표상에 나타낸 것이다. 누적백분율곡선을 통해 우리는 개별 관측값이 그 집단에서 개략적으로 어디쯤 위치하는가를 파악해 볼 수 있다.

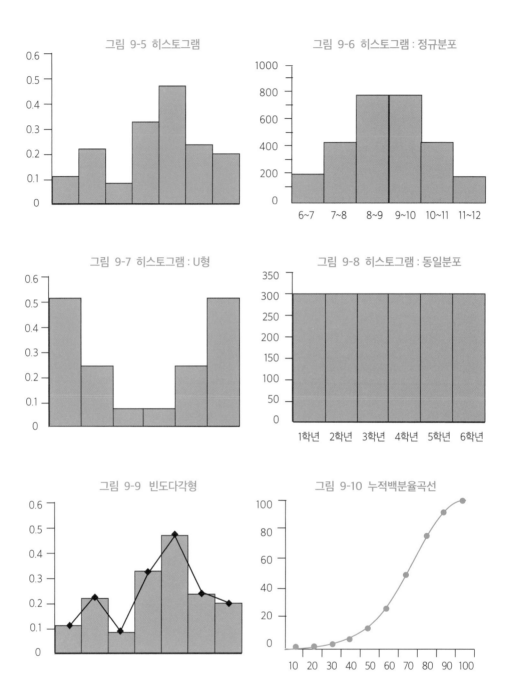

그림 9-5 히스토그램

그림 9-6 히스토그램 : 정규분포

그림 9-7 히스토그램 : U형

그림 9-8 히스토그램 : 동일분포

그림 9-9 빈도다각형

그림 9-10 누적백분율곡선

2) 수치에 의한 자료처리 척도

앞에서는 특정 변수의 분포를 나타내는 방법을 살펴보았다. 그러나 때로는 이를 하나의 수치로 요약해서 제시해야 할 필요가 있다. 통계학에서는 수량적 자료를 통해 연구대상 집단의 특성을 유추하는 작업이 필수적이므로 분포의 중심으로부터 관찰치들이 얼마나 퍼져 있는가에 관한 변동의 척도를 사용한다.

빈도분포로 정리된 수량적 자료를 가지고 일차적으로 분석할 수 있는 통계적 작업은 그 수량적 자료가 나온 집단의 분포적 특성을 기술하는 일이다. 이를 구체적으로 표현한다면 "이 분포의 모양은 어떠한가?" "그 분포를 대표하는 값은 무엇인가?" "그 분포의 점수는 어느 정도 밀집 또는 분산되어 있는가?"라는 세 가지의 질문으로 요약할 수 있다.

첫 번째 질문에 대한 답은 빈도분포의 다양한 모양을 나타내는 그래프를 그려서 확인할 수 있다. 두 번째와 세 번째 질문에 대한 해답은 빈도분포를 바탕으로 하여 여러 가지 통계적 값들을 수량적으로 계산해서 구할 수 있다. 두 번째 질문에 대한 해답을 주는 통계적 값들을 집중경향치(central tendency)라 하고, 세 번째 질문에 대한 해답을 주는 통계적 값들을 산포도(dispersion 또는 variability)라고 한다.

(1) 집중경향치

집중경향치는 한 집단의 대표값을 종합·요약함으로써 그 특성을 대표하는 전체적 경향을 밝혀 주는 통계적 수치이다.

집중경향치는 주어진 자료의 분포가 가지는 대표적 경향을 유의미하고 간편하게 하나의 수치로 조직하고 요약해 주는 기술적 기능을 한다. 또한 한 집단의 분포를 기술하는 데 사용될 뿐만 아니라, 둘 이상의 집단들 사이의 비교를 가능하게 해준다. 두 집단 사이의 평균치의 비교 등이 그 보기이다. 집중경향치는 예측적 기능도 가지고 있다. 예를 들어 한 집단의 평균성적을 안다면, 그 집단에 속한 개인의 성적도 대체로 짐작할 수 있다. 집중경향치로는 최빈치(mode)와 중앙치(median), 산술평균치(arithmetic mean)가 있다.

① 최빈치

중심화 경향의 척도로서 분포의 최고점(peak), 즉 가장 큰 빈도수를 가진 X의 값을 최빈치라고 하며, 약자로 Mo라고 표기한다. 예를 들어 분포가 A = {1, 2, 2, 3, 4, 4, 4, 5, 6, 7}일 때, 최빈치는 4가 되고, 분포가 B = {2, 2, 2, 3, 4, 4, 4, 5, 6, 7}일 경우의 최빈치는 2와 4가 된다.

최빈치는 하나의 분포 안에서 유행적 수치를 알려주고, 복잡한 계산을 하지 않고서도 쉽게 대표적 경향을 밝혀 준다. 따라서 집중경향을 가장 빨리 알고 싶거나, 대체적인 짐

작만으로도 충분할 때에는 최빈치를 사용하는 것이 좋다. 그러나 최빈치는 실제의 연구에서 연구대상의 표집범위를 어떻게 설정하느냐에 따라 변동이 심하고, 같은 분포에서도 급간의 크기나 묶는 방법의 여하에 따라 변동이 심하므로 정확하고 믿을 수 있는 집중경향을 알고 싶을 경우에는 사용하지 않는다. 급간의 크기에 따라 최빈치의 값에 변동이 올 위험이 있을 때에는 급간의 크기를 가능한 크게 해서 자료를 묶는 것이 좋다.

② 중앙치

중앙치(median)란 한 분포 안에 포함된 전체사례를 이등분하는 점에 해당하는 수치로 약자로 Mdn으로 표현한다. 중앙치는 특히 표본의 변수값의 분포가 한쪽으로 치우쳐 있을 때 빈도분포의 대표값으로 자주 사용된다.

중앙치를 쉽게 구하기 위해서는 먼저 모든 자료들을 내림차순으로 정리해 두어야 한다. 자료의 개수가 짝수일 경우의 중앙치는 나열 순서상 가장 중간에 있는 두 값의 중간값이고, 홀수일 경우에는 가장 중앙에 있는 값이다. 예를 들어, C= {5, 10, 10, 20, 25, 28, 30, 40}의 분포에서의 중앙치는 20과 25 사이의 값인 22.5이다. 빈도분포표의 형태로 주어지는 자료의 처리에는 좀더 복잡한 과정의 처리가 필요하다(Champion, 1970, pp. 35~38).

중앙치는 명목척도를 제외한 서열척도 이상의 자료에서 계산될 수 있으며, 최빈치와 마찬가지로 복잡한 계산을 거치지 않고 한 분포의 집중경향을 추정하고 싶을 때 많이 쓰인다. 특히 중앙치는 한 분포 안의 극단치에 민감하지 않으므로 분포가 극도로 편포되어 있는 경우에 사용된다. 예를 들어 C = {2, 5, 8, 11, 48}이라는 분포에서 중앙치는 8이다. 만약 극단치인 48이 99가 된다고 해도 중앙치는 변함없이 8이다. 따라서 극단치가 있는 분포에서 그 영향을 배제하고 좀더 정확한 대표적 경향을 파악할 때에는 중앙치를 사용한다.

③ 산술평균치

산술평균치는 흔히 평균(mean)이라고 하며, 분포 안의 모든 수치들을 다 합하여 그 총합을 전체사례수로 나눈 값으로 가장 흔히 쓰이는 집중경향치다. 산술평균치는 모든 숫자의 자료에 사용할 수 있으나, 등간과 비율자료에 많이 사용한다.

산술평균치($\overline{X}$, M 또는 μ)의 계산방법은 다음과 같다.

$$\overline{X} = \frac{X_1 + X_2 + \cdots\cdots + X_N}{N} = \frac{\sum X}{N}$$

(X는 수치, $\sum$는 총합의 기호, N은 전체사례수)

예를 들어 D = {2, 3, 4, 5, 6, 7, 9, 10, 12}의 분포의 평균치는 $(2+3+4+5+6+7+9+10+12)/8 = \frac{52}{8} = 6.5$ 이다.

산술평균치는 다음과 같은 특징을 가지고 있다.

첫째, 산술평균치로부터 뺀 모든 점수의 차(편차)의 합은 0이 된다. 즉, $\sum(X-\bar{X}) = 0$이다.

둘째, 분포가 편포되어 있는 경우에는 극단치에 민감하다.

셋째, 산술평균치로부터 뺀 편차들의 제곱합{$\sum(X-\bar{X})^2$}은 어떤 다른 값을 기준으로 얻어진 편차들의 제곱합보다 작다.

④ 최빈치, 중앙치, 산술평균치의 비교

최빈치, 중앙치, 산술평균치는 수량적 자료의 분포가 중심을 향해 밀집해 있는 경향이 어떠한가를 알려주는 대표값이라는 면에서는 공통점이 있다. 그러나 다음과 같은 측면에서 서로 차이를 가지고 있다.

가. 성질에 따른 비교

위의 세 가지 집중경향치는 그 정의나 성질에 큰 차이가 있다. 최빈치는 빈도가 가장 많은 측정치라는 점에서 무게가 가장 무거운 특징의 측정치를 말하며, 중앙치는 사례수를 이등분하는 점이기 때문에 길이의 개념이다. 반면에 평균치는 측정치에 사례수를 나누어 나오는 값이기 때문에 전체적인 무게의 중심을 나타낸다. 따라서 최빈치를 결정할 때는 최대의 빈도를 가진 점수나 점수들의 급간만이 고려되고, 나머지 빈도들이 분포 안에서 어떻게 배열되건 관계가 없다. 또한 중앙치도 그 결정에서 모든 점수들이 다 고려되는 것은 아니고 다만 전체사례를 이등분하는 점이 어디냐 하는 것만이 고려된다. 반면 산술평균치는 한 분포 안의 모든 점수들이 고려되고 이들 각 점수의 값을 가장 충실하게 반영하는 집중경향치의 대표치이다.

하지만 평균치는 그 계산에서 측정치들을 모두 고려하기 때문에 극단적 점수가 있는 경우에는 그 영향을 많이 받아서 대표값으로서 부적당한 경우가 있다. 그러나 최빈치나 중앙치는 극단적 점수의 영향을 받지 않는다.

나. 자료에 따른 비교

최빈치는 모든 수준의 측정치에 적용 가능하다. 중앙치 역시 최빈치와 마찬가지로 모든 수준의 측정치에 적용 가능하다. 그러나 중앙치의 계산은 서열척도 이상의 자료에 주로 사용한다. 평균치는 원칙적으로 등간척도와 비율척도로 얻어진 자료에만 사용이 가능하다. 등간척도나 비율척도로 얻어진 자료라고 해도, 빈도분포의 맨 아래 급간이 '20 이하' 또는 맨 위의 급간이 '80 이상'과 같이 개방급간(open-ended interval)인 경우에 최빈치와 중앙치는 계산할 수 있지만 평균치는 구할 수 없다.

다. 분포의 비교

정규분포의 경우에는 최빈치, 중앙치, 산술평균치가 완전히 일치한다. 그러나 편포의 경우, 중앙치의 위치에는 변동이 없으나 산술평균치는 편포된 쪽으로, 최빈치는 그 반대방향으로 이동한다. 즉, 중앙치는 전체분포 또는 전체면적을 이등분하는 점이고, 최빈치는 가장 빈도가 많은 분포상의 꼭지점을 이루는 곳에 해당하는 점이다. 반면 평균치는 극단적 점수의 영향으로 편포를 이루는 방향으로 이끌려 내려간다.

산술평균치는 부적으로 편포되었을 경우, 다른 집중경향치에 비해서 가장 적게 나오고, 정적으로 편포되었을 경우에는 가장 크게 나온다. 따라서, 한 분포에서 산술평균치에서 중앙치를 뺐을 때, 그 값이 0에 가까우면 정규분포에 가깝고, 그 값이 음수이면 부적편포, 양수이면 정적편포를 이룬다. 산술평균치가 편포의 방향으로 이동하는 경향이 심한 것은 한 분포 안의 각 사례들이 어떻게 배열되느냐에 따라 그만큼 예민하게 반응을 나타내는 속성 때문이다. 산술평균은 최빈치나 중앙치에 비해 모든 점수들이 가장 충실하게 반영된다는 장점을 가지지만, 극단치에 민감한 것이 큰 약점이 되기도 한다. 그렇기 때문에 연구논문에서 편포된 집중경향에 관해서 보고할 때에는 산술평균치와 중앙치를 모두 밝히는 것이 좋다. 이 두 집중경향치는 한 분포의 집중경향치를 말해 줄 뿐만 아니라, 산술평균치와 중앙치의 차이를 알면 그 편포의 정도와 방향도 알 수 있기 때문이다.

(2) 산포도

두 집단의 분포에서 평균치가 같다고 해서 두 집단이 동질적 분포라고 말할 수는 없다. 왜냐하면 평균치가 같다고 함은 두 집단의 밀집의 정도가 같다는 사실만을 알려줄 뿐이지 두 집단의 분포가 흩어져 있는 모양에 대해서는 전혀 알려주고 있지 않기 때문이다.

산포도(dispersion)란 한 분포 안의 사례들이 집중경향치를 중심으로 얼마나 밀집 또는 분산되어 있는가의 정도를 나타내는 통계적 방법 또는 지수를 말한다. 예를 들어 K대학교 언론학과의 A집단과 B집단의 조사방법론 시험의 평균이 다같이 65점이라고 하자. 평균이 같을지라도 A집단의 학생들의 성적은 대부분 50점에서 80점 사이에 있고 B집단 학생의 성적은 30점에서 100점 사이에 있는 경우가 있다. 이 경우 두 집단의 평균치는 같아도 학생들 간의 점수의 차이는 B집단이 더 크다. 즉, A집단은 비교적 동질적이고, B집단은 이질적이라고 할 수 있다. 이러한 경우 B집단은 A집단보다 산포도가 크다고 말한다. 이와는 달리 퍼짐의 정도는 같으나 평균치가 다른 경우도 있다.

어떤 분포를 정확히 기술하거나 또는 그 분포 내에서 어떤 특정한 점수의 해석을 위해서는 그 점수가 집중경향치를 중심으로 얼마나 분산 또는 밀집되어 있느냐 하는 정도를 기술해야 한다. 따라서 산포도는 집중경향치와 함께 주어진 분포의 성질이나 그 분포 안에서의 어떤 특정한 점수를 해석하기 위한 통계적 방법으로서 매우 중요한 개념의 하나다.

산포도는 측정도구가 변수의 값을 얼마나 일관성 있게 측정하는지 그 정도를 나타내기 위한 지수로 사용될 수 있다. 또한 개인 간 차이의 정도를 비교하는 수단으로도 사용된다. 이것을 개인 간의 변이(inter-individual variability)라고 한다. 한편 산포도는 한 개인의 월별 판매량, 작업능률의 변화 등과 같이 동일한 사항에 있어서 시기별 차이의 정도를 나타내기 위한 수단으로도 사용된다. 이것을 흔히 개인 안의 변이(intra-individual variability)라고 한다. 표집에 따른 퍼짐의 정도를 추정함으로써 모집단의 모수를 추정할 수도 있다. 다시 말해 산포도는 한 표본의 전체적 측정치가 모수로부터 이탈한 정도를 나타내 주는 요약 기능을 한다.

그림 9-11 두 분포의 평균치는 같으나 산포도가 다른 경우

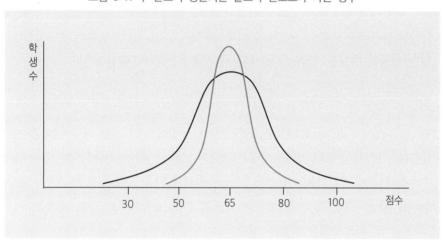

그림 9-12 두 분포의 산포도는 같으나 평균치가 다른 경우

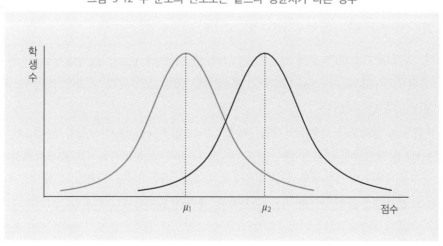

① 범위

범위(range)는 한 집단의 측정치들에서 최고점수에서 최하점수까지의 거리를 말하는데, 보통 R로 표기한다. 범위를 구하는 공식은 다음과 같다.

$$\text{범위}(R) = \text{최고점수} - \text{최하점수} + 1$$

예를 들어, D = {1, 2, 3, 4, 5, 6, 7}인 집단 D의 범위는 7-1+1=7이 된다.

범위는 등간 자료를 다루는 경우를 제외하고는 신뢰도가 부족하다. 전체 측정치들 가운데 최고점수와 최하점수라는 2개의 측정치만을 바탕으로 산출하기 때문에 그 사이에 있는 사례들의 점수가 어떻게 분포되어 있는지 알 수 없기 때문이다. 특히 측정치에 극단적 점수가 있는 경우에는 범위의 신뢰도가 더욱 떨어진다. 그러므로 범위는 측정치들이 분산되어 있는 대략적 특성을 알아보기 위해서만 사용하는 것이 일반적이다.

② 사분편차

사분편차(quartile deviation)는 한 분포의 중앙에서 사례의 50%가 차지하는 점수범위의 반을 말한다. 즉, 한 분포의 아래로부터 사례수의 25%에 해당하는 백분점수와 75%(위로부터 25%에 해당)에 해당하는 백분점수 사이의 거리의 반을 말한다. 사분편차는 집중경향의 중앙치를 사용하였을 때 가장 적당한 산포도인데, 일반적으로 Q로 표시한다.

사분편차를 구하는 공식은 다음과 같다.

$$Q = \frac{Q_3 - Q_1}{2}$$

Q = 사분편차
Q_1 = 제 1 사분점(분포의 아래에서 25%에 해당하는 점)
Q_3 = 제 2 사분점(분포의 아래에서 75%에 해당하는 점)

이때, 2로 나누기 전의 수치($Q_3 - Q_1$)는 사분점 범위(interquartile range) 또는 백분위 점간 범위(interpercentile range)라고도 부르는데, 표본집단 간의 비교를 목적으로 하는 경우 범위보다 안정적이다.

사분편차는 범위보다 유의적이지만, 사분편차만 가지고는 범위와 마찬가지로 한 분포 안의 어떤 점수에 대한 명확한 해석을 할 수 없다. 또한 사분편차는 집중경향치에서의 중앙치와 마찬가지로 추리통계와 같은 고등통계에서 그 기초자료로 사용될 수 없다. 이러한 제약은 사분편차가 등간수준의 자료에만 적용 가능하다는 점에 기인한다. 그러나 사분편차에서 사분점 간의 거리는 집중경향치 가운데 중앙치와 산술평균치가 한 분포의 편포 정도에 대해 알려주는 것처럼, 한 분포의 편포 정도와 방향을 알려준다.[1]

③ 평균편차

앞에서 산술평균치는 분포가 정규분포에 가까울 때 가장 유용한 집중경향치로서, 모든 사례의 점수를 총합한 뒤에 이것을 전체사례수로 나누어 계산한다는 것을 알았다. 산술평균치로부터 주어진 점수들을 뺀 후 편차(deviations)들을 총합한 뒤에 이것을 다시 전체사례수로 나누어 줌으로써 사례들이 산술평균치로부터 얼마나 분산되어 있는가 하는 산포도를 추정할 수 있을 것이다. 그러나 산술평균치의 특성에서도 보았듯이 모든 점수의 편차의 총합은 언제나 0이 된다. 따라서 편차들의 기호를 무시하고 절대적인 거리의 평균을 구해야 그 산포도를 알아볼 수 있다. 이렇게 구한 산포도를 평균편차(mean deviation)라고 하며, $M.D.$로 표시한다. 평균편차를 구하는 공식은 다음과 같다.

$$M.D. = \frac{\Sigma\,(\,|\,X - \overline{X}\,|\,)}{N}$$

(X = 모든 주어진 점수의 값, $\overline{X}$ = 산술평균치, N = 전체사례수)

　평균편차가 클수록 분포에서 점수들이 퍼져 있는 정도가 크게 되므로, 분포 사이의 산포도를 비교할 때 사용된다. 그러나 평균편차는 평균편차 사이의 수학적 관계를 정확하게 제시해 주지 못하기 때문에 한 분포 내에서의 어떤 점수를 해석할 때 유용한 산포도 지수가 되지 못한다.

(3) 분산과 표준편차

① 분 산

편차란 한 집단의 분포 안에서 한 측정치가 평균치로부터 떨어져 있는 거리를 말한다. 그러나 편차의 총합은 0이 된다는 사실을 앞에서 확인하였다. 따라서 한 집단의 산포도를 알아보기 위해서는 편차의 합이 0이 되지 않게 만들어야 한다. 이때 평균편차에서처럼 편차들의 절댓값을 사용하는 방법과 편차를 제곱하여 모두 양이 되도록 만든 다음 이들을 총합하는 두 가지 방법이 있다. 그러나 두 번째 방법으로는 사례수가 서로 다른 집단 간의 산포도를 측정할 수는 없다. 따라서 편차의 총합을 다시 사례수로 나누어 주면, 편차의 총합이 각 사례수에 얼마씩 돌아가는지를 알 수 있고, 또한 사례수가 다른 집단 간의 산포도 비교가 가능해진다.

　이와 같이 편차를 제곱하여 총합한 다음 이것을 전체사례수로 나누어 나오는 값을 분

1　Q를 중앙치(백분위 50%에 해당하는 점)라 한다면 정적편포는 $(Q_3 - Q_2) > (Q_2 - Q_1)$, 부적편포는 $(Q_3 - Q_2) < (Q_2 - Q_1)$, 좌우대칭분포는 $(Q_3 - Q_2) = (Q_2 - Q_1)$이 된다.

산(variance)이라 하고, 기호로는 V로 표시한다. 이때 조사대상이 모집단일 경우 σ^2, 표본일 경우 s^2로 표시하고 '시그마제곱'이라고 읽는다.

모집단의 분산은 다음 수식으로 표현할 수 있다.

$$\sigma^2 = \frac{\sum (X - \overline{X})^2}{N} = \frac{\sum d^2}{N}$$

(σ^2 : 모집단의 분산, N: 총사례수, d (deviation): 각 점수에서 평균을 뺀 값)

표본의 분산은 다음의 수식으로 표현할 수 있다.

$$s^2 = \frac{\sum (X - \overline{X})^2}{N-1} = \frac{\sum d^2}{N}$$

(s^2 : 표본의 분산, N: 총사례수, d (deviation): 각 점수에서 평균을 뺀 값)

통계학에서는 표본의 분산을 구할 때 단순히 표본수 N으로 나누지 않고 자유도 (N-1)로 나누는 것이 보통이다. 자유도(自由度)란 독립적으로 결정할 수 있는 요소의 수로서, 표본의 수가 N이라면 (N-1)개의 요소가 결정되면, N번째의 요소는 저절로 결정되는 원리에 근거한 것이다. 또한 같은 모집단에서 크기가 N인 모든 가능한 표본을 뽑아 구한 추정치의 평균이 모집단의 수치와 같다면, 그 추정치는 비편향적(unbiased)이라고 할 수 있다. 표본의 분산(s^2)을 구할 때 분모를 N이 아닌 (N-1)로 나누는 이유는 편향을 가져오는 요인을 상쇄시킬 수 있도록 하기 위해서이다.[2] 그러므로 (N-1)을 이용한 표본분산은 모집단 분산에 대한 불편추정량(unbiased estimator)이다.

② 표준편차

표준편차(standard deviation)는 분산의 제곱근을 취한 값을 말하는데, 조사대상이 모집단일 경우에는 σ, 표본일 경우에는 s로 표기한다. 분산을 구하는 공식이 표본일 경우와 모집단일 경우에 따라 두 가지가 있듯이 표준편차를 구하는 공식도 두 가지다.

- 모집단의 표준편차 공식: $\sigma = \sqrt{\dfrac{\sum (X - \overline{X})^2}{N}} = \sqrt{\dfrac{\sum d^2}{N}}$

- 표본의 표준편차 공식: $s = \sqrt{\dfrac{\sum (X - \overline{X})^2}{N-1}} = \sqrt{\dfrac{\sum d^2}{N-1}}$

---

2 추정하고자 하는 모수 θ^1에 대한 추정량을 θ^1이라 할 때, 추정량 θ^1의 기대치가 모수 θ와 일치하면 θ^1을 θ에 대한 불편추정량이라 한다. 이를 다시 표현하면 $E(\theta^1) = \theta$이다. 그런데 표본분산 s^2을 계산할 때 n으로 나누면 편향(bias)이 있게 되어 추정량의 중심이 모수로부터 편향치만큼 벗어나게 되므로 n-1로 나누어 불편성을 확보하면 더 좋은 추정량을 확보할 수 있다. 이에 대한 수학적 유도는 정운찬·김성인(1994)을 참고하기 바란다.

표준편차는 다른 산포도에 비해 계산과정이 복잡하고 까다롭지만, 이것은 다음 단계의 다른 통계치를 계산하는 데 가장 중요한 기초 통계치 가운데 하나다. 표준편차도 다른 통계량과 마찬가지로 비교하고자 하는 집단끼리 상대적으로 해석한다. 곧 표준편차가 큰 집단은 작은 집단보다 상대적으로 개인 간의 차이가 심하거나 이질적이라고 해석한다.

표준편차는 다음과 같은 중요한 특징을 갖는다.

첫째, 표준편차는 여러 산포도의 척도 가운데 표집에 따르는 수치변동이 가장 적으므로 각 사례들의 편차에 기초하여 한 분포의 퍼짐 정도를 비교적 정확하게 알려준다. 또한 표집오차가 가장 적은 안정성 있는 산포도 지수다.

둘째, 표준편차는 평균치처럼 분포상에 있는 모든 점수의 영향을 받기 때문에 점수의 변화에 따라 예민하게 반응한다. 특히 사분편차나 백분위점수 간의 범위와 비교할 때, 평균치에 가까운 점수의 변화보다는 분포상의 극단에 놓여 있는 점수의 영향을 더 많이 받는다. 따라서 어떤 분포가 약간의 극단적 점수를 가지거나 편포를 이루고 있을 때, 표준편차로 산포도를 비교하는 것은 적절하지 못한 방법이다.

셋째, 한 집단의 모든 점수에 일정한 수를 더하거나 빼도 표준편차는 변하지 않는다.

넷째, 한 집단의 모든 점수에 일정한 상수 C를 곱하면 표준편차는 C배 증가한다.

다섯째, 표준편차와 정규분포는 특정한 관계가 있다. 한 집단의 점수의 분포가 정규분포일 때 그 분포의 평균치와 표준편차를 알면 일정한 점수와 거기에 포함되는 정규분포의 면적(즉, 사례수)과의 관계를 알 수 있다.

(4) 집중경향치와 산포도 지수의 비교

범위는 2개의 극단치를 사용해 퍼짐의 정도를 나타내는 가장 단순한 산포도라는 점에서 집중경향치의 최빈치와 대응한다. 사분편차는 집중경향치 중에서 중앙치와 같고, 평균편차, 분산과 표준편차는 산술평균치와 대응한다. 이 중 표준편차가 가장 완전하고 안정성이 있고 신뢰할 수 있는 산포도라 할 수 있다.

표 9-4 척도의 종류에 따른 집중경향치와 산포도의 용도

		척도의 종류			
		명목	서열	등간	비율
집중경향	최빈치	○	○	○	○
	중앙치		○	○	○
	산술평균치			○	○
산포도	범 위		○	○	○
	사분편차		○	○	○
	평균편차			○	○
	표준편차			○	○

그러나 대체적인 산포도를 가장 빨리 알고 싶다는 기준에서 볼 때에는 범위, 사분편차, 표준편차 등의 순으로 그 유용도가 높다. 또한 분포가 완전한 정규분포일 경우에는 사분편차나 표준편차가 모두 산포도를 정확히 표시한다. 〈표 9-4〉는 척도에 따라 어떠한 집중경향치와 산포도를 사용해야 하는지를 나타낸 것이다.

3) 무응답 처리

(1) 무응답의 이해 및 발생원인

데이터 분석에서 질문에 응답하지 않은 변수의 값이나 관찰되지 않은 변수의 값을 무응답(missing value)이라 한다. 연구자는 무응답 자료의 분포를 확인하고 무응답이 무작위하게 이루어졌는지 아닌지를 확인해야 한다. 무응답은 결과에 영향을 주므로 간혹 치명적 문제를 야기할 수 있어, 무응답을 통계적으로 어떻게 처리하느냐는 중요한 문제가 된다. 특히 선거 여론조사에서 무응답률은 중요한 문제로 대두되고 있다. 선거조사 결과가 여론을 정확하게 반영하지 못하는 이유는 표본의 대표성 문제나 자료수집 방법의 오류 등 여러 가지 원인이 있겠으나, 무응답률이 너무 높다는 데서도 그 원인을 찾을 수 있다.

무응답이 발생하는 원인은 여러 가지가 있으나 크게 세 가지로 구분할 수 있다. 첫째는 코딩이나 펀칭, 또는 조사자가 설문지를 잘못 이해하는 것 등 설문지의 오류로 발생하는 경우다. 둘째는 실제로 응답하지 못하는 질문에 해당된다. 예를 들어 미혼여성에게 결혼 연수를 물어본다면 무응답으로 처리될 수밖에 없다. 셋째는 응답자가 프라이버시를 이유로 응답을 거절하는 경우다(Hair, Anderson, Tatham, & Black, 1998, p. 49).

앞서 두 가지 유형은 무응답의 원인이 응답자와 관계되기보다는 조사자에게 있으므로 사전에 방지할 수 있는 부분이며, 무응답의 원인 파악이 용이하다. 그러나 세 번째 무응답 유형은 쉽게 처리하기 힘들며 무응답의 비중이 높을 때 결과에 치명적 영향을 주므로 구체적 원인을 밝힐 필요가 있다.

(2) 무응답의 처리

무응답을 처리하는 가장 단순한 방법은 무응답이 많은 사례와 변수를 제거하는 것이다. 그러나 이 경우는 표본수가 줄어들고 중요한 변수일 경우 제거할 수 없다는 한계가 있다. 두 번째는 무응답치를 해당 변수의 평균값으로 대치(mean substitution)하는 방법이다. 이는 상대적으로 간편한 방법이지만 무응답 자체가 다른 변수에 의해 영향받을 경우 오류를 범할 여지가 높다. 예를 들어 "대통령에게 몇 점을 주시겠습니까?"라고 질문하였는데, 5%의 무응답이 있었다고 하자. 5%의 무응답은 그야말로 무작위로 이루어진 무응답일 수 있다. 이 경우, 무응답을 전체 조사대상자의 평균점수로 대치시킬 수 있다. 그러나 만약 5%의 무응답자의 분포를 보니까 남자 20대에 집중적으로 분포되어 있다고 하면 무응답을 전체집단의 평균치로 처리하는 것은 문제가 있다. 세 번째 방법은 특정 변수의 무응답 값과 타 변수와의 관계를 파악하고 그 관계 속에서 처리하는 것이다. 예를 들어 앞서의 경우 남자 20대가 바라보는 대통령은 어떠한지, 긍정적인지 부정적인지, 왜 무응답이 많은지 등을 분석함으로써 '성, 연령 변수'와 '대통령 점수에 대한 변수'의 관계를 파악하고 그 관계 속에서 무응답을 처리하는 것이다. 구체적으로 '대통령 점수'를 종속변수로 놓고 '성, 연령'을 독립변수로 하는 회귀분석을 이용하여 종속변수의 무응답치를 예측하는 방법(regression imputation)이 이에 속한다(Hair, Anderson, Tatham, & Black, 1998, pp. 50~51).

한편 최근 사회적 이슈가 되고 있는 선거 여론조사의 경우에 무응답을 처리하는 방법으로는 다음 다섯 가지가 제시되고 있다. 첫째는 지지후보 미결정자와 응답을 거부한 무응답자들을 제외한 상태에서 주요 후보들의 지지율을 재계산한 다음 후보들의 지지율에 비례하여 무응답자를 할당하는 방법이다. 둘째는 무응답자를 잠재적 투표자에서 제외하고 계산하는 방법이다. 이 경우 무응답자들은 투표일에 투표하지 않을 것이라고 가정하는 것이다. 셋째는 무응답자들을 주요 후보들에게 똑같이 할당하는 균등할당법이다. 예를 들어 A후보가 50%, B후보가 36%로 나오면 나머지 14%를 두 후보에게 똑같이 7%씩 더해 주는 것이다. 넷째는 도전자에게 모든 무응답자를 할당하는 방법이다. 이는 무응답자의 경우 현직자의 업무수행에 대해 어느 정도 불만이 있어 의사결정을 하지 않았다고 가정하는 것이다. 다섯째는 판별분석을 이용하는 것이다. 판별분석은 인구통계학적 변수와 유권자 태도 간의 관계에 기초하여 추출된 정보로부터 무응답자의 투표행위를 예측할 수 있다고 가정한다. 최근 선거결과를 예측하는 데 판별분석이 많이 사용되는 경향이 있다. 그러나 판별분석은 오직 원자료가 충실했을 때 판별자료도 정확하게 나오므로 주의해야 한다.

4) 정규분포곡선과 표준점수

대부분의 사회통계학 방법론에서는 연구대상이 되는 모집단이 정규분포를 이룬다고 가정하며, 그러한 가정이 있기 때문에 수량 자료를 이용한 통계추론이 가능하다. 정규분포는 연속분포의 일종으로 종모양(bell-shaped)의 확률분포를 말한다. 만약, 10개의 동전을 던졌을 때 앞면이 나온 동전의 개수를 측정하고, 이것을 무한히 반복하여 그래프로 그린다면 정규분포를 이룰 것이다. 이처럼 우연한 요인들이 작용하여 일어나는 사건과 독립적 사건의 무한한 분포는 정규분포를 이룬다.

정규분포의 개념을 명확히 이해하기 위해, 정규분포의 모양을 식으로 표현한 확률밀도함수(probability density function)를 제시하면 다음과 같다(박정식·윤영선, 1997, 154쪽).

$$f(X) = \frac{1}{\sqrt{2\pi\delta^2}} e^{-(x-\mu)^2 / 2\delta^2} \quad -\infty < X < +\infty$$

π : 3.1416(원주율 : 상수)
e : 2.7183(상수)
μ : 분포의 평균
σ : 분포의 표준편차

위의 식에서 분포의 평균 μ와 표준편차 δ를 제외하고는 모두 상수다. 그러므로 정규분포의 모양을 결정하는 것은 분포의 평균과 표준편차의 두 가지라는 사실을 알 수 있다.

이론적으로 정규분포를 가정한다는 것은 물론 경험적으로 얻은 여러 자료에서 분포의 정규성을 수학적으로 엄밀히 규정해 본 것에 불과하기 때문에, 어떤 자료가 실제로 정규적으로 분포되었다는 것과 정규분포 자체와는 구별되어야 한다. 실제로 자료를 얻어 정규성을 조사해 보면, 정규분포의 형태와 완전히 일치된 예는 거의 찾을 수 없다. 정규분포란 수리적으로 유도된 곡선으로 단지 그것이 현실적 자료를 설명하는 데 적합할 때만 사용된다. 그러나 현실적으로 어떠한 자료의 분포가 엄격한 의미의 정규분포를 이루지 않는다고 해도, 표본의 수가 많아짐에 따라 정규분포의 이론적 모형에 접근하기 때문에 정규분포의 원리를 적용하여 표본과 모집단의 분포를 기술하는 것이다.

정규분포곡선의 가장 중요한 성질은 곡선 아래 일정 비율이 산술평균과 표준편차의 단위들 사이에 놓인다는 점이다. 곡선의 일정부분 아래의 영역은 그 안에 속하는 점수의 빈도를 나타낸다. 단위정규분포곡선(unit normal distribution curve)에서 각 편차부분을 비율, 또는 확률로 나타내면 〈그림 9-13〉과 같다. [3]

그림 9-13 정규분포곡선 아래의 단위면적

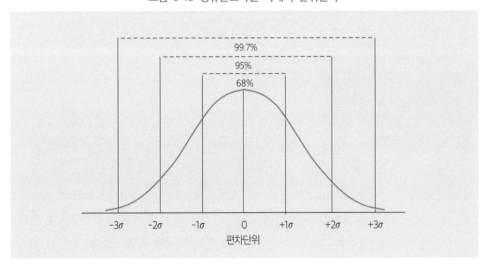

3 단위정규분포는 표준정규분포(standard normal distribution)라고도 한다. 모든 정규분포를 평균 $\mu = 0$, 표준편차 $\sigma = 1$이 되도록 표준화한 것이다.

분포가 거의 정규분포를 이룬다고 할 때, 표준편차는 측정의 한 기준을 제시한다. 점수들의 약 68%가 분포평균의 ±1σ 안에, ±2σ 안에는 거의 95%가, ±3σ 안에는 거의 99%가 위치한다는 것을 알 수 있게 된다.[4] 정규분포의 이러한 예측성질은 표본자료로부터 모수를 추정하는 데 매우 중요하다.

무게가 1,000kg인 코끼리와 70kg인 사람 중 어느 쪽이 더 무거운지 알아보려고 한다고 하자. 절댓값으로 볼 때는 코끼리가 930kg이나 더 무겁다. 그러나 상대적으로 보아 무게가 1,000kg인 코끼리가 코끼리 집단 중에서 얼마나 무거운 쪽에 속하는지, 무게가 70kg인 사람은 또 사람들 속에서 얼마나 무거운 쪽에 속하는지는 알 수 없다. 이때 코끼리와 사람 몸무게의 평균과 표준편차를 고려해 보면 상대적으로 어느 쪽이 더 무거운지 판단할 수 있다.

코끼리의 평균무게가 950kg, 표준편차가 250kg이라고 하고, 사람이 속해 있는 어떤 모집단의 모든 사람의 평균 몸무게가 65kg, 표준편차가 15kg이라고 하자.

〈그림 9-14〉를 보면 1,000kg의 코끼리와 70kg의 사람이 각기 속한 집단의 평균에서 얼마나 떨어진 몸무게를 가지는지 알 수 있다. 그러나 두 집단의 평균과 분포가 다르기 때문에, 평균보다 50kg이 더 나가는 코끼리보다, 평균보다 5kg이 더 나가는 사람이 더 무거운 편인지 어떤지는 알 수가 없다. 이렇게 서로 다른 분포를 보이는 두 집단의 개체를 비교하기 위해서 표준정규분포를 사용한다.

그림 9-14 코끼리와 사람의 몸무게 비교

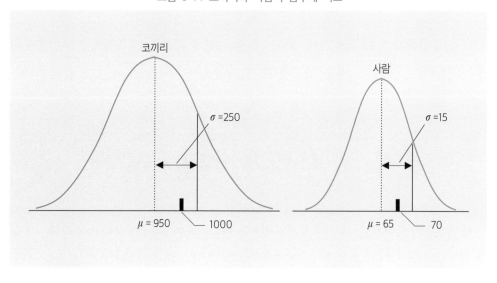

4 위의 식을 역으로 계산해 보면, 전체의 95%에 해당하는 표준편차(σ)는 ±1.96σ, 99%에 해당하는 표준편차(σ)는 ±2.58σ이다.

표준정규분포는 모든 정규분포를 평균 $\mu = 0$, 표준편차 $\sigma = 1$이 되도록 표준화한 것이다. 어떤 관찰치 X의 값이 그 분포의 평균으로부터 표준편차의 몇 배 정도나 떨어져 있는가를 다음과 같이 표준화된 확률변수 Z로 나타내기 때문에 표준정규분포를 Z-분포라고도 한다. 이때 각 표준정규분포상의 점수를 표준점수(Z-score)라고 한다.

일정한 측정치를 표준점수로 바꾼다는 것은 원래 측정치들의 평균을 0으로 하고 표준편차를 1로 하는 분포로 바꾸는 것을 뜻한다. 평균치에서 떨어져 나간 각 측정치를 표준편차의 단위로 환산하는 것이다. 수치로 나타낸 Z점수의 값은 측정치의 상대적 위치를 반영한다. 대단히 큰 양의 Z값은 해당되는 측정치가 대부분의 다른 측정치보다 더 크다는 것을 의미하는 반면에, 대단히 작은 음의 값은 그 측정치가 거의 모든 다른 측정치에 비해 작다는 뜻이다.

이와 같이 표준점수는 정규분포곡선에서의 면적을 비율로 나타낼 수 있다는 점이 큰 장점이다. 앞에서 말한 바와 같이 원래 측정치들의 평균치는 표준점수로 0이 된다. 또 표준점수의 분포는 1을 간격으로 하기 때문에 분포의 분산과 표준편차는 항상 1이다. 결국 표준점수란 원래 측정치들의 표준편차를 1로 통일한 것이므로, 원래의 측정치들의 분포모양과 그들의 표준점수로 바꾸었을 때의 분포모양이 같게 된다.

표준점수의 값은 아래 공식으로 구할 수 있다.

$$\text{표준정규분포의 } Z\text{값} = \frac{\text{원래의 측정치} - \text{평균치}}{\text{표준편차}} = \frac{X - \overline{X}}{s}$$

이 공식에 따라 1,000kg의 코끼리와 70kg의 사람의 표준점수를 구하면, 다음과 같이 계산된다.

$$\text{코끼리}(z) = \frac{X - \overline{X}}{s} = \frac{1000 - 950}{250} = \frac{50}{250} = 0.20$$

$$\text{사람}(z) = \frac{X - \overline{X}}{s} = \frac{70 - 65}{15} = \frac{5}{15} = 0.33$$

이 계산결과에 따르면, 코끼리의 표준점수는 0.2, 사람의 표준점수는 0.33이다. 이 값에 해당하는 정규분포곡선의 면적비율표를 찾아보니, 0.2의 표준점수가 차지하는 면적은 .0793, 0.33의 표준점수가 차지하는 면적은 .1293으로 나타났다. 표준정규분포곡선의 경우에는 이 면적이 중심에서 얼마나 떨어져 있는지 나타내기 때문에 전체에서 이들이 차지하는 면적을 구하려면, 전체의 50%, 다시 말해 .5를 더하여야 한다. 따라서 코끼리의 경우 .5793, 사람의 경우 .6293의 값을 가지게 된다. 다시 말해, 1,000kg의 코끼리는 전체의 57.9%에, 70kg의 사람은 전체의 62.9%에 해당한다. 따라서 상대적 관점에서 보면 1,000kg의 코끼리보다 70kg의 사람이 상대적으로 더 무겁다고 할 수 있다.

3. 통계적 추리를 위한 기초개념

표본을 대상으로 얻어진 자료를 분석해서 집중경향치나 산포도 등을 얻고 나면, 그러한 수치들을 전집에 일반화하여 모수를 추정하는 문제가 대두된다. 통계적 추리란 표본을 통해 얻은 통계량을 바탕으로 모수를 추정하는 과정을 말한다.

　서울시내 대학 신입생의 IQ 평균값을 알아본다고 하자. 시간적인 제약과 경비 때문에 서울시내 모든 대학의 신입생을 대상으로 IQ를 조사할 수는 없다. 이런 경우 한 지역 혹은 각 대학의 신입생 중에서 적정한 수의 학생을 무작위 표본으로 뽑아 이를 기초로 모집단의 모수, 곧 평균 IQ 점수를 추정해야 할 것이다. 만약 서울시내 각 대학에서 총 400명을 뽑아 그들의 IQ 점수를 조사해 본 결과 평균 IQ가 120이었다고 하면, 모집단의 평균 IQ는 얼마라고 볼 수 있는가? 위와 같은 질문에 대해서 다음과 같이 답할 수 있을 것이다.

　　A. 120일 것이다.
　　B. 115~125일 것이다.
　　C. 110~130일 것이다.
　　D. 105~135일 것이다.

　이 4개의 답 중 어느 하나도 꼭 틀렸다고 말할 수는 없다. 그러나 A의 경우 표본의 평균이 120이라고 해서, 모집단의 평균이 꼭 120점이라고 말하기는 어렵다. B의 경우, 115 이상 125 이하의 어느 점수가 모수가 될 것이라는 것은 모집단의 평균이 꼭 120이라는 것보다 맞을 가능성이 높으며, C의 경우에 110 이상 130 이하에 모수가 있을 가능성은 그보다 더 높을 것이다. 다시 말해 모수가 들어갈 범위, 곧 구간을 크게 할수록 그 추리가 맞을 가능성은 높다. 그러나 구간이 클수록 그 정보의 효과는 감소한다. 따라서 표본의 크기 등이 일정하다는 가정하에서 추정의 결과가 주는 정보의 효과와 추정구간의 크기는 상반관계(trade-off)에 있다고 할 수 있다.

　만약 모수, 곧 서울시내 전국 대학 신입생의 IQ를 모두 조사하는 것이 가능해져 서울시내 대학 신입생의 평균 IQ를 알게 되었다고 가정했을 때 위와 같이 추정된 값과 범위를 그림으로 나타내면 〈그림 9-15〉와 같다.

그림 9-15 모수와 추정량 간의 관계 도식

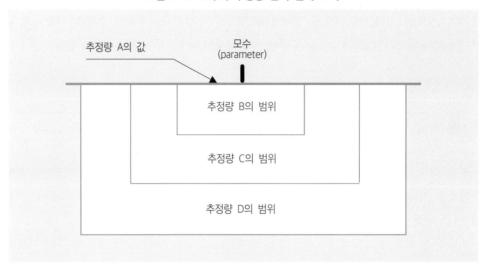

　A와 같이 특정한 값을 추정하였을 경우를 점추정(point estimation)이라 하고, B, C, D와 같이 어떠한 구간을 추정하였을 경우를 구간추정(interval estimation)이라 한다. 점추정은 모수와 같을 가능성이 가장 높은 하나의 값만을 선택하는 것이므로 아무리 가능성이 높은 값을 사용하더라도 그 값이 완전히 옳다고 확신할 수는 없다. 또 점추정은 그러한 추정량이 가지는 불확실성의 정도를 표현하지 못한다. 구간추정은 표본의 통계량을 기초로 모수가 존재할 일정한 구간을 추정하는 방법으로서 현재 추리통계방법의 근간을 이룬다.
　어떠한 자료를 가지고 통계적 추리를 시행하기 위해서는 모집단은 가능하면 명확히 규정해야 하며, 표본자료는 무작위로 추출해야 한다. 전집으로부터 뽑아낸 각각의 무작위 표본의 특성(통계량)은 모집단의 특성(모수)을 반영해야 한다. 동일한 모집단에서 추출한 다수의 표본들은 모집단의 모수를 예측할 수 있는 형태로 군집을 이루어야 하고, 표본 통계량과 관련된 표집오차를 산출할 수 있어야 하며, 모수가 주어진 표본 통계로부터 얼마나 떨어져 있는지를 추정할 수 있어야 한다.

1) 가설검증의 절차

모집단의 특성이나 관계를 예측하거나 추측하기 위해서 가설을 먼저 설정한다. 가설검증(hypothesis testing)이란 추리통계를 적용하여 표본의 특성을 모집단에 일반화시킴으로써 주어진 가설의 진위를 결정하는 단계를 말한다. 가설검증에서는 우선 '모수의 특성이 어떨 것이다'라고 가정한 후 이를 확정하거나 포기하기 위해 표본자료를 사용한다.
　가설검증은 다음과 같은 기본적 절차를 따라 진행된다(Smith, 1988, p. 111).

2) 연구문제와 가설

모든 연구자는 연구대상이 되는 둘 혹은 그 이상의 변수들 간의 관계에 대해 잠정적인 일반화를 내리고 연구를 시작한다. 연구결과를 일반화하기 위해서는 먼저 현상을 예측하는 데 기본이 되는 연구문제와 그를 예측하는 성격의 통계적 가설을 수립해야 한다.

(1) 연구문제

연구문제는 둘 혹은 그 이상의 변수 사이의 관계 혹은 현상을 이루는 구성요소에 대한 단순한 질문이라고 하겠다.

연구자가 연구에서 무엇을 발견할 것인가에 대해 전혀 모르기 때문에 인과성을 발견하려 하기보다 자료가 나타내는 것만을 찾으려는 경우가 있는데, 이러한 연구는 무엇을 발견하게 될지 사전에 알 수 없기 때문에 탐색적 연구(exploratory research)로 분류된다. 탐색적 연구는 예비자료를 모아 연구문제를 정교하게 하고 가능한 가설을 전개하려는 의도에서 이루어진다. 이렇게 구체적 인과관계를 알아보려는 연구가 아닐지라도 이러한 연구문제는 차후의 연구를 전개하는 데 중요한 역할을 한다.

(2) 연구가설과 영가설

가설이란 "우리는 어떤 일이 발생할 것이라는 확증을 가지고 있습니까?"라고 묻는 것을 의미한다. 가설의 수립은 연구자가 기존 이론의 바탕 위에서 연구를 발전시키고 이를 토대로 연구결과를 예측하는 기본 작업이다. 따라서 연구를 진행함에 따라 산만해지거나 왜곡될 수 있는 연구방향을 바로잡아줄 뿐 아니라 중복되거나 필요 없는 특정의 연구분야를 제외시켜 시행착오에 따른 시간 소요와 낭비를 줄일 수 있다. 또 올바른 가설을 세우는 과정에서 연구의 타당도를 저해하는 중개변수(intervening variable)와 가외변수(confounding variable)를 제거할 수 있다. 연구자는 연구가설을 통해 변인을 수량화함으로써 구체적이고 실증적인 자료를 얻을 수 있다. 그러나 연구가설과 그 논리적 대안인 영가설을 수립하기 위해서는 먼저 진술문을 이루는 모든 용어를 조작적으로 정의해야 한다. 예를 들어, 매스미디어의 내용물에 나타나는 폭력에 관한 연구결과를 비교하려면 각 연구에서 사용된 '폭력'의 정의를 명확히 내려야 할 뿐 아니라 조작적 정의를 통해 구체적으로 폭력의 양상을 정의하고 수량화해야 한다.

유용한 가설을 수립하려면 다음과 같은 네 가지에 주의하여야 한다.

첫째, 가설이 해당 분야의 최근 정보와 어긋나지 않아야 한다. 문헌조사 결과 한 견해가 강하게 지지받고 있는데 연구자가 아무 근거도 없이 이에 반하는 가설을 전개시키려 한다면 이는 그 분야의 지식발전을 저해하게 될 뿐이다. 대부분의 사람들이 TV로부터 뉴스를 얻는다는 것을 반박하는 가설을 제기한다면, 그 가설에 반대되는 증거들이 너무나도 많으므로 설득력이 없을 것이다.

둘째, 가설은 논리적으로 일관성을 가져야 한다. 논리적 일관성의 기준이 뜻하는 바는 가설의 전개가 삼단논법의 논리적 추론 과정을 따라야 한다는 것이다. 예를 들어 〈A일보〉를 읽는다는 것이 교양이 있음을 의미하고, 교양이 있다는 것은 사회활동에 더 많이 참여한다는 것을 뜻한다면, '〈A일보〉를 읽는다는 것 = 더 많은 사회활동에 참여한다는 것'이 성립되어야 한다.

셋째, 가설은 가장 간결한 형태의 진술문으로 이루어져야 한다.

넷째, 가설의 검증이 가능하도록 진술되어야 한다. 검증가능성은 가설을 세우는 목적과도 일치하는 것으로서 체계적 지식을 얻는 데 가장 기초적으로 가정되어야 할 부분이다. 비현실적이고 검증 불가능한 가설이란 '수업에 빠지는 학생들이 그렇지 않은 학생들보다 친척들 중에 죽은 사람이 많다', 'XXX등급의 영화는 XX등급보다는 10배, X등급보다는 20배 나쁘다'는 식으로 불확실하고 비논리적인 개념들로 이루어진다. 초보 연구자일수록 연구가설을 세우거나 개념을 정의하는 데 어려움을 겪는데, 작은 단계부터 차근차근 논리적으로 전개해야 한다. 처음부터 거창한 문제들을 해결하려고 하는 것은 결코 바람직하지 않다.

가설은 개념적으로 명백하여야 하며 가능한 조작적으로 정의되어야 한다(Miller, 1991, p. 34). 또 조작적 정의는 사람들이 일반적으로 수용하고 있는 정의와 크게 달라서는 안 된다. 연구자가 공적으로 인정받지 못한 개념을 도입할 경우, 학계나 사회에서 받아들여져 온 기존의 의미와 혼동될 수 있기 때문이다.

보기 9-1 연구가설과 영가설

- 연구가설(H_1) : TV 광고에 주의를 기울이는 정도와 그 광고를 기억하는 양 사이에 긍정적인 관계가 있다.
- 영가설(H_0) : TV 광고에 주의를 기울이는 정도와 그 광고를 기억하는 양과는 아무런 관계가 없다.

영가설(null hypothesis)은 연구가설에 대한 논리적 대안으로서 연구결과 나타난 통계적 차이 또는 분석된 관계가 우연에 의한 것이거나 무작위 오차(random error) 때문에 생긴 것이라고 진술하는 형태다.

그러나 모든 연구가설은 논리적 대안을 가지므로 영가설을 진술하는 것은 중복적인 일이다. 영가설을 세우는 이유는 어떠한 보편법칙이 참이라는 생각을 직접적으로 증명할 수 없기 때문이다. 연구자는 영가설이 참인지 아닌지를 평가함으로써 연구가설을 확신하거나 포기하게 된다. 영가설을 받아들이지 않음으로써 연구가설을 채택할 수 있는 것이다.

3) 가설검증과 통계적 유의수준

(1) 임계치와 부정한계영역

가설을 검증한다거나 유의수준을 검증하는 것은 영가설을 채택하느냐 거부하느냐를 의미한다. 다시 말해 영가설이 수용되면 연구가설은 거부되는 것으로 가정되고, 영가설이 거부되면 연구가설은 수용되는 것이다.

표본에서 계산된 통계량이 가설로 설정된 모집단의 성격과 현저한 차이가 있는 경우에는 모집단에 대해 설정한 가설을 기각하게 된다. 이때 현저하게 차이가 난다는 것이 무엇을 의미하는지, 모집단에 대해 설정한 가설을 채택 또는 기각하는 임계치(critical value)가 어떤 점이 되어야 하는지를 명확하게 밝혀야 한다.

K초등학교의 6학년과 5학년 학생들이 같은 문제를 가지고 시험을 본 결과, 6학년 학생들의 평균성적은 80점이었고 5학년 학생들의 평균성적은 60점이고, 5학년과 6학년의 점수분포는 정규분포를 이루며, 모집단의 표준편차는 두 집단 모두 10점이라고 한다. 이때, 시험점수만을 가지고 그 학생이 5학년인지 6학년인지 추정한다고 하면, 몇 점 이상을 6학년이라고 기준을 정해야 할까? 먼저 70점이라고 해보자.

〈그림 9-16〉에서 70점 이상을 6학년으로 본다면 6학년 학생 중에서 5학년으로 간주될 학생은 a_1만큼이 되며, 이의 비율은 0.1587이 된다. 여기서 70점을 5학년과 6학년의 기준점으로 하게 되면, 6학년임에도 불구하고 70점 이하의 점수를 받아서 5학년으로 간주될 위험이 15.87%가 된다. 그러나 15.87%의 오류는 너무 크므로, 오류가능성의 수준을 5%로 줄이면, 이에 해당하는 Z값은 -1.64가 되고 이에 대응하는 X는 63.6점이 된다.

$$Z = \frac{X - \mu}{\sigma}$$

$$-1.64 = \frac{X - 80}{10}$$

$$X = 63.6$$

즉, 63.6점을 기준으로 하여 그 이상을 6학년으로 단정한다면 실제로는 6학년이면서도 5학년으로 간주될 오류가 발생할 위험은 약 5%가 된다. 다시 말해 5%의 오류를 감수할 때 6학년의 분포와 현저하게 차이가 있다고 볼 수 있는(다시 말해 5학년의 성적이라고 볼 수 있는) 기준점이 63.6점이 되며 이에 해당하는 Z의 값은 -1.64가 되는 것이다.

이때 위에서 지적한 5%, 15.87% 등의 오류 가능성을 유의수준(significance level)이라 하며, 이를 $\alpha = 0.05$(유의수준 5%)의 형태로 표기한다. 또한 일정한 오류를 감수할 때 6학년의 분포와 현저하게 차이가 있다고 볼 수 있는 기준점을 임계치라고 하고, 임계치를 기준으로 영가설을 부정하게 되는 영역을 부정한계영역(the region of rejection) 또는 기각영역이라 한다. 위의 예에서 임계치는 $X = 63.6$이 된다. 임계치를 중심으로 영가설의 기각영역과 채택영역이 결정된다. 유의수준을 얼마로 할 것인가에 대해서는 연구의 성격, 연구자의 주관 등이 개입되게 되므로 어느 연구에나 적용될 수 있는 보편타당한 기준은 없다. 보통 연구에서는 α 수준을 0.01, 0.05 등으로 정하는 경우가 많다.

그림 9-16 임계치의 결정

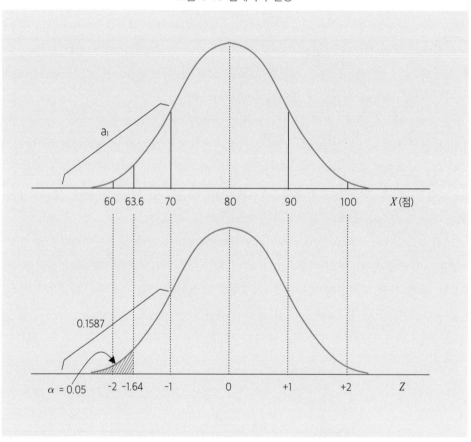

영가설이 기각되면 연구자가 초기에 기술한 연구가설이 채택된다. 그런데, 우리가 알고 있지 못하는 모집단의 특성, 곧 모수에 대한 가설검증을 할 때에는 모수가 어떤 수와 똑같다는 가설과 모수가 어떤 수보다 크거나 혹은 작다고 하는 가설, 이 두 가지로 영가설을 나타낼 수 있다.

① $H_0 : \mu = q$	② $H_0 : \mu \geqq q$	③ $H_0 : \mu \leqq q$
$H_1 : \mu \neq q$	$H_1 : \mu < q$	$H_1 : \mu > q$

①과 같이 영가설이 $\mu = q$로, 대립가설이 $\mu \neq q$로 설정되어 있는 경우, 표본을 뽑아서 그 표본에서 얻은 통계량이 영가설과 매우 근접해 있으면 영가설을 채택할 것이다. 그렇지 않고 검증을 위한 통계량이 q보다 매우 크거나, 또는 q보다 현저히 작을 때에는 영가설을 채택할 수 없게 된다. 따라서 영가설을 기각하는 영역은 확률분포의 양측에 있게 되는데, 이처럼 가설검증에서 기각영역이 양측에 있는 것을 양측검증(two-tailed test)이라고 한다. 그러므로 유의수준 α도 양쪽 극단으로 갈리게 되어 한쪽의 면적이 $\frac{\alpha}{2}$가 된다. 한편 ②와 ③ 같이 영가설을 설정할 때는 선택된 표본의 통계량이 q보다 현저히 작거나 크지 않으면 영가설을 채택하게 된다. 따라서 확률분포의 한쪽 극단에는 기각영역이 없다. 이렇듯 가설검증에서 기각영역이 어느 한쪽에만 있는 경우를 단측검증(one-tailed test)이라 한다.

결과적으로 양측검증과 단측검증의 문제는 결과의 방향과 관련된 연구에서 예측의 한 형태를 지칭하는 것으로서, 단측검증은 결과가 긍정적이든 아니면 부정적이든 다만 한 가지 방향으로 예측한다. 단측검증은 두 가지 방향 모두 예측하는 양측검증보다 더 엄격하다. 사회과학에서 양측검증은 연구분야에 대한 지식이 거의 없는 상황에서 사용된다. 단측검증은 연구자가 그 분야에 대해 좀더 지식을 가지고 있고 연구결과를 더 정확하게 예측할 수 있는 상황에서 사용된다.[5]

(2) 제 1 종 오류와 제 2 종 오류

연구과정의 모든 단계와 마찬가지로 통계적 유의성을 검증하는 경우에도 오차는 있게 마련이다. 가설검증에서의 오류는 제1종 오류(type I error), 제2종 오류(type II error)가 있다. 제1종 오류는 받아들여야 할 영가설을 거부하는 데 따르는 오류를 말하며 α-오류라고도 한다. 제2종 오류는 거부되어야 할 영가설을 받아들이는 데 따르는 오류를 의미하며 β-오류라고도 한다.

---

5 가령 연구분야에 대한 지식이 누적되어 있지 않다면 보통 연구가설은 변수 간의 관계 유무를 먼저 따진다. 이 경우, 가설검증은 양측검증의 절차를 밟는다. 그러나 변수 간의 관계가 있다는 사실을 이미 알고 있다면 이제 관계의 방향성(크다/작다, 높다/낮다 등)까지 따지는 쪽으로 나아가며, 연구자는 단측검증을 통해 좀더 풍부한 지식을 확보할 수 있게 된다.

그림 9-17 제 1 종 오류와 제 2 종 오류의 관계

	H_0가 맞을 경우	H_0가 틀릴 경우
H_0 채택	옳은 결정 $(1-\alpha)$	제 2 종 오류 $(\beta$-오류$)$
H_0 기각	제 1 종 오류 $(\alpha$-오류$)$	옳은 결정 $(1-\beta)$

　전체를 1이라 하면 영가설이 맞을 때 그 영가설을 기각하는 오류가 α이므로 맞는 영가설을 올바르게 채택하는 경우는 $1-\alpha$가 된다. 또한 영가설이 틀릴 때 영가설을 받아들이는 오류는 β이므로 틀린 영가설을 올바르게 거부하는 경우는 $1-\beta$가 된다. 따라서 $1-\alpha$와 $1-\beta$를 크게 할수록 옳은 결정을 할 가능성이 많아진다. 그러나 가설검증에서 임계치를 어떻게 설정하는가에 따라 α와 β의 크기는 서로 반대방향으로 변하므로 $1-\alpha$와 $1-\beta$를 동시에 크게 할 수는 없다.

　제1종 오류와 제2종 오류는 모두 중요하다. 하지만 보통 관심의 대상이 되는 것은 제1종 오류인데, 이것은 앞에서 설명한 유의수준과 동일한 개념으로 연구자가 유의도 수준을 0에 가깝게 설정할 때 제1종 오류를 범할 확률은 줄어든다.

　하지만 유의수준을 지나치게 강조함으로 인해 귀중한 연구결과를 성급하게 무의미한 것으로 해석해 버리는 잘못을 저질러서는 안 된다. 통계적으로 검증한 연구가설이 기각되어야 하는 결론에 도달하였다고 해서 그 연구가 무의미하다고 판단하는 것은 옳지 않다. 과학적 연구는 꼭 유의적인 관계만을 보기 위해 검증해야 하는 것은 아니며, 유의적이지 못한 관계도 검증이 가능하다는 사실을 인식해야 한다.

국내문헌

권혁남 (2000), 16대 총선 여론조사 평가, 《한국언론정보학회 2000년 봄철 정기학술대회 발표논문집》, 24-25.

김광웅 (1999), 《방법론 강의》, 서울: 세영사.

김경모 (2010), 저널리즘 현상과 사회과학연구방법, 강내원 외, 《저널리즘의 이해》(139-165쪽), 서울: 한울.

김범종 (1988), 《사회과학 연구조사방법론 워크북: Research methodology summary & note》, 서울: 석정.

김성태 (2005), 국내 내용분석 연구의 방법론에 대한 고찰 및 제언, 〈커뮤니케이션이론〉 제1권 2호, 39-66.

박정식·윤영선 (1997), 《현대통계학》, 서울: 다산출판사.

신중섭 (1992), 《포퍼와 현대의 과학철학》, 서울: 서광사.

양승목·김현주·조성겸 (1991), 전화조사에서 가구 내 응답자의 무선확률 표집에 관한 연구: CNU 선정표의 타당성과 실용성의 검토, 〈신문학보〉, 26호, 189-214.

오인환 (1995), 《사회조사방법론》, 서울: 나남.

윤영철·김경모·김지현 (2014), 의견 다양성을 통해 본 언론매체의 이념적 지형도: '경제민주화' 이슈 보도의 의견 분석을 중심으로, 〈방송통신연구〉 통권 제89호, 35-64.

정운찬 (1987), 《경제통계학》, 서울: 한국방송통신대학.

정운찬·김성인 (1994), 《통계학》, 서울: 경문사.

조동기 (1999), 사이버공간과 사회조사: 온라인 사회조사의 쟁점과 과제, 〈한국조사연구학회〉 발표 논문.

차배근 (1986), 《사회과학연구방법》, 서울: 세영사.

채서일 (1994), 《사회과학조사방법론》, 서울: 학현사.

최종덕 (1995), 《부분의 합은 전체인가: 현대 자연철학의 이해》, 서울: 소나무,

홍두승 (1987), 《사회조사분석》, 서울: 다산출판사.

외국문헌

Babbie, E. (1998), *The practice of social research* (8th ed.), CA: Wadsworth.

Brown, H. I. (1977), *Perception, theory, and commitment: The new philosophy of science*. 신중섭 역 (1987), 〈논리실증주의 과학철학과 새로운 과학철학〉, 서울: 서광사.

Campbell, D. T. (1957), Factors relevant to the validity of experiments in social settings, *Psychological Bulletin*, 54, 297-312.

_____ (1988), *Methodology and epistemology for social science*, Chicago: University of Chicago Press.

Chaffee, S. H. (1991), *Communication concepts 1: Explication*, Newbury Park, CA: Sage.

Chalmers, A. F. (1982), *What is this thing called science?: An assessment of nature and status of science and its methods* (2nd ed.), St. Lucia Queensland: University of Queensland Press.

Champion, D. J. (1970), *Basic statistics for social research*, Pennsylvania: Chandler.

Cook, T. D., & Campbell, D. T. (1979), *Quasi-experimentation: Design & analysis issues for field settings*, Boston, NY: Houghton Mifflin.

Donohew, L., & Palmgreen, P. (1989), Theory construction, In G. H. Stempel III & B. H. Westley (Eds.), *Research methods in mass communication,* Englewood Cliffs, NJ: Prentice-Hall.

Hair, J. F., Anderson, R. E., Tatham, R. L., & Black, W. C. (1998), *Multivariate data analysis* (5th ed.), NJ: Prentice-Hall.

Harris, M. (1980), *Cultural materialism*, NY: Vintage.

Hayes, A. F., & Krippendorff, K. (2007), Answering the call for a standard reliability measure for coding data, *Communication Methods and Measures*, 1, 77-89.

Holsti, O. R. (1981), Content analysis: An introduction, In M. Janowitz & P. Hirsch (Eds.), *Reader in public opinion and mass communication* (3rd ed.), NY: Free Press.

Kerlinger, F. N. (1973), *Foundations of behavioral research,* NY: Holt, Rinehart & Winston.

Kerlinger, F. N. (1986), *Foundations of behavioral research* (3rd ed.), NY: Holt, Rinehart & Winston.

Kidder, L. H. (1981). *Research methods in social relations* (4th ed.), NY: Holt, Rinehart & Winston.

Kirk, R. E. (1995), *Experimental design: Procedures for the behavioral science* (3rd ed.), CA: Brooks/Cole.

Krippendorff, K. (2004), *Content analysis: An introduction to its methodology* (2nd ed.), Thousand Oaks, CA: Sage.

Krippendorff, K., & Speed, G. J. (1983), Do newspapers now give the news? *Forum*, 15, 705-711.

Kuhn, T. S. (1970), *The structure of scientific revolution*, Chicago: University of Chicago Press.

Lakatos, I. (1978). History of science and its rational reconstructions. In J. Worrall & G. Currie (Eds.), *Philosophical papers vol.I: The methodology of scientific research programmes*, Cambridge: Cambridge University Press.

Lakatos, I., & Musgrave, A. (Eds.) (1970), *Criticism and the growth of knowledge*, Cambridge: Cambridge University Press.

Lin, N. (1976), *Foundations of social research*, NY: McGraw-Hill.

Lohr, S. L. (1999), *Sampling: Design and analysis*, Pacific Grove, CA: Duxbury Press.

McLeod, J. M. (n.d.), *Concept explication and theory construction*, Unpublished manuscript, University of Wisconsin-Madison.

Merton, R. & Lazarsfeld, P. (Eds.) (1950), *Continuities in social research: Studies in the scope and method of 'The American Soldier'*, New York: Free Press,

Miller, D. C. (1991), *Handbook of research design and social measurement*, CA: Sage.

Nachmias, D., & Nachmias, C. (1981), *Research methods in the social science*, NY: St. Martin's Press.

Neuendorf, K. (2002), *The content analysis guidebook*, Thousand Oaks, CA: Sage.

Popper, K. R. (1961), *The logic of scientific discovery*, NY: Science Editions.

_____ (1968), *Conjectures and reputations*, NY: Harper & Row.

_____ (1983), *The demarcation between science and metaphysics: Realism and the aim of science*,

Ottawa: Rowman.

Riffe, D, Lacy, S., & Fico, F. (1998), *Analyzing media messages: Using quantitative content analysis in research*, Lawrence Erlbaum. 배현석 (역) (2001), 《미디어 내용분석 방법론》, 서울: 커뮤니케이션북스.

Riffe, D., Aust, C., & Lacy, S. (1993), The effectiveness of random, consecutive day and constructed week sampling in newspaper content analysis, *Journalism Quarterly*, 70(1), 133-139.

Smith, M. J. (1988), *Contemporary communication research methods*, CA: Wadsworth.

Solomon, R. L. (1949), An extension of control group design, *Psychological Bulletin*, 46, 137-150.

Stempel, G. H., & Westley, B. H. (Eds.) (1981), *Research methods in mass communication*, NJ: Prentice-Hall.

Stevens, S. S. (1951), Mathematics, measurement and psychophysics, In S. S. Stevens (Ed.), *Handbook of experimental psychology*, NY: John Wiley.

Williams, F. (1968), *Reasoning with statistics: Simplified examples in communication research*, NY: Holt, Rinehart & Winston.

Wimmer, R. D., & Dominick, J. R. (1994), *Mass media research: An introduction* (4th ed.), CA: Wadsworth.

찾아보기

ㄱ

김영석

연세대 신문방송학과 졸업
미국 스탠퍼드대 커뮤니케이션학 석사 및 박사
미국 스탠퍼드대 커뮤니케이션연구소 연구위원
언론홍보대학원장, 한국언론학회 회장 역임
현재 연세대 언론홍보영상학부 교수
　　　연세대 부총장

저서 및 논문

《디지털미디어와 사회》,《사회조사방법론》
《멀티미디어와 정보사회》,《여론과 현대사회》(편)
《현대사회와 뉴미디어》(역),《뉴미디어와 정보사회》(공편)
《국제정보질서문화론》(역),《방송과 독립프로덕션》(공저)
《설득 커뮤니케이션》,《인터넷언론과 법》(편),《개혁의 확산》(역)
《스마트미디어: 테크놀로지, 시장, 인간》,《디지털시대의 미디어와 사회》
"Opinion Leadership in a Preventative Health Campaign" 등

김경모

연세대 신문방송학과 졸업
연세대 대학원 신문방송학 석사
미국 뉴욕주립대(Buffalo) 커뮤니케이션학 박사
현재 연세대 언론홍보영상학부 교수

저서 및 논문
《저널리즘의 이해》(공저), 《방송저널리즘과 공정성 위기》(공저)
"정파적 수용자의 적대적 매체 지각과 뉴스 미디어 리터러시"
"Online News Diffusion Dynamics and Public Opinion Formation"
"온라인 뉴스 확산과 여론 형성", "새로운 저널리즘 환경과 온라인 뉴스 생산"

백영민

연세대 신문방송학과 졸업
서울대 언론정보학과 대학원 언론학 석사
미국 펜실베이니아대 아넨버그스쿨 커뮤니케이션학 박사
한국과학기술원(KAIST) 웹사이언스 공학전공 조교수
현재 연세대 언론홍보영상학부 교수

저서 및 논문
《R를 이용한 사회과학데이터 분석: 기초편》
《R를 이용한 사회과학데이터 분석: 응용편》
《R를 이용한 구조방정식 모형 분석》
《관심의 시장: 디지털 시대 수용자의 관심은 어떻게 형성되나》(역)
《클라우드와 빅데이터의 정치경제학》(역)
《수학적 커뮤니케이션 이론》(역), 《국민의 선택》(역)
《수용자 진화: 신기술과 미디어 수용자의 변화》(공역)
"Relationship Between Cultural Distance and
    Cross-cultural Music Video Consumption on YouTube"
"Cross-cultural Comparison of Nonverbal Cues
    in Emoticons on Twitter: Evidence from Big Data Analysis" 등